Ph②nePlay

Morgane Bicail

PhonePlay 2

Michel Lafon

118, avenue Achille-Peretti – CS 70024
92521 Neuilly-sur-Seine Cedex

www.michel-lafon.com

À toutes ces étoiles qui illuminent mon quotidien.
Puissiez-vous ne pas être filantes
et demeurer près de moi longtemps.
Et plus particulièrement à toi, maman,
l'étoile la plus scintillante de ma galaxie.

– 1 –

Le drap est humide, il colle à ma peau. Je sors péniblement de ma torpeur, mais je demeure incapable d'ouvrir les yeux. Mes paupières sont comme engluées, scellées. J'ai mal au crâne, aux jambes, à plusieurs de mes articulations. Partout, en fait. J'ai mal partout. Je peine à bouger. À respirer, même. *Que m'arrive-t-il ?* Dans un geste instinctif, j'essaie de poser ma main sur mon front, mais ce geste simple réveille une douleur insoutenable au niveau de mon bassin. Un gémissement s'échappe de mes lèvres.

Aussitôt, un bruit s'élève à côté de moi. Quelqu'un s'agite.

– Alyssa ? Tu es réveillée ?

C'est la voix de ma mère. Elle me saute pratiquement dessus et agrippe ma main entre ses doigts. J'essaie une nouvelle fois d'ouvrir les yeux, mais la lumière qui inonde la pièce m'éblouit.

– Comment te sens-tu, Alyssa ? Oh, mon Dieu, j'ai eu si peur !

Je ne reconnais pas la voix tremblante qui vient de prononcer ces mots. Ma mère a l'air totalement paniquée, au bord de la crise de nerfs. Que s'est-il passé ? Je n'ai aucun souvenir, aucun moyen de comprendre la situation. Mes yeux finissent par s'ouvrir et le visage que je découvre devant moi me glace le sang. Ma mère a les yeux bouffis, gonflés de larmes qui menacent de couler d'un instant à l'autre. Ses cernes s'étendent jusqu'aux pommettes, et sa mâchoire tremble à s'en décrocher. Elle paraît aussi soulagée que traumatisée par le spectacle qui s'offre à ses yeux.

– Je… J'ai mal partout, finis-je par répondre.

À peine ai-je prononcé ces mots que ma mère se laisse tomber à genoux et éclate en sanglots déchirants. Son corps s'agite compulsivement, tandis qu'elle colle son front sur le dos de ma main.

– Oh, ma pauvre chérie, je suis tellement désolée.

– Que se passe-t-il, maman ?

Elle relève légèrement son visage ravagé par les pleurs et essaie de se calmer momentanément pour prononcer, non sans bafouiller, ces quelques mots :

– Tu… Vous avez eu un accident, Jamie et toi.

Mon corps se fige. Mon sang se cristallise. Subitement, ma tête se met à tourner, j'ai l'impression qu'une pierre vient de s'abattre sur mon crâne. Un accident ? Jamie et moi ?

– C… Comment ça un accident ? Comment va-t-il ?

Ma voix s'étrangle, la fin de ma phrase n'est qu'un son étouffé. J'ai un mouvement de recul et arrache ma main à celle de ma mère. La douleur au niveau de mon bassin se rappelle à nouveau à moi et je ne peux m'empêcher de crier. Mais celle qui comprime mon cœur est plus forte encore.

Comme si j'avais été aveugle et privée de sensations jusqu'à cet instant, tout s'illumine autour de moi et se précise. Je remarque enfin le cathéter enfoncé dans mon bras et l'espèce de blouse ridicule qui enveloppe mon corps. Mais surtout, je reconnais l'endroit où je me trouve : une chambre blanche et impersonnelle d'hôpital.

Un hôpital ! C'est tout sauf bon signe.

– Réponds-moi ! crié-je à ma mère, gagnée par la panique. Est-ce que Jamie va bien ?

Elle reste muette, et son silence me tue. *Pourquoi refuse-t-elle de me répondre ?* Alors qu'elle entrouvre les lèvres, prête à parler, la porte de la chambre s'ouvre. C'est mon père. Son visage semble se décrisper quand il s'aperçoit que je suis réveillée.

– Alyssa, ma chérie.

Il se précipite vers moi, comme ma mère l'a fait quelques minutes plus tôt. Mais je ne fais pas attention à lui et continue de fixer ma mère.

– Où est Jamie ? Où est-il, putain ?

Je tente de me redresser, prête à arracher la perfusion et à me lancer à sa recherche. Mais mon père pose une main douce et ferme sur mon épaule, m'incitant à me rallonger.

– Alyssa, calme-toi. Tu es trop faible, tu dois rester couchée.

Je me laisse retomber dans le lit. Le bas de mon dos me lance de plus en plus fort, sans doute à cause de mes gestes trop brusques.

– Je vais prévenir le médecin que tu es réveillée, c'est la priorité actuellement, dit mon père en se dirigeant d'un pas décidé vers la porte.

– Non, attends, je t'en prie. J'ai besoin de savoir, papa. Vous savez quelque chose concernant Jamie ?

Mes parents échangent un bref regard et après un signe de tête de ma mère, mon père revient vers le lit, résigné.

– Je… Je ne sais pas exactement où il est, finit par dire ma mère. Il est sûrement dans une autre chambre. Il a été emmené dans une autre ambulance, d'après ce que m'ont dit les urgentistes. Nous n'avons pas encore eu de ses nouvelles, nous sommes restés à ton chevet. Je crois que ses parents ont été prévenus.

Je ferme les yeux et essaie de me calmer, sachant pertinemment que cela ne fonctionnera pas.

– Je ne me souviens de rien. Comment est-ce possible que je ne me souvienne de rien ?

– Vous avez eu un violent accident de voiture, reprend mon père. La chaussée était verglacée et un véhicule vous a percutés sur l'autoroute. Les secours sont vite arrivés sur place et vous ont transportés d'urgence jusqu'ici.

– Mais Jamie… ? Qu'est-ce qu'il a ?

– Nous ne savons pas, ma puce… Les ambulanciers qui se sont occupés de toi ne savent absolument pas ce qu'il a eu de son côté. Ils se sont dépêchés de te transporter ici. Tu as été plus facile à extraire de la voiture que Jamie.

Ma respiration se bloque dans ma gorge, j'ai l'impression de suffoquer. C'est un enfer. Il faut que je le voie, tout de suite.

– Je dois le trouver, m'assurer qu'il va bien.

Une fois de plus, mon père me maintient doucement mais fermement dans mon lit.

– C'est impossible, Aly. Reste calme. Ce n'est pas pour t'embêter, mais le médecin l'a dit expressément.

– Non ! Je dois m'assurer que ça va. Laisse-moi passer !

Ma mère, qui se laisse tomber dans l'unique fauteuil de la chambre, recommence à pleurer à chaudes larmes. J'imagine le trop-plein d'émotions dans lequel elle se noie depuis que je suis ici. La voir dans cet état par ma faute me fout une véritable claque. C'est une des rares fois où je la vois autant pleurer et ça me refroidit instantanément, si bien que je me laisse clouer sur mon lit sans protester.

Comme mon père, ma mère n'est pas de nature démonstrative. Si elle s'effondre de la sorte, surtout devant moi, c'est que c'en est vraiment trop pour elle. Ça me donne envie de chialer à mon tour. Les émotions me montent à la gorge, qui se serre douloureusement. Je reporte mon attention sur mon père et lui lance un regard de détresse. Apparemment, il est plus apte à répondre à mes questions que ma mère.

– Dis-moi que ça va aller, qu'il n'a rien de trop grave. Dis-moi qu'il va s'en tirer.

Jamais je ne me suis exprimée avec autant de difficulté. Les larmes menacent de jaillir à tout instant.

J'agrippe de toutes mes forces son avant-bras dans un geste désespéré. Il se penche légèrement vers moi et caresse mes cheveux pour me réconforter :

– Ça va aller, oui. Il va s'en sortir.

Ses mots m'apaisent, même si j'ai conscience qu'ils ne reposent sur aucun fondement médical. Comment mon père pourrait-il avoir la conviction que Jamie va s'en sortir ? Il ignore tout des traumatismes qu'il a pu subir dans l'accident. Pourtant, en cet instant, cela m'est égal. J'ai bien trop besoin de me rattacher à cet espoir pour ne pas hurler. Je hoche donc simplement la tête en direction de mon père et lui adresse un pauvre sourire en guise de remerciement. Il me presse la main tout doucement, comme si j'étais en porcelaine, tout en me renvoyant un sourire triste. Je me demande depuis combien de temps je suis ici, mes parents semblent ne pas avoir dormi depuis plusieurs jours. J'ai l'impression qu'ils ont vieilli d'un coup. L'inquiétude a creusé leur visage de rides profondes.

Je soupire malgré moi et jette un œil autour de moi. Quelques-unes de mes affaires sont posées sur un tabouret en bois dans le coin de la pièce, tandis que d'autres sont sur la table de chevet près de mon lit. Mes clés, mes vêtements pliés approximativement et maculés de sang, mon Zippo – qui a sûrement échappé au regard de mes parents – et mon portable.

Mon portable.

Mon sang ne fait qu'un tour, je sens le bout de mes doigts frémir. Je fixe désespérément l'écran fissuré. Fonctionne-t-il encore ? J'ai besoin de savoir.

À l'intérieur se trouvent toutes mes conversations avec l'Inconnu. Je n'ai supprimé aucun message. Et je ne peux en aucun cas me résoudre à l'éventualité de les perdre. Surtout pas maintenant. C'est ce qui compte le plus à mes yeux.

Il faut que je sache.

– Je… J'aimerais rester seule un instant, dis-je brusquement.

Mes parents échangent un regard inquiet. Visiblement ils hésitent, ma mère surtout. Elle semble ne plus vouloir me lâcher, à présent que je suis de nouveau consciente. J'imagine qu'elle a peur que je replonge dans le monde des limbes si elle quitte ne serait-ce qu'un instant la chambre. Mon père s'approche d'elle, lui prend la main et l'aide à se lever du fauteuil sur lequel elle s'était laissée tomber.

– Bien sûr, Aly, finit par répondre mon père. Avec ta mère nous allons faire un saut à la cafétéria et au passage, nous informerons le médecin de ton réveil.

– Ne lui dites pas tout de suite, s'il vous plaît. J'ai vraiment besoin d'une minute pour réaliser…

Mes parents hochent la tête. Ma mère vient embrasser tendrement mon front avant de se laisser entraîner vers la sortie. Dès que la porte s'est refermée sur eux, je me jette sur mon portable. Enfin, façon de parler. Je suis pratiquement incapable de bouger. Quasi paralysée par la douleur. J'allonge non sans peine mon bras vers la table de chevet et tente de faire glisser mon téléphone jusqu'à pouvoir enfin l'attraper. Ce geste pourtant anodin m'a presque fait tourner de l'œil. Bon Dieu, que m'arrive-t-il ? Je prends quelques instants pour me remettre de cet effort, puis j'appuie sur le bouton latéral de mon précieux téléphone, priant pour qu'il s'allume. Les quelques secondes où l'écran demeure noir me paraissent sans fin, mais soudain il s'illumine de blanc. Les fissures auront été les seuls dégâts.

À peine la page d'accueil s'ouvre-t-elle que je me rue sur l'onglet des messages.

Lui. Son pseudo inchangé figure en haut de la liste des messages. Comme toujours depuis presque un an maintenant.

Les doigts tremblants, j'appuie sur notre conversation. Les derniers textos que nous avons échangés s'affichent et me retournent le cœur. Je ferme un instant les yeux, avale ma salive et me décide à lui envoyer quelques mots.

Alyssa : Je t'en prie, ne me laisse pas seule.

– 2 –

Je fixe l'écran de mon téléphone, attendant une réponse de Jamie. Je ne saurais expliquer ce qu'il se passe dans ma tête à cet instant-là, mais c'est le flou complet. Je ne me souviens de rien. De rien du tout. Du moment où nous sommes montés dans la voiture jusqu'à mon réveil dans cette chambre d'hôpital, il ne reste rien. C'est le trou noir, le black-out complet.

Mes parents sont partis à la cafétéria il y a cinq minutes maintenant, ils ne devraient plus tarder à revenir. D'un côté, je veux qu'ils soient proches de moi pour me soutenir dans cette épreuve, mais d'un autre… Voir le visage crispé de mon père et les larmes de ma mère me prouve que tout est bien réel. Réel et grave. Ils ne m'ont jamais semblé si affectés par un événement me concernant en dix-huit ans.

Ils m'ont dit que les ambulanciers avaient eu du mal à extraire Jamie de la voiture, mais ça ne veut rien dire. La seule chose qui me permet de juger la gravité de son état est son absence de réponse. S'il était conscient, il se serait empressé de m'envoyer un message, exactement comme je viens de le faire. Ou peut-être son téléphone a-t-il eu moins de chance que le mien et fait les frais de l'accident ? Mais au fond de moi, je pressens qu'il ne s'est pas encore réveillé… Et si c'est effectivement le cas, cela signifie qu'il a été bien plus grièvement touché dans cet accident que je ne le suis. Il a peut-être une jambe en moins, un poumon perforé, une hémorragie cérébrale ? Ou tout à la fois. Je ne peux m'empêcher d'imaginer les pires scénarios, même les plus improbables. Non, je ne peux pas m'en empêcher.

Et ce message qui n'arrive pas.

Quand vais-je avoir de ses nouvelles ? Ce soir ? Demain ? La semaine prochaine ? Je n'ai aucun moyen de le savoir et ça me bouffe de l'intérieur. Lui qui, d'habitude, me répond si rapidement…

Le Zippo argenté que Jamie m'a offert repose sur la table de chevet. Il semble intact, contrairement au reste de mes affaires. Ça me donne immédiatement l'envie irrépressible de tirer une taffe. Ça m'aiderait à décompresser un instant. Mais aucun moyen de me lever de ce lit et encore moins de me procurer des cigarettes. Et plus j'y pense, plus je me sens oppressée.

La porte de la chambre s'ouvre pour laisser entrer mes parents et un médecin. Ce dernier semble bien jeune pour être en âge de porter une blouse blanche. Mais il a un air sympathique qui m'apaise l'espace d'un instant. Il s'approche du lit et se présente :

– Bonjour, Alyssa. Je suis le Dr Lorsson. Je vais m'occuper de toi et te remettre sur pied le plus rapidement possible. Tu n'as…

– Est-ce que vous vous occupez de Jamie Cassel ?

Je n'ai pu retenir ma question. J'ai l'impression de ne plus pouvoir contrôler mon cerveau. La seule chose qui m'importe en ce moment, c'est de savoir comment se porte Jamie.

– Il était dans la voiture avec moi quand on a eu notre accident. Comment va-t-il ?

– Je ne m'occupe pas de lui, désolé. Je n'ai pas d'informations concernant son état. Mais j'enverrai quelqu'un se renseigner, si tu veux.

J'acquiesce. Bien sûr que je le veux. Je veux savoir comment il va, quand il va se réveiller, s'il souffre, s'il va s'en sortir… Évidemment qu'il va s'en sortir, il *doit* s'en sortir.

– On peut dire que tu as eu de la chance dans cet accident, reprend le Dr Lorsson. Enfin de la chance… Disons que ça aurait pu être bien pire. Tu as pas mal de contusions, de blessures ouvertes – notamment de vilaines coupures sur la joue droite, et l'arcade sourcilière. Et puis, évidemment, tu es couverte d'ecchymoses. Mais rien de bien grave, et surtout rien d'anormal après un accident de ce type.

Malgré le long et inquiétant récapitulatif de mes séquelles, je ne pense à aucun moment à demander un miroir pour voir à quoi peut ressembler mon visage. À l'heure actuelle, l'idée d'être potentiellement défigurée ne m'alarme pas plus que ça.

– Les infirmières te referont régulièrement tes pansements et toutes ces blessures superficielles cicatriseront sans problème, reprend le docteur Lorsson.

En revanche, ton bassin a été plus grièvement touché et même fracturé. Nous ne savons pas encore si tes os ont été déviés dans l'accident, nous te ferons passer une radio dans la matinée. Quoi qu'il en soit – os déviés ou non –, tu ne pourras pas te lever avant un moment et il te faudra du temps avant de pouvoir marcher sans une aide extérieure. La chance que tu as eue, c'est que ta colonne vertébrale n'a pas été touchée.

– Tant mieux, murmuré-je.

En réalité, je n'arrive à me réjouir que partiellement de ce diagnostic. Et puis, cette fracture du bassin, ce n'est pas rien. Ça me lance carrément. Et même si par miracle l'accident ne m'avait causé aucun traumatisme, je n'aurais de toute façon pas pu pleinement me réjouir dès lors que j'ignore tout du sort de Jamie. Je jette par réflexe un regard à mon portable, espérant le voir clignoter. Mais rien. Le jeune médecin me sourit gentiment et conclut :

– Je dois y aller, mais je reviendrai dans deux heures environ pour ta radio. Après ça, je pourrai déterminer si un corset suffira pour replacer ton bassin ou s'il faudra t'opérer et te mettre des broches. En attendant, repose-toi, Alyssa. Ne t'en fais pas pour ton ami, je te tiens au courant de son état le plus rapidement possible.

Il sort prestement de sa poche un carnet et un stylo.

– Rappelle-moi son nom, s'il te plaît.

– Il s'appelle Jamie Cassel. Merci beaucoup, docteur.

Ce dernier m'adresse un nouveau sourire plein de compassion et sort après avoir salué mes parents. Ces derniers discutent entre eux, réagissant aux derniers mots du Dr Lorsson. Ils sont en train de s'organiser par rapport à leur travail respectif et, je ne sais pour quelle raison, je me sens en terrain connu. Leurs préoccupations premières reprennent le dessus, je les reconnais bien là : toujours plus préoccupés par leur boulot que par leur fille, c'est plutôt rassurant. En temps normal, je m'en serais plainte, mais là, retrouver quelque chose qui m'est familier me réconforte. Mes parents décident subitement de rattraper le médecin pour essayer d'en savoir plus sur mon éventuelle opération, au cas où la radio ne serait pas favorable. Alors que la porte se referme derrière eux, mon téléphone vibre sous mes draps.

Mon cœur rate un battement. Je me saisis de mon portable, les mains fébriles.

Holly : Aly, tu vas bien ? Bordel, que j'ai eu peur ! Ne me refais jamais un coup pareil ! Je rapplique demain dans ce foutu hosto et tu as intérêt à trouver une bonne excuse pour t'être mise en danger !

J'ai envie d'éclater en sanglots. Elle ne sait pas. Elle ne sait pas que Jamie a été touché lui aussi par l'accident. Si ça avait été le cas, jamais elle n'aurait osé dire ça. Je me mords fiévreusement la lèvre inférieure pour m'empêcher de craquer et de hurler.

Et pour la première fois depuis mon réveil, je m'effondre complètement, laissant tout ce que je retenais en moi glisser sur mes joues.

Alyssa : J'ai besoin de toi, Jamie.

– 3 –

Alyssa : Salut, Jamie.

Lui : Hey, ma chérie. Comment vas-tu ?

Alyssa : Bien et toi ?

Lui : Ça va aussi. Désolé de ne pas être venu te chercher au lycée tout à l'heure, j'ai encore sous-estimé le temps de mes exams.

Alyssa : Pas de souci, voyons. Tu n'y es pour rien.

Lui : Je sais, mais ça m'embête vraiment, si tu savais.

Alyssa : Les exams, c'est les exams. C'est jamais très agréable.

Lui : Non, ce n'est pas ce que je voulais dire. Je m'en fous de ça. Ce qui m'emmerde, c'est que nous n'avons plus de temps pour nous.

Alyssa : On le savait ça, Jamie. C'est comme ça, c'est tout. Tu dois réussir tes examens si tu veux rester dans ton école. Et puis tu dramatises, on arrive quand même à se voir.

Lui : À peine deux fois par semaine, ce n'est pas assez. En tout cas, pas pour moi.

Alyssa : Pour moi non plus, tu le sais très bien.

Lui : Le vendredi soir, c'est notre soirée normalement et… je suis vraiment désolé. On peut se voir demain pour compenser ? Rien que nous deux, pendant la soirée ? On pourrait regarder des films et se goinfrer de pizza et de glace. Tu es partante ?

Alyssa : J'aurais adoré, mais... Gabriella m'a déjà invitée à une soirée, je ne vais pas pouvoir refuser. Mais j'aimerais beaucoup que tu m'y accompagnes. Comme ça, on pourra quand même se voir ce week-end.

Lui : Aly... Tu sais très bien que si on va à une soirée, on va rentrer très tard et se réveiller en début d'après-midi. Et il faut vraiment que je révise pendant tout mon dimanche.

Alyssa : Et si je te promets qu'on ne rentrera pas tard... ?

Lui : Tu ne peux pas simplement décliner l'invitation ?

Alyssa : J'ai déjà dit à Gaby que j'irais chez elle.

Lui : Oui, mais tu peux très bien lui dire que tu veux passer la soirée avec ton copain et reporter, non ?

Alyssa : Elle vient de plaquer le mec avec qui elle était depuis la rentrée. Il la trompait, et forcément, ça ne va pas fort. Je crois que ce n'est pas vraiment le moment pour l'envoyer bouler. Elle a besoin de passer du temps avec une amie et de s'amuser pour penser à autre chose qu'à cet enfoiré.

Lui : Et Holly, elle ne peut pas y aller à ta place ?

Alyssa : Non, Jason et elle fêtent leurs deux ans. Aucune chance qu'elle y aille. Et elle s'est déjà occupée de Gaby à plein temps durant les trois derniers jours.

Lui : Bon... Je crois que si je veux passer la soirée avec toi, je n'ai pas d'autre choix que d'accepter d'y aller, moi aussi...

Alyssa : Je crois bien, effectivement.

Je souris parce que j'ai réussi à le faire craquer. En temps normal, j'aurais bien entendu annulé cette soirée, mais là, je dois absolument y aller. Gabriella est vraiment mal, et je la comprends. Je dois être là pour elle et la soutenir dans cette épreuve. Si j'étais à sa place, je serais totalement effondrée. Imaginer Jamie avec une autre, quand bien même je sais qu'il en serait incapable, me comprime le cœur.

Alyssa : La soirée commence à 21 h 30.

Lui : Ça marche. Je passerai te chercher. Mais on part à minuit, max.

Alyssa : Ça me va. Merci beaucoup. Et on remet la soirée film à la semaine prochaine ?

Lui : Je le note, et cette fois je viendrai, peu importe ma semaine et les imprévus.

Alyssa : J'attends ça avec impatience, alors. Sinon, tes exams d'aujourd'hui, ça a été ?

Lui : Dire que ça s'est bien passé serait un grand mot. Tu sais, les oraux, ce n'est pas vraiment ce que je préfère.

Alyssa : J'ai du mal à te croire. Je te trouve plutôt très doué pour t'exprimer, moi. N'oublie pas que ce sont tes mots qui m'ont séduite. Tu es de loin le seul gars que je connaisse qui aurait pu faire ça. Je ne savais même pas à quoi tu ressemblais. Penses-y pour tes oraux !

Lui : Arrête de me flatter. J'étais juste motivé… Pour de mauvaises raisons, qui plus est.

Alyssa : Ne te rabaisse pas, Jamie. Là aussi, tu étais motivé. Tu veux les réussir tes examens, oui ou non ?

Lui : Évidemment que je le veux.

Alyssa : Alors, arrête ! Je suis certaine que tu t'es très bien débrouillé. Tu y arrives toujours, peu importe ce qu'il se passe. En plus, ce ne sont que des exams blancs pour l'instant. Pas de quoi en faire toute une montagne ! En revanche… On ne peut pas vraiment en dire de même pour moi. J'ai des points de retard pour mon bac.

Lui : C'est ça quand on est trop obnubilée par un jeu téléphonique avec un inconnu, Aly. On rate ses exams.

Alyssa : Parce que tu aurais préféré que je refuse de jouer avec toi ?

Je lui envoie un message un peu plus sec qu'il ne l'aurait mérité, pour la simple et bonne raison que je suis déçue. Tellement déçue par mes résultats. J'aurais pu et aurais dû faire mieux. Bien mieux. J'en ai les capacités. Mais Jamie a raison. J'ai pris notre jeu trop à cœur. J'ai préféré jouer les enquêtrices et laisser mes révisions de côté. Et quand bien même je parvenais à me mettre au travail, je n'avais qu'une envie, répondre à ses textos. Je ne pouvais pas m'empêcher de regarder mon téléphone toutes les cinq minutes.

Lui : Non, si c'était à refaire, je voudrais que tout se déroule de la même façon. Si tu avais refusé de jouer, je serais toujours en train de mener ma petite vengeance contre Matt. J'essaierais toujours de tenir les filles loin de lui… Et tu serais sûrement tombée dans les bras de mon frère, toi aussi. Puis, comme toujours, il t'aurait jetée, brisé le cœur… Et, évidemment, si tu n'avais pas répondu, on ne serait pas ensemble à l'heure qu'il est. Et ce n'est pas ce que j'aurais voulu. Donc si, je crois que tu as bien fait de répondre à mon message ce soir-là.

Alyssa : Alors, arrête de m'emmerder. Si j'ai du retard, c'est de ta faute.

Lui : Tu auras ton bac, ne t'en fais pas, tu n'as que douze points de retard. C'est dérisoire si tu te mets vraiment au travail cette année.

Alyssa : Tu as raison, je peux le faire.

Lui : Bien sûr que tu le feras, chérie. Quand tu veux quelque chose, tu réussis toujours à l'obtenir.

Alyssa : Tu crois ?

Lui : Non, je ne crois pas, je le sais. Je commence à te connaître. Ça va faire presque huit mois qu'on est ensemble et bientôt un an qu'on se parle.

Alyssa : C'est vrai... J'ai du mal à croire que le temps soit passé aussi vite.

Lui : Oui, et d'ailleurs, je n'avais pas vu l'heure. Je dois te laisser. À demain, alors ?

Alyssa : Oui, à demain.

Lui : Je t'aime.

Alyssa : Moi aussi je t'aime.

– 4 –

Cela fait maintenant presque vingt-huit heures que je me suis réveillée dans cet hôpital aux murs trop blancs et aux odeurs mêlées de gel antibactérien et de désinfectant. Ces vingt-huit dernières heures ont sans aucun doute été les plus longues de toute ma vie. La nuit a été horrible, malgré la radio plutôt rassurante que m'a fait passer le médecin hier en fin de matinée. Apparemment, mes os sont toujours à la bonne place et je n'aurai pas besoin d'être opérée. Les infirmières, aidées du médecin, m'ont mis une espèce d'énorme attelle à scratch autour du bassin pour s'assurer qu'il ne bouge pas. Ils disent que c'est un corset, mais on dirait plutôt un accessoire de torture tout droit sorti du Moyen Âge. Ce truc m'empêche complètement de bouger et je n'ai pas pu fermer l'œil de la nuit. Sans compter que mon cerveau tournait à plein régime. Mes pensées, bien trop bruyantes, ont été incapables de s'éteindre ni même de se mettre en veille. J'ai pourtant essayé à maintes et maintes reprises de focaliser mon esprit sur mon sommeil. Mais rien à faire. Le nom de Jamie me revenait constamment en boomerang à la gueule.

Résultat, en plus de l'angoisse, de la peur et de la douleur, je suis totalement morte de fatigue.

Aucun membre de cet hôpital n'a été foutu de me donner des nouvelles de Jamie et évidemment, je n'ai pas reçu le moindre message de sa part. Comme s'il s'était évanoui dans la nature, ou que j'étais la seule à me soucier de lui, de son état. À tel point que, par moments, j'ai l'impression d'avoir rêvé toute notre histoire. Qu'*Il* n'était qu'un être issu de mon fantasme le plus fou – celui d'avoir une belle histoire d'amour – et qu'*Il* n'a jamais existé ailleurs que dans mon esprit. C'est totalement idiot, car les messages envoyés à son numéro sont bien réels, tout comme ses réponses, d'ailleurs.

Sans ces messages, là, sous mes yeux, j'aurais sûrement fini par penser qu'il n'existait pas. J'ai l'impression que je suis en train de devenir dingue alors que cela fait à peine plus d'une journée que je suis cloîtrée dans cette chambre.

Pour décompresser, j'ai tenté de me lever ce matin et de fouiller dans mes affaires pour me dégoter une cigarette. Mais le simple fait d'avoir essayé m'a provoqué une douleur telle que j'ai immédiatement dû me rallonger. Je ne sais pas ce qui m'a pris de faire ça. Comme si c'était ne serait-ce qu'envisageable avec ce corset verrouillé autour de mon bassin. Et le doc m'a répété au moins dix fois qu'il était essentiel que je bouge le moins possible. Que ma pleine guérison reposait sur ma totale immobilisation. En bref, il m'a un peu mis la pression, insistant sur le fait que j'étais la seule véritable actrice de mon rétablissement. Ils ne servent vraiment à rien ces médecins. Même pas capables de me donner des nouvelles de Jamie…

Suite à cet échec qui m'a encore un peu plus déprimée, je suis restée allongée, ne portant attention qu'au va-et-vient du corps médical dans ma chambre. Un infirmier a changé ma perfusion et mes pansements, une de ses collègues est venue un peu plus tard pour prendre ma température, ma tension et mon pouls. Je ne sais pas si c'est vrai, mais cette infirmière m'a dit que je serais bientôt installée dans un lit à eau pour éviter les escarres, cadeau bonus de mon immobilisation. Au moins, le Dr Lorsson est venu en fin de matinée m'annoncer qu'il n'y aurait pas besoin de me transpercer de broches pour guérir ma fracture.

C'était ça, la *seule* bonne nouvelle de la journée.

Malheureusement, elle était accompagnée par une nouvelle qui l'était beaucoup moins. M. Lorsson s'est renseigné auprès de ses collègues à propos de Jamie, comme il me l'avait promis. Mais aucune personne du nom de Cassel n'a été enregistrée dans les fichiers de l'hôpital. Jamie n'est pas ici. Lorsque le docteur m'a annoncé ça, j'ai cru que mon cœur allait s'arrêter. S'il n'est pas là, où peut-il bien être ? Les ambulanciers n'ont peut-être pas réussi à le sortir à temps de cette foutue voiture, et l'ont laissé mourir dans cette prison d'acier. Mais très rapidement, le docteur m'a dit qu'il avait poussé ses recherches un peu plus loin et qu'il avait appris par des urgentistes que Jamie avait été transféré dans un hôpital plus adapté à son cas, de l'autre côté de la ville.

J'avais enfin la certitude qu'il était en vie, même s'il se retrouvait plus loin de moi que je ne l'imaginais.

Sans ce séjour forcé ici, je n'aurais probablement jamais pensé que la maison vide et sans âme dans laquelle je vis pouvait me manquer. Tout comme aller au lycée et assister aux cours qui m'inspirent un ennui profond. Ou encore les commérages qu'échangent Holly et Gabriella à la pause déjeuner, alors que je déteste ça. Tiens, même cet abruti de Jason me manque. Cet hôpital me rend malade. Je ne le supporte pas. Surtout lorsque j'ignore tout de ce qui est arrivé à Jamie. Parce que même si je sais à présent où il est, je ne sais toujours pas dans quel état il se trouve.

Pourquoi ne sont-ils pas fichus de venir me donner des nouvelles dignes de ce nom ?

Je me suis forcée à avaler mon repas et à répondre poliment aux infirmiers qui se sont occupés de moi. Mais l'envie n'y était pas. J'aurais préféré qu'on me foute la paix une bonne fois pour toutes ou qu'on m'apporte enfin de véritables informations concernant Jamie.

La porte de ma chambre s'ouvre lentement, laissant passer un bruit d'agitation provenant du couloir. Je ne prends pas la peine de relever la tête vers la personne qui entre, je sais déjà que c'est un infirmier qui doit vouloir – encore – s'assurer de mon état. Mais l'immobilité prolongée de ce dernier m'intrigue et m'oblige finalement à quitter des yeux le mur vierge que je fixais.

Dans la lumière maculée de poussières volatiles, une silhouette gracieuse et élancée surplombée d'une épaisse tignasse brune se dessine dans un halo de lumière. Mon cerveau cesse de fonctionner lorsque le regard vert d'eau du visiteur croise le mien. Mon cœur lui aussi semble s'arrêter. Et l'expression naturellement froide de ce visage aimé me frappe de plein fouet.

Le frère jumeau de Jamie : *Matt.*

– Bonjour, Alyssa, dit-il en s'avançant dans la pièce après avoir précautionneusement fermé la porte derrière lui.

Je le dévisage, le poil hérissé. Ils se ressemblent tellement. Encore plus que dans mes souvenirs. C'en est déroutant, et immédiatement, je me sens faiblir devant leur similitude bien trop marquée. Je m'autorise à le quitter des yeux un instant pour ne pas me laisser déstabiliser.

– Ça fait longtemps, poursuit le brun en observant d'un œil inquisiteur mes effets personnels posés sur ma table de chevet. Tu n'as pas très bonne mine avec tes pansements partout.

Comme lors de notre dernier échange, son air glacial est saisissant, mais toutefois il ne semble pas hostile ni même narquois à mon égard. Il serait plutôt… soucieux ? Le rictus habituel qui étire ses lèvres a disparu, ainsi que son air supérieur.

– Ouais, soufflé-je. Ça fait un bail.

Je ne sais pas comment il a accueilli le fait que son frère et moi soyons ensemble. Jamie a toujours refusé que l'on parle de lui. Matt laisse un soupir s'échapper de ses lèvres, puis il s'assied sur le bord de mon lit. Les mains croisées sur ses genoux, la tête basse, il ne m'a jamais paru aussi faible. Il est comme tombé de son piédestal. Ou alors, deuxième hypothèse, cet accident a eu l'effet d'un électrochoc sur lui.

– Je suis désolé, Alyssa, pour ce qui t'est arrivé.

– Tu n'y es pour rien.

– Je sais… Seulement, te voir comme ça… Ça fait bizarre.

Il fait un geste en direction des multiples machines autour de moi, comme pour illustrer ses propos. Dans sa voix grave, je peux facilement déceler de la tristesse. Seulement, il ne fait aucune allusion à son frère. Lui inspire-t-il réellement un tel dédain ? Au point de ne même pas vouloir prononcer son nom ?

– J'aurais dû t'empêcher de t'attacher à lui, finit-il par cracher. Tout ça n'aurait pas eu lieu si tu t'étais tenue à l'écart.

L'aversion de Matt pour son frère jumeau suinte à nouveau de chacun de ses pores. L'hostilité a fait son grand retour.

– Ça n'aurait rien changé, Matt. Cet accident devait avoir lieu.

Je ne peux expliquer la boule qui se forme dans ma gorge à cet instant précis, mais elle est certainement due à l'évocation de l'événement tragique qui nous est arrivé. Le brun redresse le menton et m'adresse un regard noir. Bien sûr que cet accident devait avoir lieu, comment aurait-il pu en être autrement ? La fatalité est la fatalité et rien ni personne ne peut la changer.

Si Jamie était là, il m'aurait probablement contredite et m'aurait expliqué pourquoi lui refuse de se soumettre au destin.

– Tu as peut-être raison. Mais j'aurais dû te protéger, continue le beau brun.

– Ce n'est pas ton rôle, Matt.

– Je sais… Mais c'est plus fort que moi. J'ai constamment envie de te défendre, de m'assurer que tu vas bien. Quand bien même tu es dans les bras de mon… frère.

Frère… C'est comme s'il avait eu du mal à admettre que Jamie était son frère et qu'il lui avait volé *l'objet* de sa convoitise. Je ne comprends pas pourquoi il m'accorde une telle importance ou veut me protéger. Ce n'est pas dans sa nature, d'après Jamie. Son truc, c'est plus les coups d'un soir et briser les cœurs des pauvres filles qui ont le malheur de se retrouver dans son lit. Pas être protecteur ou attentionné. Mais il n'est certainement plus question de jeu, là. Nous savons très bien, tous les deux, qu'il a perdu. Alors pourquoi continue-t-il à jouer un rôle qui ne lui correspond pas ? Pourquoi continuerait-il à mentir pour m'avoir, moi ?

Matt tend une main vers moi. Lentement, comme s'il avait peur de me voir détaler s'il était trop brusque. Il passe ses doigts dans mes cheveux et les balaie à l'arrière de mon visage. Ses doigts descendent progressivement sur ma joue sans pansement comme pour y laisser une caresse apaisante. Par manque d'affection sans doute, je n'éprouve pas l'envie de m'écarter pour qu'il cesse.

– Il ne s'est pas réveillé, dit-il soudain d'une voix sourde. Toujours pas.

Ses gestes doux et lents me font pratiquement oublier l'expression froide et lointaine de son visage. Mais pas ses mots. Ses gestes ne me font pas oublier ses mots qui se plantent comme des poignards dans ma poitrine.

– Il va bien ? Est-ce… Est-ce que tu sais ce qu'il a ?

Matt secoue la tête.

– Les médecins ne savent pas exactement eux-mêmes ; ou du moins, ils n'ont pas encore jugé bon de nous donner leur pronostic. Je crois qu'ils ont parlé de traumatisme crânien, mais je ne suis pas certain. J'avais un peu de mal à réaliser ce qui se passait autour de moi.

J'avale ma salive. Le jumeau de Jamie me fixe comme pour jauger mes réactions. Mais rien ne sort, tout reste à l'intérieur de moi où au contraire, tout s'ébranle, s'entrechoque, se casse, éclate…

Tout à coup, la porte s'ouvre à nouveau. La main de Matt se retire immédiatement de ma joue, et nos regards se quittent pour se poser sur la personne qui vient de faire irruption dans ma chambre. Une petite tête blond platine aux grands yeux inquiets apparaît dans mon champ de vision.

Holly.

Aussitôt, Matt se lève et plonge ses mains dans ses poches, adoptant une attitude nonchalante. La blonde fronce les sourcils et nous dévisage tour à tour, l'air curieux. *J'avais presque oublié qu'elle passerait aujourd'hui !*

– Je… Hum… Je repasserai plus tard, commence-t-elle.

– Non ! Ce n'est pas la peine, je m'apprêtais à partir, s'empresse d'ajouter Matt.

Il me fixe encore quelques secondes avant de se diriger à grandes enjambées vers la porte tandis que Holly s'approche de moi. Le grand brun s'arrête un instant dans l'encadrement de la porte, regarde par-dessus son épaule pour créer un contact visuel avec moi.

– Je reviendrai te voir dans la semaine. Repose-toi, me lance-t-il avant de quitter les lieux.

Pour la première fois depuis que je le connaissais, j'aurais préféré qu'il reste près de moi. Tout aurait été mieux qu'un entretien rempli de réprimandes de la part de Holly…

– 5 –

La porte se referme doucement derrière Matt, me laissant face à ma meilleure amie. L'espace d'un instant, je m'attends à ce qu'elle m'accable de reproches, qu'elle me fasse la scène que je me suis déjà jouée dans ma tête. Qu'elle me dise que c'était complètement inconscient de prendre la route alors qu'un déluge de neige s'abattait sur la région à ce moment-là. Mais rien. Elle reste silencieuse, droite comme un I, près de la porte. Elle me jauge, sourcils froncés, tout comme Matt un peu plus tôt. Ses yeux se posent sur les machines autour de moi et son front se plisse de rides douloureuses. Subitement, elle semble émerger de sa contemplation, revient à elle et vient s'asseoir calmement à mes côtés. Elle me prend tendrement la main et la caresse doucement de la pulpe de son pouce. Elle brise finalement le silence.

– Aly, j'ai eu si peur.

À sa voix, je sais que sa gorge est serrée. Et durant quelques secondes, je crois même qu'une larme risque de lui échapper pour glisser le long de sa joue.

– Ça va, je n'ai rien de trop grave, dis-je en pressant avec chaleur sa main dans la mienne. Merci d'être venue.

– Ne dis pas n'importe quoi ! Ma meilleure amie est sur un lit d'hôpital et je devrais rester chez moi sans rien faire ? Tu délires grave. Tu es sûre que tu n'as pas de fièvre ?

Pour illustrer ses propos, la voici qui pose sa main sur mon front avant de la retirer comme si elle venait de s'y brûler. Son geste m'arrache un petit rire, vite étouffé par ma préoccupation.

– Je vais bien, je te dis.

– Tant mieux. Qu'est-ce que tu as exactement ?

– Mon bassin n'a pas trop aimé le choc de l'accident. Mais ça va, a priori je ne garderai pas de séquelles et ne devrais même pas avoir besoin d'opération. À condition de me montrer patiente et de ne pas trop bouger… Ce truc va m'en empêcher, de toute façon.

Je lui montre le corset qui emprisonne mon corps de sous la poitrine jusqu'aux fesses.

– Tant mieux si tu n'as rien de trop grave… Mais bon, je serai quand même là pour te soutenir. Sache que je viendrai te voir le plus souvent possible.

Visiblement émue, Holly me serre l'épaule en un geste réconfortant pour elle comme pour moi.

– Qui t'a dit que j'étais là ? enchaîné-je.

– Qu'est-ce que tu crois ? Comme tu n'étais pas en cours lundi matin, je me suis inquiétée. Le lycée a dit que tes parents avaient appelé, mais rien de plus, et ça ne te ressemble pas de ne pas me prévenir lorsque tu es malade. J'ai flippé, je me suis dit qu'il se passait quelque chose de grave. Donc en rentrant des cours, je suis allée directement chez toi. Il n'y avait personne. Tes parents devaient être à leur travail ou ici, avec toi. J'ai donc glissé un mot sous la porte avec mon numéro de téléphone au cas où ils ne l'auraient plus, et ta mère m'a appelée dans la soirée pour m'expliquer ce qui t'était arrivé. Elle m'a dit que tu étais pas mal amochée, que tu devrais rester un moment à l'hôpital, mais que tu avais eu beaucoup beaucoup de chance.

Holly marque une pause. Les lèvres pincées comme si les mots devenaient trop durs à prononcer, elle braque ses yeux, jusqu'ici posés sur nos mains liées, dans les miens avant de se lancer :

– Elle m'a aussi dit pour Jamie. Je suis désolée, Aly.

– Que t'a-t-elle dit exactement ?

Cette fois, c'est ma gorge qui se serre. C'est instantané, dès que j'entends son prénom, je me sens faiblir.

– Pas grand-chose. Elle ne savait presque rien à son sujet. Elle m'a simplement dit qu'il avait été grièvement touché dans l'accident. Apparemment plus que tu ne l'as été.

– On ne sait rien. Il a été envoyé dans un autre hôpital. Matt n'a pas été capable de m'expliquer ce qu'il avait précisément… La seule chose qu'il m'a dite, c'est qu'il est inconscient. Holly… Ça fait presque deux jours qu'il n'a pas ouvert les yeux.

– Ne t'affole pas, Aly. Comme tu dis, tu ne sais pas ce qu'il a. Tu dois attendre, ça sera peut-être bien moins dramatique que tu l'imagines.

– Oui… Je sais qu'il faut que j'essaie d'être optimiste. Mais j'ai un mauvais pressentiment et je ne vais pas supporter d'attendre comme ça, sans avoir plus de nouvelles. Je ne connais même pas ses parents, tu te rends compte ? Comment je peux les joindre ? Leur demander ce qu'a Jamie ? Je ne peux pas non plus compter sur Matt pour me tenir au courant. Bref, je n'ai aucun moyen de savoir comment évolue son état. Je suis anéantie…

– Comment ça se fait que tu ne connaisses pas ses parents depuis le temps ?

Cette question légitime me remémore une conversation que nous avions eue, Jamie et moi. Il me promettait de me présenter bientôt à ses parents. Apparemment, il n'avait pas trouvé la bonne occasion, à moins qu'il ait fait en sorte de ne pas rendre cette occasion possible. Le saurais-je un jour à présent ?

Holly m'arrache à mes pensées en agitant frénétiquement sa main devant mes yeux.

– Aly ?

– Oui, pardon. Eh bien… Je suppose que l'occasion ne s'est pas présentée.

– Peu importe, tu n'as plus à t'en faire. J'irai me renseigner à son hôpital, je te le promets. Je ne sais pas s'ils accepteront de me dire quoi que ce soit, mais j'essaierai, je peux te l'assurer.

– Merci, Holly.

Sur ces mots, elle s'approche de moi et me prend délicatement dans ses bras, en veillant à ne pas me faire mal.

– Il va se réveiller, Alyssa. Il n'y a aucune raison que ça n'arrive pas.

Je ne trouve pas la force de la contredire. Je sais qu'elle essaie de me réconforter, mais quelque chose en moi sent que rien ne sera jamais plus comme avant…

*
* *

Trois mois plus tôt

Lui : Alors, on fait quoi, ce soir ? Je me suis dit qu'on pouvait prendre la voiture et aller faire un tour à la plage. Vu que c'est à deux heures de route, on peut faire l'aller-retour dans la soirée.

Alyssa : Ce serait génial, ça fait des siècles que je n'y suis pas allée !

Lui : On pourra passer à l'épicerie avant, histoire de s'acheter de quoi pique-niquer. Avec un peu de chance, on arrivera pour le coucher du soleil. Il ne faudra pas partir trop tard, les jours commencent à raccourcir.

Alyssa : J'adorerais, Jamie, vraiment. Mais plutôt une autre fois.

Lui : Oh… Et pourquoi tu ne veux pas y aller ce soir ?

Alyssa : À vrai dire, j'avais une autre idée en tête.

Lui : Ah oui ? Qu'est-ce que c'est ? Fais-moi rêver.

Alyssa : Il y a peu de chances que ça te fasse rêver, crois-moi.

Lui : Dis toujours, Aly, quel est ton programme pour ce soir ?

Alyssa : Eh bien… Je sais qu'on en a déjà parlé plusieurs fois, mais je n'arrive toujours pas à comprendre… J'aimerais venir chez toi, rien que pour le dîner.

Lui : Alyssa…

Alyssa : Ça me dérange de n'être jamais venue chez toi.

Lui : Je ne vois vraiment pas en quoi c'est un problème.

Alyssa : Tu réalises que je n'ai jamais vu la maison où tu vis, je ne sais même pas comment est ta chambre. Je ne peux même pas t'imaginer chez toi. J'ai vraiment envie que tu m'invites à dîner dans ta maison.

Lui : On a déjà eu cette conversation plusieurs fois, en effet. C'est non. On peut se voir partout ailleurs, mais pas chez moi.

Alyssa : Ce n'est pas uniquement le fait que je veuille venir chez toi, le problème. Je sais bien qu'on peut se voir partout ailleurs.

Lui : Alors quoi ?

Alyssa : Tu le sais très bien… On est ensemble depuis presque six mois. Et mon problème, c'est que tu ne m'inclus pas assez dans ta vie à mon goût. Ce que je veux vraiment, c'est rencontrer ta famille. J'ai besoin que tu me présentes. J'ai encore l'impression d'en être au stade de la relation secrète, la relation dont on n'est pas totalement sûr. Et j'en ai marre, je veux que ça change. Maintenant.

Lui : Ce n'est pas que je ne veux pas t'inclure dans ma vie, Alyssa. Tu le sais très bien. Tu es tout à mes yeux. Le problème, c'est Matt.

Alyssa : Arrête de le prendre comme alibi, s'il te plaît.

Lui : Tu es injuste. Ce n'est pas un alibi. Tu ne te rends vraiment pas compte de nos relations. Tu sais bien que notre conflit ne date pas d'hier, notre rivalité pour toi n'a fait qu'empirer les choses. T'emmener chez nous, ça serait la provocation de trop, j'en suis persuadé. Lui, je peux le gérer, je le fais depuis des années. Toi, non. Si ça se passe mal, il s'en prendra à toi, rien que pour me mettre hors de moi, et je refuse que ça arrive, Alyssa. Plus il restera loin de nous, mieux nous nous porterons. Crois-moi.

Alyssa : Arrête de dramatiser, Jamie. Il ne va quand même pas nous tuer s'il nous voit ensemble ! Ça fait des mois qu'on ne s'est pas vus, et il m'a très probablement oubliée.

Lui : T'oublier ? Tu délires ou quoi ? Tu ne connais vraiment pas Matt.

Alyssa : Je pense que j'ai eu un bon aperçu de lui l'année dernière.

Lui : Tu m'as très bien compris, Alyssa. C'est mon jumeau, je te rappelle. Tu as l'air d'oublier qu'à cause de lui et de la sale réputation qu'il m'a faite au lycée j'ai dû me faire scolariser à domicile. Tout le monde m'a tourné le dos, même mes amis d'enfance. Je t'en prie, Alyssa, laisse tomber cette idée. Allons pique-niquer à la plage.

Alyssa : Jamie… Si le problème c'est Matt, on peut faire un restau avec tes parents.

Lui : Je suis désolé, mais ce n'est pas une bonne idée. Matt l'apprendrait forcément.

Alyssa : Mais merde, on a le droit de vivre, quand même ! Ne me dis pas que toutes tes décisions dans la vie dépendront du fait qu'elles peuvent énerver ton jumeau ou non ! Bordel, Jamie, sois un homme. Il n'est en aucun cas supérieur à toi, donc arrête d'avoir peur de lui. Nous avons le droit de vivre notre histoire comme nous le voulons, sans que son ombre plane constamment au-dessus de nos têtes, comme un prédateur.

Lui : Je sais que tu as raison. Mais je ne veux pas que ça se répercute sur toi.

Alyssa : Ne me surprotège pas, je t'en prie. Il ne m'arrivera rien, je te dis. Et même si c'était le cas, je saurais gérer. Je suis grande, et capable de me débrouiller seule.

Lui : Comme tu veux… O.K. pour dîner en ville avec mes parents, alors. Je ne peux pas te dire quand, ils sont très pris. Mais on trouvera un moment.

Alyssa : Merci, Jamie.

Lui : Du coup… Va pour la plage ce soir ?

Alyssa : Je pense que je te dois bien ça. À quelle heure viens-tu me chercher ?

Lui : Je prépare mes affaires et j'arrive, il se fait déjà tard. J'ai vraiment envie de voir ce coucher de soleil !

Alyssa : Dépêche-toi, alors. Je t'attends.

– 6 –

Trois jours.

Trois jours se sont écoulés depuis mon réveil. Et cela fait trois jours que je ne vis plus. Trois jours que je me sens dépérir à petit feu dans ce maudit lit aux draps rugueux.

Ici, c'est véritablement l'enfer. Un enfer blanc omniprésent qui m'éblouit. J'ai l'impression d'avoir été projetée à plusieurs kilomètres sous terre pour expier mes péchés de vivant. Oui, rester dans cet hôpital à ne rien faire, c'est l'enfer. Je dors mal à cause des allées et venues incessantes des infirmiers même pendant la nuit ; je ne mange rien, aucun médicament n'arrive à totalement soulager la douleur, je m'ennuie à en crever et j'ai l'impression d'être un objet d'étude pour le personnel médical, qui s'amuse à me faire ingurgiter n'importe quoi et qui me fait pisser dans un haricot. Je ne peux même pas me lever pour aller prendre une douche, et dois me contenter d'être lavée à l'éponge par les aides-soignantes.

Mais le plus difficile pour moi, c'est que je ne garde aucun souvenir de l'accident en lui-même. J'ai beau essayer de me concentrer pour raviver des souvenirs, rien à faire, c'est le black-out total. Je me sens totalement démunie. J'ai besoin de savoir ce qu'il s'est passé, sinon je vais devenir cinglée.

Pour ne rien arranger, je n'ai pas pu fumer depuis trois jours. Le manque de nicotine me rend d'autant plus irritable. Si je pouvais cramer ne serait-ce qu'une cigarette, ça me permettrait de me détendre, de lâcher prise l'espace d'un moment et d'arrêter de cogiter encore et encore, en essayant d'imaginer ce que traverse Jamie.

Mes parents viennent me voir tous les jours, et Holly m'appelle régulièrement. Mais je ne supporte plus de passer des heures entières seule, à zapper sur les quelques chaînes de la petite télé accrochée au mur face à moi. Je regarde toutes les émissions qui passent, toutes plus absurdes les unes que les autres. Enfin, plus que je les regarde, elles occupent l'arrière-plan de mes pensées tant je n'arrive pas à me concentrer, mon cerveau divague, fabule, délire…

Hier soir, alors que j'essayais de trouver une position confortable pour m'endormir – ce qui s'est avéré tout bonnement impossible avec ce foutu corset –, j'ai repensé à la visite de Matt de l'autre jour. À la quasi-tendresse dont il a fait preuve. À cet aveu… Son désir de vouloir me protéger. Son attitude m'a troublée. Tout comme sa réapparition soudaine après ces mois durant lesquels son frère a tout fait pour me tenir éloignée de lui. C'est comme si Jamie n'avait jamais existé. Comme si je l'avais imaginé à partir des souvenirs de Matt.

Comme s'ils n'avaient toujours été qu'un. N'est-ce pas d'ailleurs un peu le cas ? Ne sont-ils pas issus de la même cellule-œuf ? À l'exception de quelques infimes détails, ne sont-ils pas physiquement en tous points semblables ? Leurs voix quasi identiques ? En revanche, tout les oppose en termes de caractère. C'est du moins ce que je croyais jusqu'à l'autre jour. Matt, toujours à sa manière distante et hautaine, a fait preuve d'hostilité envers son frère. C'est certain. Mais quelque chose semblait différent en lui. Il avait dans le regard une douceur qui m'a fait penser à Jamie.

Et c'est pourquoi, alors que je n'arrivais pas à trouver le sommeil, je lui ai envoyé un message. J'ai été la première surprise de constater que je n'avais pas supprimé son numéro de mon répertoire. Je n'avais même pas effacé nos rares échanges d'il y a un an. J'en étais pourtant persuadée. Mais hier soir, cela m'a bien arrangée.

J'ai envoyé ce premier message sur un coup de tête, sans penser que ce matin, je le regretterais. Et en effet, je m'en veux. Ce message n'était rien d'autre qu'un aveu de faiblesse, qu'une tentative de trouver refuge auprès d'une personne que je suis censée éviter… J'ai quelque part l'impression de m'être trahie. D'avoir trahi Jamie. Non, je n'aurais pas dû, mais…

Alyssa : J'ai besoin que tu viennes me voir.

Matt : Bonsoir Alyssa. Je ne pensais pas que tu avais encore mon numéro.

Alyssa : Je t'avoue que moi non plus.

Matt : Pourquoi ce message ? Tu ne devrais pas dormir ? Tu as vraiment besoin de te reposer, tu sais.

Alyssa : Oui, je sais, ne me fais pas la morale, Matt. Je n'arrive pas à dormir, c'est tout.

Matt : Je comprends.

Alyssa : Je m'ennuie à mourir. Et je suis morte d'angoisse. J'ai l'impression de devenir folle ici. Je n'ai rien d'autre à faire qu'attendre. On ne me tient au courant de rien. Je ne sais pas quand je pourrai quitter cet hôpital et je n'ai toujours aucune nouvelle de Jamie… Personne ne sait quoi que ce soit à son sujet. Tu en sais plus de ton côté ?

Matt : Mes parents l'ont vu cet après-midi. Il n'y a pas d'amélioration. Ils m'ont parlé d'un traumatisme crânien ou un truc comme ça. Je n'ai pas cherché à avoir de détails, mais ça n'a pas l'air joli à voir.

Alyssa : C'est ce qu'ils ont dit ?

Matt : Bon, j'ai peut-être ajouté la dernière phrase. Mais je ne sais pas pourquoi, je sens en moi que son état n'est pas bon.

Alyssa : Évidemment qu'il ne l'est pas ! Sinon il ne serait pas dans le coma, abruti.

Matt : Ne t'énerve pas contre moi, Alyssa. Disons juste que… j'ai la sensation de ressentir une partie de sa douleur. Ce n'est peut-être qu'une impression. Je ne veux pas te donner de fausses informations qui ne reposent sur rien, je te livre simplement mon ressenti.

Alyssa : Je vois… Pourrais-tu venir me tenir un peu compagnie demain ?

Matt : Qu'est-ce qu'il te prend ? Tu as dû te taper la tête lors de l'accident.

Alyssa : Arrête un peu le sarcasme. Je ne rigole pas et tu devrais savoir ce que ça me coûte de te demander ça. Mais tu es la seule personne que je connaisse qui soit libre dans la journée. Et j'ai besoin de voir du monde.

Matt : Qu'est-ce qui te fait dire que je suis libre pour toi ?

Alyssa : Si tu n'as pas envie, je comprendrai. Simplement, dis-le-moi.

Matt : Je te taquine, Aly. Je comprends très bien que tu aies envie de voir du monde. Mais de là à me demander à moi… après tout ce qui s'est passé, c'est plutôt étrange…

Alyssa : J'en ai conscience. Je ne sais pas trop ce qui m'a pris… Je délire à force d'être coincée ici. Le manque de nicotine me comprime la poitrine. Ça et les médocs dont on me gave, ça ne m'aide pas à garder les idées claires.

Matt : Vu ton moral, je vais venir. Sans quoi ça pourrait être considéré comme de la non-assistance à personne en danger. Je ne sais pas quand je pourrai passer, je ferai de mon mieux. Peut-être avant mon entraînement de natation.

Alyssa : Merci beaucoup, Matt.

Matt : Ne t'emballe pas. Il ne faut pas que ça devienne une habitude. Ce n'est pas trop mon genre de traîner avec la copine de mon frère, désolé…

Voilà comment se sont terminés nos échanges, hier soir. Et aujourd'hui, je culpabilise. Je culpabilise de m'être tournée vers Matt pour combler le silence morbide de Jamie. Lui, son plus grand ennemi. Lui, cette personne dont il a cherché à me tenir écartée durant cette année. Et là, au moindre obstacle, à la moindre difficulté, je me jette la tête la première dans ses bras en le suppliant presque de venir me voir. Eh oui. Parce qu'il est la seule personne que je connaisse qui ait un lien avec Jamie. J'ai l'impression que quelqu'un partage mon attente, quand bien même ils se détestent.

Je ne peux pas expliquer pourquoi, mais lorsque Matt apparaît dans ma chambre en début d'après-midi, je me sens soulagée. Ma culpabilité s'envole. Il est tout simplement mon seul accès à Jamie.

– Bonjour, Alyssa.

Il reste dans l'entrebâillement de la porte un moment, comme s'il hésitait à entrer. Comme s'il réalisait, en arrivant ici, à quel point la situation est surréaliste. Nous retrouver là d'un commun accord, après tout ce qu'il s'est passé entre nous… À l'expression tendue que je lis sur son visage, je devine sa nervosité. Peut-être est-il en train de se demander si notre conversation d'hier a réellement eu lieu. Ou s'il l'a rêvée pendant la nuit. J'ai moi-même eu cette impression ce matin, en me réveillant. J'ai dû vérifier dans mon téléphone que les messages que nous avions échangés hier n'étaient pas seulement le fruit de mon imagination.

– Bonjour Matt, merci d'être venu.

À peine ai-je ouvert les lèvres qu'il referme la porte derrière lui. Il malaxe la paume de sa main gauche en regardant autour de lui, l'air mal à l'aise.

– Cet endroit fait vraiment froid dans le dos. Je ne serais pas capable d'y rester plus d'une journée.

– Je ne pensais pas en être capable non plus, figure-toi. Mais apparemment, j'ai survécu, soupiré-je. Il faut dire que je n'ai pas vraiment eu le choix. Je ne peux même pas bouger de mon lit.

– Vraiment ? Comment fais-tu pour… Tu sais ?

– Ne m'en parle pas ! C'est un cauchemar. Mais il faut ce qu'il faut pour sortir au plus vite.

– Je comprends. Tu veux donc dire que tu n'as pas posé le pied par terre depuis… deux jours ?

– Trois jours, même. Et pas une cigarette depuis l'accident. C'est qu'un détail en soi. Mais ça, ajouté à tout le reste, je deviens dingue.

Matt secoue la tête et s'assied sur le bord de mon lit, de la même manière que la dernière fois. Il croise ses mains, qu'il pose ensuite sur ses genoux.

– Je dois avouer que tu m'impressionnes, Aly. J'aurais été incapable de tenir.

– Je te l'ai dit, je n'ai pas le choix. Mais je donnerais n'importe quoi pour prendre l'air et m'allumer une clope. Ça m'aiderait à oublier cette situation merdique l'espace d'un instant.

Les prunelles émeraude de Matt trouvent les miennes. Une étincelle les traverse fugacement.

– Tu veux sortir ? murmure-t-il.

– J'adorerais. J'étouffe, ici. Mais c'est impossible, je suis clouée au lit.

– Il a de nouveau neigé, tu le sais ?

Je fronce les sourcils. Non, je n'avais même pas remarqué. Dans un réflexe, je tourne la tête vers la fenêtre et constate, au loin, que des arbres sont recouverts d'un épais manteau blanc. De petits flocons tombent encore, virevoltant dans l'air au gré du vent.

– Je ne m'en étais pas aperçue, non.

Subitement, Matt se lève, m'arrachant à ma contemplation.

– Où vas-tu ? demandé-je, tandis qu'il se dirige vers la porte.

– Je reviens dans deux minutes, ne t'inquiète pas.

Avant que j'aie eu le temps de répliquer, la porte s'est déjà refermée derrière lui. Que va-t-il faire ? Mes yeux reviennent vers la fenêtre. Comment ai-je pu ne pas remarquer qu'il neigeait ? L'état lamentable de mon esprit m'inquiète. Il est totalement focalisé sur l'accident dont je ne garde pourtant pas le moindre souvenir. Pourquoi n'avons-nous pas pu l'éviter ? Pourquoi est-ce que rien ne me revient ?

La porte s'ouvre à nouveau dans un grincement. Matt apparaît, poussant un fauteuil roulant.

– On va sortir, dit-il.

Je reste un instant hébétée, partagée entre l'excitation et l'interrogation.

– Qu'est-ce que tu racontes, Matt ? Je ne peux pas quitter ce foutu lit.

– Bien sûr que si tu peux ! Je viens de discuter avec un médecin, dans le couloir. Il a dit que je pouvais t'emmener faire un tour à condition que ça ne dure pas longtemps.

– Tu en es certain ? Lorsson m'a bien spécifié qu'il fallait que je reste sagement allongée pour éviter d'aggraver l'état de mon dos. Ça me paraît vraiment étrange que le médecin t'ait dit que c'était O.K.

Matt reste un instant muet avant d'opiner.

– C'est bon, je te dis. C'est même lui qui m'a passé ce fauteuil roulant. Ne t'en fais pas, on ne sort pas longtemps.

Je reste un instant dubitative, mais son visage ne laisse rien paraître d'obscur ou de suspect. À moins que mon cerveau ne veuille pas voir la vérité. Toutes les cellules de mon corps ont besoin de s'évader de cette chambre d'hôpital, même si le voyage ne dure que quelques minutes. En trois jours, j'ai l'impression d'avoir inspiré et expiré déjà plusieurs fois chaque molécule d'oxygène présente dans cette pièce. J'ai besoin de sentir la fumée envahir ma trachée et le vent balayer les derniers résidus de l'accident qui me collent à la peau. À cet instant, j'ai l'impression que me retrouver dehors est la solution à presque tous mes problèmes. Presque. Alors, dans un élan d'inconscience, je dis :

– O.K., on va sortir. Aide-moi.

Le visage du beau brun s'illumine et il ne perd pas une seconde pour s'approcher de moi.

– On peut l'enlever, ce truc ?

Matt montre le corset d'un signe de tête. Il fronce les sourcils comme face à un casse-tête.

– Heu oui, je crois. C'est un système de scratch, ça doit être faisable. Tu n'as pas demandé à Lorsson ? Tu veux qu'on appelle une infirmière ?

– T'inquiète, je gère.

Matt s'approche de moi et examine le corset. Une fois qu'il a trouvé les attaches, il les retire une à une. Je me sens à nouveau capable de respirer, délivrée de cette prison infernale serrée au-delà de l'humain par les infirmières. Matt, avec d'infinies précautions, éloigne légèrement mon dos du lit pour faire glisser le corset loin de moi. Je dois serrer les dents pour éviter de lâcher un cri. Bon Dieu ce que cette fracture me fait mal ! Mais je ne laisse rien paraître, je ne veux pas que Matt renonce s'il se rend compte que je souffre trop. Il dépose le corset sur le fauteuil de la chambre puis revient près de moi. Il analyse un instant la perfusion et retire rapidement l'aiguille du cathéter plantée dans une veine de ma main. Puis, il enroule délicatement ses bras autour de mes côtes pour me soulever le plus doucement possible. Derechef, une douleur vive irradie l'ensemble de mon corps et, malgré mes efforts pour dissimuler ma souffrance, un gémissement s'échappe de mes lèvres. Matt retire immédiatement ses bras.

– Merde, murmure-t-il, désolé, je vais essayer autrement.

Dégageant d'un geste le drap qui me couvre, il passe, cette fois, un de ses bras sous mes jambes. De cette façon, la douleur – bien que toujours très vive – est plus supportable, si bien que Matt parvient à me déposer sur le fauteuil roulant, ce qu'il fait avec une infinie délicatesse, comme si je risquais de me briser en mille morceaux. Il attrape ensuite le manteau noir posé sur le fauteuil de la chambre. La capuche est pratiquement arrachée et les manches sont déchirées par endroits. Je m'y enveloppe, soudain envahie par une peine immense. Je prends à nouveau conscience de la violence de l'accident dont nous avons été victimes. Je ferme les yeux un instant, tentant de rassembler mon courage. Je veux réprimer cette boule d'angoisse douloureuse qui obstrue une nouvelle fois ma gorge. Matt va ensuite chercher mes chaussures, qu'il me passe aux pieds sans les lacer.

– Tu es prête ? s'enquiert-il.

– Oui, allons-y maintenant.

Nous ne croisons pas le moindre membre du personnel médical au cours de notre odyssée jusqu'au rez-de-chaussée. Je ne savais même pas que ma chambre se trouvait au quatrième étage. J'avoue qu'une grande partie de moi pensait que Matt bluffait, qu'il n'avait absolument pas demandé l'autorisation pour que je sorte, malgré son absence de réaction lorsque je le lui ai demandé. Cela me semblait complètement improbable, vu les recommandations du Dr Lorsson. Mais force est d'admettre qu'il n'a pas menti puisque, lorsque nous arrivons en bas et croisons quelques infirmiers devant l'accueil, personne ne nous fait de remarque et nous passons sans encombre.

Nous nous retrouvons enfin dehors, dans une sorte de grand parc situé à l'arrière de l'hôpital. D'après les quelques personnes qui prennent l'air et les bancs mis à disposition, je comprends que cet endroit est dédié aux patients dont le séjour s'éternise et aux pauses clopes du personnel.

Le froid est saisissant. Tout est blanc, tout est calme. Les grands pins qui s'étendent derrière l'hôpital se dressent fièrement, recouverts de cette neige épaisse qui leur donne des airs de muffins surplombés de glaçage.

Malgré mon manteau, je suis prise d'un premier frisson. Il doit facilement faire cinq degrés en dessous de zéro. De légers flocons virevoltent encore et se déposent par dizaines dans mes cheveux bruns et décoiffés. Je soupire de soulagement : enfin dehors !

Matt arrête de pousser mon fauteuil pile-poil devant la pelouse recouverte de neige et vient se poster à côté de moi.

– C'est magnifique, n'est-ce pas ? souffle-t-il dans un nuage de buée.

– Superbe, oui. Cela faisait longtemps que nous n'avions pas eu d'hiver enneigé.

– Oui, malheureusement. J'ai toujours particulièrement aimé la neige. C'est la beauté à l'état brut. Elle rend n'importe quel paysage somptueux.

La fascination avec laquelle il parle de ce phénomène météorologique me désarçonne un peu. J'ai l'impression d'entendre parler Jamie, lui qui a des réflexions bien plus poussées que la normale sur tout ce qui l'entoure. Et la douceur que révèle son admiration pour la neige me donne d'autant plus l'impression d'être face à son frère pourtant si profondément endormi.

Le regard émeraude de Matt est toujours porté sur l'horizon, comme si à cet instant-là plus rien n'avait d'importance. Ses cheveux se couvrent peu à peu de neige, lui donnant un air étonnamment angélique. Sa voix grave résonne à nouveau dans le parc.

– La neige… Elle est si belle, et pourtant si fatale.

Je le regarde en fronçant les sourcils, confuse. Ses prunelles rencontrent aussitôt les miennes.

– Regarde ce qu'elle t'a fait, reprend-il en me scrutant de la tête aux pieds. Qu'est-ce qui vous a pris de prendre la route de nuit, en pleine tempête de neige ?

– Je ne sais pas, je crois me rappeler que Jamie voulait absolument rentrer.

– Pourquoi n'as-tu pas essayé de l'en dissuader ? C'était complètement inconscient, Aly.

– Je sais…

Il soupire et secoue la tête. Ses yeux quittent les miens et sa main droite vole jusqu'à la poche de son manteau. De ses longs doigts, il en sort ce qui me fait rêver depuis trois jours. Mon cœur se met à battre plus fort. Matt ouvre l'étui et en extirpe doucement un de ces fins cylindres remplis de nicotine.

– Tiens, de quoi te requinquer un peu.

Il dépose la cigarette entre mes lèvres qui n'attendent que ça. La seconde d'après, la flamme vient en embraser l'extrémité et par la même occasion mon esprit, qui peut enfin s'évader. Je ferme les yeux et avale la fumée de ce doux poison.

– Ça fait du bien, n'est-ce pas ?

Je hoche rapidement la tête, et m'empresse de tirer une nouvelle taffe. Matt laisse échapper un rire.

– Je comprends ce que tu ressens. Pour la nouvelle année, j'avais pris la résolution d'arrêter de fumer. Évidemment, je n'ai pas réussi. Nous les fumeurs, on s'imagine, à tort, qu'on maîtrise la situation. On ne se croit pas accros, on pense pouvoir arrêter quand bon nous semble. Du moins, on essaie de s'en persuader. Nous refusons d'être soumis à une dose de nicotine, et pourtant… Nous en sommes là. La première journée sans cigarette m'a paru insurmontable. Je ne pensais qu'à ça, j'avais des sautes d'humeur. J'étais certain que dès le deuxième jour, ça irait mieux. Mais ça n'a pas été le cas. Je me suis retrouvé dans un bureau de tabac trois jours après, à acheter une cartouche…

– Hé !

Une voix forte dans notre dos vient interrompre le soliloque de Matt. Nous tournons tous deux la tête et j'aperçois, avec confusion, le Dr Lorsson, l'air tout sauf ravi. Il s'approche de nous à grandes enjambées tandis que j'entends Matt murmurer « grillés ».

– Mais qu'est-ce que tu fais là, Alyssa ? s'écrie mon médecin en arrivant à notre hauteur.

– Je… J'avais besoin de m'aérer.

– Tu es complètement inconsciente ma parole ! Qu'est-ce que je t'avais dit ? De faire le moins de mouvements possible et de rester tranquillement allongée jusqu'à ce que ton dos aille mieux ! Tu te rends compte que tu as peut-être empiré l'état de ton bassin ? Les os ont pu se déplacer, ta fracture s'aggraver ! Tu tiens vraiment à te faire opérer ou quoi ?

Ses mots me glacent, et je me sens envahie par la peur, mais aussi la culpabilité. Pourquoi donc ai-je écouté Matt ? Je jette un coup d'œil en direction de ce dernier, qui toise, impassible, mon médecin.

– Ne lui reprochez rien. C'est moi qui l'ai convaincue de sortir un peu, monsieur.

L'homme en blouse blanche semble seulement remarquer la présence de Matt. Il le fusille du regard.

– Alyssa ne semble pas dans son assiette. Elle reste seule dans sa chambre toute la journée. Je me suis dit que ça lui ferait du bien de prendre un peu l'air.

– Je ne doute pas que votre intention était bonne, jeune homme. Mais vous ignorez les risques que vous lui avez fait courir. Vous ne lui avez pas rendu service en l'amenant ici. Si je vous reprends à faire quoi que ce soit qui puisse nuire à la santé de ma patiente, je ferai en sorte que vous ne puissiez plus lui rendre visite. Suis-je assez clair ?

– Oui, monsieur. Excusez-moi. Vraiment. Je n'imaginais pas que son état était si grave. Et puis, nous nous apprêtions à rentrer. De toute manière, je dois partir.

– Parfait, alors je ne vous retiens pas, allez-y. Je m'occupe de raccompagner Alyssa dans sa chambre. Elle a grandement besoin de se reposer.

Sans laisser à Matt le temps d'ajouter un mot, le médecin s'empare des poignées de mon fauteuil et me ramène vers l'hôpital, tandis que je m'empresse de terminer ma précieuse cigarette avant qu'il ne la remarque…

– 7 –

Lorsque les deux infirmiers me soulèvent pour me poser à nouveau sur mon lit bordé de machines clignotantes, mon visage se déforme en une grimace. Satanée fracture ! Je serre les dents pour essayer de camoufler ma douleur pendant que les deux hommes me manipulent. Ils me remettent le corset, le serrant aussi fort qu'auparavant. Ils finissent par m'installer précautionneusement sur le matelas, et je soupire de soulagement.

Dans un coin de la pièce, Lorsson m'observe. Les bras croisés sur sa poitrine et la mâchoire contractée, il est visiblement exaspéré par ma petite sortie. Les infirmiers rabattent la couverture blanche et rugueuse sur mes cuisses avant de réajuster les deux oreillers et la tête du lit de façon à ce que je me retrouve en position assise.

– Pouvez-vous nous laisser quelques minutes ? demande le Dr Lorsson aux infirmiers qui, sans un mot, s'exécutent.

Ils me laissent face à cet homme que j'ai l'habitude de voir plutôt calme et sympathique. Il soupire et s'approche de mon lit.

– Enfin, Alyssa, qu'est-ce qui t'est passé par la tête ? Je t'ai répété plusieurs fois que la clé de la guérison résidait dans le fait de ne pas bouger ! Ce n'est pas assez clair pour toi ? Je dois te le dire en quelle langue ?

– Oui je sais… Mais comme je n'ai pas eu aussi mal que cela, je me suis dit que ça irait.

– Ce sont les médicaments qui atténuent drastiquement ta douleur ! Que crois-tu donc ? Si tu n'étais pas sous perfusion de morphine, tu te serais sûrement évanouie à cause de la douleur, dit-il en criant presque. Perfusion que tu as arrachée, dois-je te le rappeler ? Écoute, Alyssa, je sais que tu as du mal à gérer la situation, mais ce n'est pas en t'accordant une petite virée dans le parc de l'hôpital que tu vas arranger les choses. Si tu veux quitter rapidement cette chambre, retourner au lycée et reprendre une vie normale, il faut que tu suives mes instructions à la lettre. Si je refuse que tu sortes ou que tu bouges, c'est pour ton bien. Tu as eu beaucoup de chance lors de cet accident, ne gâche pas tout en faisant n'importe quoi. Les os peuvent encore se déplacer si tu t'agites trop et là c'est l'opération garantie. Je suppose que tu n'as pas envie qu'on te mette des broches ?

– C'est sûr que ce n'est pas ce que je veux. Mais je ne supporte pas de rester là à ne rien faire toute la journée. Je deviens folle. Je n'ai aucune nouvelle de mon copain. À cause de leur travail, mes parents ne passent qu'en coup de vent et mes amis sont en cours. Je n'ai rien à faire de mes journées si ce n'est me torturer l'esprit.

– Personne ne peut aller se renseigner sur l'état de ton ami pour toi ? demande le médecin, dont le visage s'est quelque peu radouci.

– Une amie m'a dit qu'elle irait, si…

– Eh bien voilà.

– Vous ne comprenez pas…

– Bien sûr que si. Tu crois être le premier patient que je retrouve errant dans l'hôpital alors que je lui ai interdit de bouger ? Loin de là, Alyssa. Nous sommes tous les mêmes. Rester dans une pièce à ne rien faire pendant plusieurs jours, ce n'est facile pour personne.

Le Dr Lorsson soupire et commence à masser son front comme s'il était en proie à une intense réflexion.

– Écoute, reprend-il après un petit moment, je vais essayer de te trouver de la compagnie. Il y a d'autres adolescents de ton âge qui sont ici. Peut-être que si tu en rencontrais, ton séjour te semblerait moins pénible.

Je ne l'écoute plus vraiment. Une fois de plus, mon esprit s'est échappé. Jamie. Je ne pense qu'à lui. Quand Holly aura-t-elle le temps de se rendre à l'hôpital pour se renseigner sur son état ? Chaque minute vécue sans signe de lui est un peu plus difficile à supporter. Même si la visite de Matt m'a fait un bien fou, mon cerveau ne cesse de me renvoyer la vision du corps de Jamie inerte sur une route enneigée.

– Qu'est-ce que tu en dis ? insiste mon médecin, m'arrachant à mes pensées morbides.

– Hein ? Je… oui, ça peut être une bonne idée.

– Très bien. Je vais voir ça rapidement. En attendant, prends ton mal en patience. Tu n'as qu'à regarder la télé ou bouquiner, le temps passera plus vite, tu verras. Mais je ne veux plus te voir hors de ce lit.

Je hoche la tête pour le rassurer. Mais je sais au fond de moi que si une nouvelle occasion de sortir se présente, je la saisirai sans la moindre hésitation.

– On est d'accord, alors ? Je dois y aller maintenant, je repasserai après le dîner pour m'assurer que tout va bien. À tout à l'heure.

– À tout à l'heure.

La porte se referme derrière le médecin. Me revoilà seule dans ma petite chambre blanche. Mes yeux se dirigent instinctivement vers mon téléphone. J'espère avoir reçu un message pendant que j'étais sortie – n'importe lequel, pourvu qu'il apporte une bonne nouvelle. J'étire mon bras et attrape mon portable qui clignote. Il y a trois messages en attente.

> **Maman** : Coucou ma chérie. Comment vas-tu aujourd'hui ? Je suis vraiment désolée, mais nous ne pourrons certainement pas passer ce soir. J'ai un dîner avec un gros client et ton père a une réunion tard. Si les heures de visite ne sont pas terminées, il m'a chargé de te dire qu'il essaierait de passer t'embrasser. Nous espérons que tu ne t'ennuies pas trop et que l'état de ton dos s'améliore. Surtout suis bien les recommandations du médecin. Nous t'embrassons. À demain.

Je soupire, ne réponds rien. Ça ne m'étonne pas plus que cela. Le cap des trois jours est à peine passé, et une fois rassurés, leurs efforts s'estompent déjà. Je lis le second message.

Holly : Salut, poulette ! Bonne nouvelle, Mme Mills est absente demain après-midi, on finit donc deux heures plus tôt. Jason s'est porté volontaire pour m'amener à l'hôpital de Jamie. Tu vas enfin avoir de ses nouvelles. Ne me remercie pas, je sais que je suis la meilleure amie existante.

Un léger sourire étire mes lèvres. Elle est là, la bonne nouvelle que j'espérais tant. La première phase d'attente va enfin prendre fin. Merci Holly. Je lis le dernier message.

Matt : Hey. J'espère que tu as apprécié cette bouffée de nicotine. On remet ça bientôt.

Je secoue la tête. Décidément, les réprimandes du Dr Lorsson n'auront eu d'effet sur aucun de nous deux. Cela ne m'étonne pas de Matt, il est du genre à braver les interdits. Je repose mon téléphone sans prendre le temps de répondre à aucun des trois messages. Je m'en occuperai plus tard. Je sens une vague de bien-être déferler doucement sur mon cerveau, et je ne veux pas louper ça. Pouvoir m'aérer et savoir que je vais bientôt avoir des nouvelles de Jamie, c'est tout ce dont j'avais réellement besoin, apparemment. Je réajuste les oreillers et ferme finalement les yeux, sentant que je suis prête à m'endormir…

*
* *

Le soir de la fête

Jamie et moi nous précipitons jusqu'à la voiture, garée juste devant chez moi. La neige commence à tomber à gros flocons et nous ne voulons pas arriver à la fête congelés et trempés. Nous rions bêtement en claquant les portières derrière nous tandis que Jamie s'empresse d'allumer le chauffage.

– Bon, dis-moi tout. À quelle adresse allons-nous ? demande-t-il.

– C'est au 32, rue de la Petite-Jetée, capitaine !

Jamie entre les informations dans le GPS de la voiture. Ce dernier nous indique un trajet d'une vingtaine de minutes que le risque de verglas va probablement rallonger. Nous attachons nos ceintures et le moteur se met à ronronner doucement tandis que nous quittons le quartier cossu dans lequel j'habite.

– Gabriella va mieux ? s'inquiète mon beau brun.

– Je ne sais pas trop. Elle n'est pas venue en cours depuis deux jours. Elle m'a dit que c'était parce qu'elle avait attrapé un virus, mais je sais qu'elle ment. Je crois que, malgré ce qu'il lui a fait, elle regrette d'avoir quitté cet abruti. C'est difficile pour elle, c'était la première fois que je la sentais vraiment amoureuse, tu sais.

– Le premier chagrin d'amour, c'est toujours compliqué…

Jamie s'interrompt au beau milieu de sa phrase comme au milieu d'une confidence qu'on ne parvient pas à faire. En dépit de mes yeux braqués sur lui, il reste concentré sur la route. Le front légèrement plissé, comme lorsqu'il est soucieux, les mains crispées sur le volant. Je comprends que Jamie ne m'a jamais parlé des expériences qu'il a eues avant moi. Enfin, hormis celles qu'il a eues avec le jeu auquel il s'adonnait depuis des mois déjà lorsque nous avons commencé à discuter.

– Raconte-moi ton premier chagrin d'amour, demandé-je.

– Qu'est-ce qui te fait dire que j'en ai eu un ?

– Eh bien, je ne sais pas. Tu as dit ça comme si tu étais bien au courant de la chose.

Il acquiesce. La voiture tente de progresser sur l'autoroute. Jamie roule plus lentement qu'à l'ordinaire, la neige réduit la visibilité, rendant la chaussée glissante et le véhicule difficile à maîtriser.

– On peut dire ça comme ça, oui. Ma première histoire a été assez compliquée.

Je l'observe du coin de l'œil. Pourquoi ne m'en a-t-il jamais parlé avant ? Nous nous disons tout. Absolument tout. Nous connaissons tout l'un de l'autre. Pendant toutes ces semaines où notre seul contact se faisait par téléphone, nous avons eu le temps d'aborder tant de sujets de conversation. Mais celui-là, qui me semble si important à présent, Jamie n'y a jamais fait allusion.

– C'était il y a combien de temps ?

– Des années, déjà. Mais je ne veux pas parler du passé, Aly. Ça ne m'importe plus.

– Mais je veux connaître ton histoire, moi.

– Pourquoi ? Un événement n'a plus d'importance à l'instant même où il se termine. Les souvenirs ne meurent jamais, certes, mais je n'y suis pas attaché.

Plus généralement, je ne suis pas attaché au passé. Il nous empêche de progresser, de nous propulser dans le futur et de vivre pleinement notre présent. Cette première histoire appartient définitivement au passé, je ne trouve pas utile de te la raconter.

Bras croisés en signe de circonspection, je retrouve les réflexions dont mon bel inconnu a le secret, intrigantes et irritantes à la fois.

– Je ne saurai donc jamais ?

– Je ne pense pas, non, glisse-t-il en se tournant vers moi le sourire aux lèvres. Ce qui m'importe dans la vie, c'est le présent. Et mon présent, c'est toi.

*
* *

– Pardon, excusez-moi, répété-je une nouvelle fois.

Je pousse les invités qui dansent, discutent, picolent, s'embrassent partout dans la maison afin de me frayer un passage vers l'étage. J'essaie de trouver Gabriella. Si je suis venue à cette soirée, c'est avant tout pour m'assurer qu'elle va bien et prendre soin d'elle. Mais pour l'instant, ma tâche semble compliquée, car elle est tout bonnement introuvable. A-t-elle invité tout le lycée à cette soirée ?

Jamie me suit difficilement. Il attrape ma main à la volée et me force à m'arrêter.

– Attends-moi, dit-il. Moi je ne peux pas me faufiler comme toi.

– Ne bouge pas d'ici. Je vais voir Gabriella quelques minutes, pour vérifier qu'elle n'a besoin de rien. Je te rejoins juste après. Va prendre un verre en attendant.

– D'accord, à tout à l'heure.

Il dépose un rapide baiser sur mes lèvres puis lâche ma main avant de se diriger vers la cuisine de laquelle s'échappe un flot continu de lycéens. De mon côté, je reprends ma course vers l'étage. Je gravis rapidement une quinzaine de marches et frappe à la porte de la chambre de Gabriella. Mon poing s'abat sur le bois de la porte, mais je n'obtiens aucune réponse.

– Gaby, c'est moi Alyssa, je peux entrer ?

J'essaie de parler fort afin de couvrir le son de la musique qui provient du rez-de-chaussée, mais je n'obtiens toujours pas de réponse. Peut-être n'est-elle pas là non plus. J'abaisse doucement la poignée et entre dans la chambre plongée dans l'obscurité. La seule lumière provient des réverbères de la rue qui se reflètent par la fenêtre. C'est grâce à elle que je finis par distinguer une masse informe sous les couvertures.

Elle est là.

Son corps ressemble à une grosse boule de tissu. Seule sa tête émerge des draps. Je referme la porte derrière moi, le volume de la musique diminue légèrement. Puis je m'approche doucement du lit, comme si je craignais de voir Gabriella s'enfuir.

– Je peux ?

Les yeux brillants de la jolie brune se posent sur moi et elle hoche la tête. Je retire mes chaussures et m'allonge à côté d'elle. Gaby remonte la couverture jusqu'à nos mentons comme si elle désirait se cacher, disparaître. J'attrape sa main et la serre fort dans la mienne.

– Qu'est-ce que tu fais là, Gabriella ? C'est toi qui as organisé cette soirée. Tu es en train de tout rater.

– Je sais, oui…

– Alors pourquoi n'es-tu pas en bas ? Je t'ai cherchée pendant une demi-heure.

Elle ne répond pas. Malgré l'obscurité, je peux voir que ses paupières s'abaissent comme pour retenir ses larmes. En deux ans d'amitié, je ne l'ai jamais vue comme ça. C'est une fille si pétillante, si vivante, toujours prête à s'amuser. Je ne la reconnais tout simplement pas.

– Tu ne te sens pas bien ?

– Disons que… Je me sens vide, murmure-t-elle.

– C'est à cause de lui ? interrogé-je en caressant doucement le dos de sa main pour la réconforter.

Elle fait signe que oui, avant de venir cacher son visage dans mon cou. Un sanglot s'échappe de ses lèvres, tandis que je la serre contre moi.

– Je sais que c'est facile à dire, mais… c'est un pauvre con. Il ne te mérite absolument pas. Je te connais, je sais très bien que tu regrettes de l'avoir quitté, mais c'était la meilleure chose à faire. Un mec qui trompe une fois le refera encore et encore. Et tu ne mérites pas ça. Personne ne le mérite.

– Tu as raison, je le sais très bien. Mais je l'aimais, tu comprends ? Je l'aimais vraiment, Aly.

– Je l'ai remarqué, oui.

– Et peu importe ce qu'il a fait, peu importe la haine que j'ai à son égard, il me manque. Je ne me remettrai jamais avec lui, je le sais. Je n'accepterai jamais d'être trompée, mais je suis tellement déçue, tellement triste.

– On est souvent très déçu par les gens qu'on pensait connaître. On ne peut faire confiance qu'à soi dans la vie.

Elle se détache de mon étreinte pour me poser une question qui me prend au dépourvu.

– Tu veux dire que tu ne fais pas confiance à Jamie ?

– Je… Si, je lui fais confiance. Mais j'ai conscience que cela peut impliquer, comme pour toi, une future déception. On n'est jamais à l'abri, soupiré-je. Mais, même si tu décides d'accorder ta confiance à quelqu'un, et que cette personne finit par la trahir, tu ne dois pas t'effondrer. Tu ne peux pas laisser un seul homme te gâcher la vie. Regarde-toi. Tu as la vie devant toi, Gaby. Nous sommes trop jeunes pour nous prendre autant la tête. Allez, viens avec moi. Il y a une sacrée ambiance en bas.

Elle essuie ses dernières larmes d'un revers de la main, puis, après une grande inspiration, elle hoche la tête.

– Tu as raison. Je vais descendre. Je ne vais pas rater un bon moment avec mes amis à cause d'un connard.

Je souris. La Gabriella que je connais semble resurgir peu à peu. Je sais que dans ces moments-là, tout ce dont elle a réellement besoin pour se sentir mieux, c'est de discuter avec une amie. Holly s'est bien occupée d'elle, ces derniers temps. Mais je me dois d'être là aussi. Nous nous extirpons toutes les deux du lit et quelques minutes plus tard, nous voilà au rez-de-chaussée.

En arrivant dans le salon, Gabriella me prend dans ses bras.

– Merci d'être venue, Alyssa, me dit-elle au creux de l'oreille. Merci pour tout.

– Je serai toujours là pour toi, tu le sais.

Elle me décoche un large sourire.

– Je vais aller me chercher un verre, ça ne me fera pas de mal, reprend-elle. Tu viens avec moi ?

– Oui, je vais te rejoindre. Il faut juste que je voie Jamie. Je lui ai dit que je le retrouverais après avoir discuté avec toi.

– Pas de problème. Vous n'aurez qu'à me rejoindre dans la véranda tout à l'heure, je vais me chercher à boire dans la cuisine.

Je reste seule et pétrifiée au milieu de la masse dansante de lycéens. Quand Holly me disait que Gabriella n'allait pas bien, je ne pensais pas que c'était à ce point. Cela fait maintenant un moment qu'elle a quitté son connard, mais elle semble toujours imprégnée de lui. Complètement sous son charme, à sa merci.

Je repense à ce que m'a dit Jamie tout à l'heure. « Le premier chagrin d'amour, c'est toujours compliqué… » Et je ne peux m'empêcher de me demander : comment a-t-il vécu le sien ? Qui était-ce ? Il y a combien de temps exactement ? Était-il dans le même état que Gabriella quand c'est arrivé ? Tant de questions s'entrechoquent dans mon esprit depuis tout à l'heure. Tant de questions auxquelles je n'aurai sûrement jamais de réponses.

– Ah ! Te voilà.

La voix de Jamie me ramène à la réalité. Il m'offre ce large sourire qui révèle ses belles dents qui me font à chaque fois craquer. Je le scrute un instant, tandis que mes yeux se perdent dans ses prunelles émeraude. Et je comprends qu'il me reste encore énormément de choses à apprendre sur ce bel inconnu qui se trouve devant moi.

– 8 –

L'obscurité m'entoure. La lumière du jour a disparu depuis plusieurs minutes pour laisser place à une épaisse noirceur, cependant blanchie par les flocons de neige qui continuent de tomber inlassablement sur la région. Les essuie-glaces s'agitent sous mes yeux, tandis que je parcours les kilomètres qui séparent l'hôpital de la piscine. Il faut que je me dépêche, l'entraînement débute à 19 heures pétantes. Les petits chiffres rouges sur le cadran de ma voiture m'indiquent qu'il est déjà 18 h 46, et le trafic est ralenti. Tout comme moi, les autres automobilistes prennent toutes les précautions nécessaires pour limiter les risques d'accident. Nous roulons à peine à plus de soixante kilomètres-heure sur une route limitée à quatre-vingts. Impossible d'arriver à l'heure, le coach sera furieux.

Tandis que la distance qui me sépare du gymnase diminue, je me fais la réflexion que les conditions météorologiques actuelles sont les mêmes que celles de la nuit de l'accident. Et je comprends pourquoi il a été inévitable. Un drôle de frisson me parcourt l'échine.

L'obscurité, le verglas, la fatigue… Un combo évidemment fatal.

Je n'aurais pas dû prendre la voiture, ce soir. C'est bien trop dangereux. Je pourrais moi aussi avoir un accident. N'importe lequel des automobilistes autour de moi pourrait en avoir un. Mais j'ai quand même décidé de le faire, parce que je me suis senti obligé d'aller rendre visite à Alyssa.

Son message d'hier m'a complètement pris au dépourvu. Elle avait l'air si démunie, si faible… si différente de celle qu'elle est habituellement. Et puis, à part le bref échange que nous avions eu la veille à l'hôpital, c'était notre premier contact en huit mois. Et elle me suppliait pratiquement de venir la voir. Je n'ai pas pu résister.

Elle est réapparue si subitement dans ma vie que je n'arrive pas encore à assimiler les événements. J'ai l'impression que ces derniers jours ne sont pas réels. Tous, depuis l'accident. Tout a basculé si vite, mon esprit n'arrive pas à s'y accommoder. Mais cela ne fait que trois jours… Je dois me laisser du temps.

Alyssa est réapparue alors que je pensais n'avoir plus jamais le moindre contact avec elle. Il faut dire que Jamie s'est tant évertué à la tenir loin de moi que je n'ai pas croisé son regard une seule fois depuis la fin de ma terminale. Il a réussi avec brio sa manœuvre, à savoir dresser Alyssa contre moi et m'empêcher de l'approcher. Il lui a raconté plein de merdes sur moi, je le sais. Je ne suis pas assez hypocrite pour dire que tout ce qu'il a dit était faux, mais il a dû en rajouter.

Beaucoup. Et lui, comme à son habitude, il s'est fait passer pour le gars qui n'a rien à se reprocher, pour un ange véritable…

Alyssa, je ne suis jamais parvenu à la haïr. Malgré toute l'hostilité qu'elle a eue à mon égard, malgré tout ce qu'il s'est passé entre nous l'année dernière, je n'ai jamais réussi à la détester. Elle est si différente de la plupart des filles à qui j'ai pu parler. En réalité, elle est tout ce qui m'attire. Sa sensibilité, sa ténacité, son intelligence, sa froideur… Toute sa personne est un mystère pour moi. Et c'est ça qui m'a poussé à mettre ma fierté de côté et à aller la voir aujourd'hui. Dire qu'elle occupait encore mes pensées avant l'accident serait mentir. Elle s'y invitait de temps à autre, mais je suis passé rapidement à d'autres filles. Moins intéressantes pour la plupart, mais suffisamment pour me permettre de ne plus penser à la copine de mon frère.

J'ai enfin quitté l'autoroute pour les petites routes qui mènent au complexe sportif. Ce n'est qu'une fois garé que je sors de mes pensées. Je m'empresse de récupérer mon sac dans le coffre et rejoins en hâte les vestiaires déjà vides. J'enfile mon maillot, emprisonne ma tignasse sous mon bonnet de bain et me précipite sous la douche pour un rinçage express.

– Eh bien, Matt ! Tu es enfin là, s'écrie mon coach en me voyant arriver. J'ai cru que tu ne viendrais pas.

– Excusez-moi, coach. Vu la météo, j'ai préféré prendre mon temps sur la route.

– Tu as bien fait, mon grand. Il vaut mieux arriver un peu en retard que de ne pas arriver du tout. Allez, va t'échauffer !

Je hoche la tête et m'empresse de me mettre à l'eau. Je commence par des longueurs de brasse pour me décrasser et une fois chaud j'enchaîne avec le crawl. Je n'ai commencé la natation qu'en seconde, mais j'ai rapidement acquis un très bon niveau. Du moins, c'est ce que M. Armand, mon coach, me répète sans cesse. Apparemment, j'ai un gros potentiel « qu'il faut absolument exploiter ». M. Armand dit même que je pourrais devenir pro si je voulais. Je crois qu'il s'est un peu emballé. Mais, de toute façon, la natation, c'est avant tout thérapeutique pour moi. Lorsque je suis dans l'eau, je ne pense à rien. Je me recentre sur moi, sur mes mouvements, sur ma respiration, sur la résistance de l'eau… et c'est tout.

Un coup de sifflet retentit. J'émerge de l'eau et sors du bassin avec le reste de l'équipe. Tom, celui dont je suis le plus proche, me prend par l'épaule et m'attire un peu à part.

– Salut, mon vieux ! Je pensais que tu ne viendrais pas.

– Eh bien comme tu peux le voir, ce n'est pas le cas.

– Tu sais, ça ne m'aurait pas vraiment étonné. Aucun de nous n'a réellement envie d'être ici, aujourd'hui. Il faut dire qu'avec ce temps… bouh !

Il fait mine d'avoir un frisson puis se met à rire.

– Je ne suis pas du genre à manquer un entraînement pour si peu, rétorqué-je.

– Trêve de bavardages, les garçons ! intervient le coach.

L'équipe de nageurs se tient face à lui, tout ouïe.

– Écoutez-moi bien, les gars. Je sais que je vous bassine avec ça depuis septembre, mais cette saison, c'est *vraiment* du sérieux. On vise les nationales. Nous n'en étions pas loin l'année dernière, et cette fois-ci, je sens que c'est la bonne. Ça va vous demander beaucoup d'assiduité et de disponibilité. À partir de la semaine prochaine, vous viendrez vous entraîner tous les soirs pendant une heure et demie. Nous allons bosser à fond sur les relais, mais aussi sur les courses individuelles. Aujourd'hui, nous allons commencer par les relais puisqu'il faut que je crée les combinaisons de relayeurs le plus tôt possible. Pour le moment, on va reprendre celles de l'année dernière, mais elles seront susceptibles d'évoluer au jour le jour, jusqu'à ce qu'on trouve les groupes les plus performants. Vous m'avez bien compris ?

Les voix retentissent à l'unisson dans la salle :

– Oui, coach !

– Bien, s'exclame M. Armand en frappant un grand coup dans ses mains. Qu'attendez-vous pour vous mettre en place, dans ce cas ?

Il n'a pas besoin d'ajouter un mot de plus. Les groupes se forment rapidement, suivant les consignes. Je me retrouve donc avec Tom, Arnaud et Baptiste. Nous nous positionnons devant la ligne d'eau numéro 3. Comme à l'accoutumée, je suis le quatrième relayeur. Je suis chargé du sprint final.

C'est Baptiste qui nage le premier. Il se positionne sur le plongeoir, prêt à s'élancer au signal, imité par les nageurs des autres lignes. Le coup de sifflet ne tarde pas à retentir. Le relais est lancé. Baptiste file déjà dans l'eau.

Je ne sais pas pour quelle raison le souvenir de cet entraînement qui a eu lieu l'année dernière me revient à l'esprit. Celui auquel Alyssa avait assisté de manière clandestine, cachée derrière les gradins. C'était un des premiers jours de l'année où nous nous entraînions dehors – le premier, peut-être. Les beaux jours revenaient enfin. Je me souviens avoir vu, en sortant de la piscine, le visage d'Alyssa dépasser du côté des gradins. Lorsqu'elle a compris que je l'avais repérée, elle s'est reculée d'un bond afin de se soustraire à ma vue. Mais c'était trop tard, je l'avais grillée et, qui plus est, reconnue.

J'étais plus que satisfait qu'elle soit venue, ce soir-là. J'avais la sensation que cette histoire finissait enfin par avancer, qu'elle allait même accepter le rendez-vous que j'envisageais de lui proposer depuis des jours déjà. J'avais complètement tort. Comme le cours touchait à sa fin et que j'avais terminé mon entraînement, je suis allé la rejoindre derrière les gradins. Mais elle avait vite douché mon enthousiasme ; si elle était là, ce n'était absolument pas pour mes beaux yeux.

Baptiste arrive au terme de ses cent mètres, et Arnaud s'élance dans la foulée. Il réalise un plongeon parfait, quasiment sans éclaboussures. C'est sans aucun doute un des meilleurs plongeurs de l'équipe. Il semble être entré en un point unique dans la piscine.

En réalité, si Alyssa était venue à mon entraînement ce jour-là, c'était pour m'annoncer qu'elle ne voulait plus rien avoir à faire avec moi. Elle ne voulait plus qu'on se parle ni qu'on se voie. J'étais ahuri, à dix mille lieues de penser qu'elle me dirait une chose pareille. Je savais qu'elle me glissait entre les doigts, mais je n'aurais jamais imaginé qu'elle se déroberait aussi subitement. Je croyais même que j'étais en train d'inverser la tendance, et que petit à petit, à force de la rassurer, elle finirait par baisser sa garde. Mais je me mettais le doigt dans l'œil. Je suis resté un instant sans voix. J'ai fini par demander à la jolie brune que je convoitais tant une explication à sa fuite soudaine. Je lui ai demandé pourquoi, finalement, elle préférait écouter cet « ami » qui lui disait de rester loin de moi, sans chercher à se faire un avis par elle-même. Et Alyssa a ouvert sa jolie bouche pour laisser échapper ces quelques mots assassins qui m'ont pétrifié :

« Je l'écoute parce que je l'aime. »

C'est à cet instant précis que j'ai réalisé que cet ami dont elle me parlait depuis des semaines n'était autre que Jamie. Au fond de moi, je le savais depuis un moment, mais je ne voulais pas l'admettre. Comment pouvait-il savoir que c'était Alyssa que je convoitais ? Échaudé par les fois précédentes, j'avais pris toutes les précautions nécessaires pour qu'il ne découvre pas l'identité de la fille qui m'intéressait. J'avais tout fait pour qu'il ne puisse pas renouveler son petit jeu.

Mais apparemment, il avait surpris une discussion avec mes potes.

Immédiatement après cette entrevue avec Alyssa, je suis rentré pour me venger de cet enfoiré. Quand je l'ai aperçu sur le perron de la maison, je me suis jeté sur lui pour le cogner. Ça faisait longtemps qu'on n'en était pas venus aux mains. J'étais arrivé à un point où je me foutais que le voisinage soit témoin de mon accès de violence, j'étais tout bonnement hors de moi. Pourquoi s'acharnait-il encore et toujours à me gâcher la vie ? À me mettre des bâtons dans les roues ? Pourquoi fallait-il qu'il me fasse payer pour quelque chose dont il était au départ le seul responsable ?

– Putain, Matt !

Du bassin me parvient en écho la voix de Tom. Mon regard croise celui, plein d'incompréhension, de mon ami. Il faut quelques secondes à mon cerveau pour réaliser que c'est déjà à mon tour de nager.

– Merde, je murmure.

Je plonge maladroitement dans l'eau, stupéfait. Comment ai-je pu être aspiré dans mes pensées au point de ne pas m'apercevoir que les trois cents premiers mètres du relais avaient déjà été couverts ? Tandis que j'essaie de rattraper mon retard, mes mouvements deviennent frénétiques. Je n'ose pas regarder autour de moi pour évaluer la position de mes adversaires. Je me concentre uniquement sur mes mouvements, que j'essaie de faire toujours plus grands, toujours plus rapides, toujours plus puissants.

J'arrive à la fin des cinquante premiers mètres, je réalise une culbute maîtrisée et repars derechef. J'imagine déjà les réprimandes de mes coéquipiers et de mon coach. Je finis par toucher le mur de mosaïque blanche décrépite, geste qui met un terme à ce relais. Je regarde immédiatement autour de moi et découvre que toutes les équipes, à l'exception d'une, sont arrivées avant nous.

Merde, j'ai perdu quoi… sept, huit secondes avant de sauter ? Maximum. Mais en natation, ces quelques secondes sont extrêmement précieuses et suffisent à faire la différence entre l'équipe qui arrive première et une autre qui ne sera pas sur le podium. Je vois Arnaud secouer la tête en soupirant, avant de tourner les talons et de s'éloigner du plongeoir. Baptiste l'imite, seul Tom reste face à moi, interdit. Le coach nous donne à tous l'ordre de sortir de l'eau pour débriefer de ce premier relais.

– T'inquiète pas mon vieux, ça peut arriver à n'importe qui, me rassure Tom en me donnant une tape amicale dans le dos lorsque j'arrive près de lui.

Il garde son bras autour de mes épaules et m'adresse un sourire réconfortant.

– Ouais, j'avais la tête ailleurs, je suis un vrai con, grogné-je.

– Ne dis pas ça, Matt. Vu les circonstances…

– Quoi ? De quoi tu parles ?

Je m'arrache à son étreinte et me tiens devant lui, les poings serrés.

– Eh bien, tu sais… l'accident, répond-il.

– Attends… Comment tu es au courant de ça, hein ?

Le sang me monte à la tête. La colère s'empare brutalement de moi.

– C'est ta mère qui m'en a informé. Elle est inquiète pour toi, tu sais. Depuis l'accident, elle te trouve triste, ailleurs… et ça se confirme aujourd'hui. Elle m'a dit de faire attention à toi.

– J'hallucine, dis-je en ricanant. Écoute, je ne suis pas peiné, et je n'ai pas besoin que tu endosses le rôle de nounou.

– Tu n'es pas obligé de jouer les durs avec moi, tu sais. C'est normal que la situation soit difficile à vivre. Il s'agit quand même de ton frère jumeau.

– Arrête ! Ne me parle pas de lui.

Je bouillonne intérieurement. Comment ma mère a-t-elle osé parler de ça à Tom ? Lui demander de me surveiller ? Je voulais que mon entourage ne sache rien de cet accident. Le regard que me lance mon ami m'apprend qu'il ne comprend pas ce qu'il se passe, qu'il ne comprend pas mon emportement. J'avoue que je suis moi-même surpris par la colère qui me submerge.

Sans ajouter un mot, je me dirige en hâte vers les vestiaires.

– Attends ! s'écrie Tom en essayant de me rattraper.

Ses doigts s'agrippent à mon bras, mais je le repousse violemment.

– Matt ! Reviens ici tout de suite, intervient le coach.

Je fais mine de ne pas l'entendre et file sans me retourner. J'arrive dans les douches, presse le bouton de la première. L'eau chaude dégouline sur mon corps et je laisse échapper un râle.

Je veux que personne ne soit au courant de cet accident.

– 9 –

Sept jours se sont maintenant écoulés depuis mon arrivée dans cet endroit morbide. Une longue et douloureuse semaine.

Depuis la venue de Matt il y a quatre jours, je n'ai eu droit qu'à une visite, celle de Holly. Sans compter mes parents bien sûr. Presque tous les jours, même. Mais je ne les considère pas comme une véritable visite. Premièrement parce qu'ils ne restent jamais plus d'une demi-heure avec moi, et deuxièmement parce que les seules choses dont ils me parlent sont l'accident et l'avancée de ma guérison. Mes états d'âme et mon anxiété à propos de Jamie ne semblent pas les intéresser. À leur décharge, je ne fais pas non plus trop d'efforts pour alimenter nos conversations.

Comme « vraie » visite, je n'ai donc eu que celle de Holly. Elle est venue me voir l'autre jour, accompagnée de Jason. Mais elle est surtout venue, comme elle me l'avait promis, avec des nouvelles de Jamie.

– Alors ? Comment va-t-il ? ai-je aussitôt demandé à

mon amie quand elle est entrée dans la chambre, ne lui laissant même pas le temps de venir m'embrasser.

Holly a déposé son sac à dos près de la porte avant de s'approcher de moi.

– Eh bien, comme tu t'en doutes sûrement, il est toujours dans le coma. Mais d'après les médecins, son état est stationnaire. Ils ont été très gentils et m'ont même donné plus d'explications qu'espéré. Ils m'ont dit que Jamie avait fait une hémorragie cérébrale : il y a beaucoup de sang qui s'est écoulé dans son crâne, ce qui comprime son cerveau. C'est ça qui provoque son coma. Les médicaments sont censés avoir résorbé l'hémorragie ainsi que les dommages du traumatisme crânien, pour à terme espérer qu'il sorte du coma. Pour le moment on doit attendre de voir comment cela évolue… Et s'il se réveille, il faut envisager qu'il puisse garder de graves séquelles.

– Donc il va se réveiller ? m'exclamé-je, soudain euphorique.

Tout ouïe, je fixe mon amie, les yeux brillants d'espoir.

– Je… Disons qu'il n'y a pas de raison pour qu'il ne se réveille pas, se reprend Holly. Mais les médecins n'ont aucune certitude.

– Je vois, soupiré-je. Avez-vous eu d'autres informations le concernant ? N'importe quoi ?

– Non, désolée, Alyssa. Les médecins n'avaient pas énormément de temps à nous consacrer et je pense qu'ils nous ont déjà pas mal éclairés sur la situation. De plus, il a fallu que je me fasse passer pour sa sœur pour avoir droit à ces informations. On peut déjà s'estimer heureux qu'ils m'aient crue.

– Oui, tu as raison… Merci beaucoup à tous les deux d'avoir pris tout ce temps pour moi.

– C'est normal, me répond Jason en m'offrant un regard plein de gentillesse.

Holly, quant à elle, m'adresse un petit sourire triste. Elle est dans les bras de son copain, serrée contre sa poitrine, comme pour se donner du courage. Cette fille a le cœur sur la main. Depuis la classe de seconde, moment où nous sommes devenues réellement proches, elle a toujours été là pour moi. Elle m'a toujours écoutée, soutenue, aidée… Et ma situation, je le sais, l'éprouve beaucoup. Ça la rend malade de ne pas pouvoir en faire plus pour moi. Je le vois dans le bleu assombri de ses yeux. Holly voudrait pouvoir me soulager de toute ma peine, de toute mon angoisse. Mais elle sait très bien que le peu d'informations qu'elle a réussi à se procurer ne vont pas suffire à m'apaiser. Ses yeux qui pétillent habituellement de malice, de joie et d'humour luisent aujourd'hui d'inquiétude.

– Gabriella m'a chargée de te dire qu'elle était désolée, annonce Holly en prenant une grande inspiration. Elle est désolée de ne pas être venue te voir depuis l'accident. Elle m'a expliqué qu'elle ne s'en sentait pas capable, et elle se déteste pour ça. Je sais très bien que ce qui la bloque, c'est parce qu'elle se sent coupable. Comme vous avez eu l'accident en rentrant de sa fête, et malgré tout ce que j'ai pu dire pour la rassurer, elle a l'impression que c'est de sa faute... Tu sais... Gabriella n'était déjà pas très en forme depuis sa rupture, mais elle a plongé en apprenant ce qui vous était arrivé à Jamie et toi.

Mon cœur se serre, se recroqueville dans ma poitrine. Si Gabriella se sent coupable, je ressens à présent la même chose. Puisque par notre faute, à cause de ce maudit accident, son état s'est détérioré.

– Holly, s'il te plaît, dis bien à Gabriella que je n'ai jamais pensé que c'était de sa faute. C'était un accident, c'est comme ça... Elle n'y est pour rien. Je ne lui en veux pas du tout. C'est si elle continue de se sentir coupable que je vais lui en vouloir. Et dis-lui que ça me ferait le plus grand bien de la voir dans les prochains jours.

– D'accord, Aly. Je lui dis tout ça dès demain.

Holly se détache doucement de Jason pour aller récupérer le sac qu'elle a laissé tomber près de la porte. Elle le pose sur le fauteuil à côté de mon lit et l'ouvre devant moi.

– Je me doute que tu n'as pas trop la tête à ça en ce moment, mais... tu ne peux pas te permettre de prendre du retard dans les cours avec le bac à la fin de l'année. Je t'ai donc apporté tous les cours que nous avons faits depuis que tu es absente, pour que tu puisses les étudier.

– Génial, merci, Holly.

Je m'efforce de lui sourire pour lui montrer ma reconnaissance. Mais l'étirement de mes lèvres doit plutôt ressembler à une grimace un peu bizarre.

Évidemment, Holly a raison. Cette année de terminale est très importante. Elle est même décisive. Mais quelque chose en moi sait que je ne serai pas capable de gérer ces cours en plus de tout ce qui m'arrive. Je sais pertinemment que si l'état de Jamie ne s'arrange pas, je ne pourrai pas me mettre au travail. Mes pensées sont bien trop focalisées sur lui pour que ce soit possible.

J'observe Holly sortir de son sac plusieurs petites liasses bien ordonnées de photocopies retenues par des trombones. Elle m'explique qu'il y en a une par matière. Elle les pose soigneusement sur ma table de chevet, à côté de mon Zippo et de mon portable qui n'a toujours pas reçu le moindre message. Le zèle dont elle a fait preuve pour m'apporter les cours et les organiser au mieux pour me rendre la tâche moins difficile m'emplit d'une étrange sensation, celle d'être un immense fardeau pour tout le monde.

– Je ne sais comment te remercier, vraiment. Tu fais tellement pour moi.

Une larme a roulé sur ma joue tandis que je lui exprimais ma gratitude, la gorge nouée.

– Non, non, non. Pas de merci, me réprimande-t-elle. Il n'y a rien de plus normal. Tu aurais fait la même chose – et bien plus encore – si les rôles avaient été inversés.

– Sûrement, oui…

– Écoute… Tu n'as qu'à commencer par tous les lire une première fois, et si tu as des questions j'essaierai d'y répondre la prochaine fois que je viendrai. Sinon, tu peux toujours envoyer un mail aux professeurs, ils ont dit que tu ne devais pas hésiter et qu'ils feront tout ce qu'ils peuvent pour t'aider.

Tandis que j'évalue la quantité de cours qu'il me faut ingurgiter, je hoche la tête d'un air peu convaincu. Au moins, je vais avoir de quoi occuper mes journées maintenant. Mais pour cela, il faudrait déjà que je sois capable de me concentrer quelques minutes d'affilée. Rien n'est moins sûr…

– Je ferai ça, oui.

– Bon ! nous interrompt Jason. Arrêtons de parler de sujets qui fâchent, maintenant. Alyssa, tu as besoin de décompresser un peu, et devine quoi ?

– Quoi ? répété-je.

Jason plonge sa main dans la poche de son jean et en extirpe un jeu de cartes.

– Et si on se faisait un petit « président » ?

– Jason ! s'exclame Holly. Combien de fois va-t-il falloir que je te dise que le véritable nom de ce jeu c'est le « trou duc » ?

– Appelle ça comme tu veux, ma puce. Ça prouve juste que de nous deux, c'est moi l'optimiste et toi la pessimiste. Mais enfin, tu as raison. Nous n'avons qu'à l'appeler chacun par le titre que nous occuperons à la fin de la partie.

– Certainement pas, Jason. C'est toi qui vas perdre ! rétorque la blonde en lui donnant un petit coup de poing dans l'épaule.

Un sourire – sincère cette fois – se dessine sur mon visage en voyant ces deux-là se chamailler. Et pour la première fois depuis que j'ai mis les pieds ici, je suis capable d'oublier l'effroyable situation dans laquelle Jamie et moi sommes plongés…

*
* *

Le soir de la fête

– Il est temps de rentrer, Alyssa, murmure Jamie à mon oreille.

Une bouteille de bière à la main, je secoue la tête. Je n'ai plus aucune envie de quitter cette soirée. Depuis que j'ai réussi à convaincre Gabriella de venir s'amuser avec nous, l'ambiance a totalement changé. Je ne m'étais pas amusée comme cela depuis une éternité. La musique est excellente, les gens autour de moi me semblent être tous sympas et intéressants. De plus, les bières que je biberonne en continu depuis deux heures me rendent complètement euphorique, si bien que j'ai fini par oublier la promesse faite à Jamie de ne pas rentrer tard. À présent, l'idée de partir alors qu'il est à peine une heure du matin est inenvisageable à mes yeux.

– Pas maintenant ! je hurle par-dessus la musique. Je m'amuse trop !

– Alyssa, je te l'ai dit, j'ai un gros programme demain matin. Tu ne préfères pas qu'on rentre et qu'on termine tranquillement la soirée tous les deux ?

– Je suis bien ici, Jamie ! Ça faisait longtemps que je n'avais pas été à une fête.

– Je comprends, mais… Écoute… Il faut que je rentre me coucher !

– Oh allez ! Ne fais pas ton rabat-joie ! Tu ne t'amuses pas avec nous ?

Je demande cela en désignant les personnes autour de nous. Gabriella, tout aussi euphorique que moi, répète « Tu ne t'amuses pas ? » Nous rions toutes les deux en regardant le visage sévère de Jamie qui semble faire de son mieux pour réprimer son agacement. Il se penche vers moi et tente de me retirer la bouteille des mains.

– Eh ! À quoi tu joues ? C'est à moi ! Si tu en veux, va t'en chercher une ! je m'écrie.

– Arrête tes conneries maintenant, Alyssa. Je n'en veux pas de ta bière ! Tu as beaucoup trop bu, ça suffit maintenant !

– Si on ne peut plus s'amuser… je soupire.

J'avale une nouvelle gorgée avant de croiser mes bras sous ma poitrine, l'air boudeur. Je n'arrive pas à comprendre pourquoi il ne veut pas rester encore un peu et profiter. Il passe déjà tellement de temps à bosser ses exams toute la semaine.

Je tente une approche plus douce.

– Tu sembles sur les nerfs, Jamie. Viens, on va danser un peu, ça va te détendre.

Tandis que j'essaie de m'extirper du canapé sur lequel nous sommes affalés depuis une vingtaine de minutes, pour entraîner Jamie sur la piste, il me retient par l'avant-bras.

– Écoute-moi bien, Alyssa. J'ai accepté de t'accompagner à cette soirée parce que tu m'avais promis que nous partirions tôt. Tu ne respectes pas du tout tes engagements.

– On n'a pas toujours ce qu'on veut dans la vie, Jamie !

– Pourquoi dis-tu ça ?

Je peux lire son incompréhension dans ses prunelles émeraude.

– Dans la voiture, tout à l'heure, je t'ai interrogé sur ton premier chagrin d'amour et tu as catégoriquement refusé de m'en parler, alors que je voulais absolument en savoir plus ! Eh bien, j'ai accepté ton silence sans faire un scandale. Là, j'ai envie de rester. Donc c'est à toi de l'accepter.

– Arrête tes gamineries maintenant. Ça ne m'amuse plus du tout. Fais ce que tu veux, je m'en vais. Avec ou sans toi.

– Eh bien, vas-y, pars. Je dormirai chez Gaby, ça ne me pose aucun problème.

Gabriella passe son bras autour de mes épaules et dit avec enthousiasme :

– Oh oui, Aly ! Reste dormir à la maison, ça fait une éternité que nous n'avons pas fait une soirée pyjama ! Ça serait super !

Dans l'état dans lequel nous nous trouvons toutes les deux, Jamie doit comprendre que ses menaces ne le mèneront nulle part.

– Eh bien, voilà ! je reprends. On a trouvé un arrangement qui convient à tout le monde. Tu rentres te coucher, comme ça, tu pourras te lever tôt et vaquer à toutes tes petites occupations d'étudiant, et nous, on profite de cette super soirée.

– Nous étions censés passer la soirée ensemble, Alyssa, insiste Jamie, les dents serrées.

– Eh bien, tant pis ! Nous voulons chacun faire des choses différentes, donc nous les ferons séparément. Ce n'est pas bien grave, on se verra dans la semaine.

À peine ai-je prononcé ces mots que Jamie s'est levé d'un bond et m'a attrapée par le poignet. Il me retire la canette presque vide et la pose d'un geste brusque sur la table basse en verre, ce qui arrache un cri de protestation à Gabriella.

– Eh ! Fais attention, c'est fragile !

– Excuse-moi, Gabriella. Merci de nous avoir invités, on s'est bien amusé. Mais à présent, on s'en va.

– Je ne veux pas ! répliqué-je à nouveau, mais cette fois à mi-voix.

Jamie me lance un regard noir qui m'indique que je ferais mieux d'arrêter immédiatement de protester. Il m'entraîne vers la sortie, me fait grimper dans la voiture garée un peu plus loin. Avant même que j'aie eu le temps de réaliser, nous sommes déjà sur l'autoroute en direction de chez moi. La neige tombe dru, si bien qu'on ne voit pas à trois mètres devant nous.

– C'était quoi cette scène ? crié-je. Tu ne peux pas me forcer comme ça à te suivre !

– Si, je le peux ! Tu m'avais promis qu'on ne rentrerait pas tard, c'est toi la fautive dans l'histoire, Alyssa.

– Ah oui ? Monsieur devrait pouvoir avoir toujours tout ce qu'il veut et moi je devrais la fermer ? Je suis désolée, mais ça ne se passe pas comme ça avec moi.

– Mais de quoi veux-tu parler, à la fin ?

– De quoi je veux parler ? Eh bien, c'est simple ! Pourquoi as-tu refusé de me raconter ton premier chagrin d'amour ? Tu as quelque chose à me cacher ?

– Encore cette histoire ? Écoute, Alyssa, tu délires, là ! Je ne vois pas en quoi mes histoires d'ex te concernent, c'est tout ! Mais je n'ai rien à te cacher, c'était une première histoire sans réelle importance, comme tout le monde en a.

– C'est faux. Tu es ma première vraie histoire et elle n'est pas sans importance à mes yeux. Si la tienne l'avait été, tu m'en aurais parlé sans problème.

Les mains de Jamie serrent si fort le volant que je peux en voir blanchir les jointures. Mais désinhibée par les verres que j'ai bus, je n'ai plus de limites. J'ai envie de le pousser à bout pour qu'il finisse par cracher le morceau sur cette foutue relation secrète. Insensiblement, je sens la voiture prendre de la vitesse, comme si elle s'alignait sur celle de nos battements de cœur.

– Tu me rends fou, ce soir, Alyssa ! Je crois qu'il vaudrait mieux qu'on ne dorme pas ensemble. Je vais te raccompagner chez toi.

– Tu te fous de moi ou quoi ? Tu m'as fait quitter cette soirée dont je ne voulais pas partir pour au final me planter ? J'hallucine.

Il reste interdit. Il semble réaliser qu'il est peut-être allé un peu trop loin. La voiture ne décélère pas, elle continue de filer dans la nuit comme si l'autoroute lui appartenait en dépit de la chaussée glissante. Je suis fatiguée, je sens tout à coup mon estomac se contracter et ma gorge se serrer. Mon corps ne peut plus supporter l'alcool dont je l'ai imbibé. Je pose une main sur mon ventre et l'autre sur la poignée de la portière.

– Je… Je vais vomir, murmuré-je dans un hoquet. Il faut que tu arrêtes la voiture tout de suite.

– C'est impossible, Alyssa ! On est sur l'autoroute !

– Arrête-toi, je te dis !

– Ne bouge pas, respire, j'ouvre la fenêtre, l'air frais va te faire du bien.

J'ai un haut-le-cœur. Si on ne s'arrête pas dans les prochaines secondes, je vais vomir là, sur le tapis de sa voiture.

– Regarde dans la boîte à gants s'il n'y a pas un sac plastique, dit Jamie en ouvrant la trappe.

Mais plus j'agite mes yeux, moins je me sens bien.

– Je ne peux pas regarder, Jamie. Sinon…

Jamie se penche donc vers ma place dans un soupir et cherche, à tâtons, un sac plastique. Peu à peu, il quitte la route des yeux pour trouver ce foutu sac au plus vite dans le bazar de la boîte à gants. Quant à moi, je garde les yeux rivés sur la route qui continue de disparaître sous la neige. Quand soudain…

– Jamie ! Le camion ! Tu vas lui foncer dedans !

– 10 –

La porte de ma chambre s'ouvre à demi, laissant passer le visage du Dr Lorsson, l'air rayonnant. Rien à voir avec la dernière fois où je me suis pris une soufflante quand il nous a surpris dehors, Matt et moi. Depuis, il n'est passé qu'en coup de vent, pour me demander si je sentais des améliorations de l'état de ma hanche ou de mon moral. Ma fracture me fait toujours autant souffrir, tout comme mon moral qui est resté coincé au niveau zéro.

– Bonjour Alyssa, fait le médecin dans l'entrebâillement de la porte.

– Bonjour, docteur.

– Ça y est, j'ai fini par tenir ma promesse, m'annonce-t-il fièrement.

Un sourcil arqué, je l'interroge du regard. De quoi parle-t-il ? Quelle promesse ?

– Excusez-moi, mais je ne suis pas sûre de bien vous suivre.

– Alors tu as oublié ? demande-t-il, tandis que son sourire laisse place à un air plus sérieux.

En pénétrant dans ma chambre, il fait un pas de côté et je vois derrière lui une jeune fille d'environ deux ou trois ans de moins que moi, assise dans un fauteuil roulant. À première vue, elle ne semble pas souffrante. Pas l'ombre d'un plâtre ni d'une perfusion. La jeune fille a des cheveux assez courts et foncés, une peau très pâle, les pommettes piquetées de taches de rousseur. Mon toubib lui fait signe de le suivre à l'intérieur de la pièce. Elle donne deux petits coups sur les roues pour avancer puis le médecin referme la porte derrière eux.

– Je te présente Thylane. Elle aussi est hospitalisée pour un moment. Je pense sincèrement que ça vous fera du bien à toutes les deux de parler à quelqu'un, de vous confier… Vous avez vécu des moments difficiles, et vous êtes ici pour encore quelque temps. Ça peut être une bonne chose d'avoir un peu de compagnie.

À présent, je me souviens de la proposition qu'il m'avait faite la semaine dernière. Je ne l'avais pas vraiment écouté sur le coup parce qu'au fond, je ne l'avais pas franchement cru, et aussi parce que j'étais obnubilée par Jamie.

– Ça vous va, les filles ?

Le regard marron de la nouvelle venue est doux et semble bienveillant, bien qu'un peu gêné d'avoir rencontré le mien.

– Oui, je réponds immédiatement en continuant de fixer la petite brune. Ça ne peut que nous faire du bien.

La jeune fille semble surprise de l'enthousiasme dont je fais preuve. Elle a l'air d'une douceur inespérée, j'ai immédiatement envie qu'elle m'en enveloppe, de sentir sa fraîcheur m'apaiser.

– Thylane, ça te va ? reprend le médecin.

La petite brune quitte finalement mon visage des yeux et hoche la tête timidement.

– Oui, répond-elle simplement.

– Parfait les filles. Je reviens dans une heure, pour te ramener dans ta chambre avant le dîner, Thylane.

– D'accord, à tout à l'heure.

Le Dr Lorsson nous considère tour à tour, l'air satisfait. Il nous adresse un dernier sourire avant de quitter la pièce, nous laissant en tête à tête. Nous restons un instant à nous regarder, à nous jauger en silence.

– Toi aussi tu te sens seule ici ? demandé-je pour mettre fin à ce silence.

– Oui.

– Pourquoi es-tu hospitalisée ?

Ses lèvres se crispent, la jeune fille analyse son petit corps maigre recroquevillé sur lui-même qui semble vouloir disparaître dans son gros gilet de maille. Ensevelie sous ce tas de tissu, elle paraît minuscule.

– Eh bien… commence-t-elle d'une voix fluette, je suis sujette aux malaises vagaux depuis quelque temps. C'est pourquoi les médecins me gardent ici, en observation comme ils disent, le temps de découvrir ce qui cause mes pertes de conscience.

Sa voix chevrotante me donne l'impression qu'elle n'est pas tout à fait honnête. Ni avec moi ni avec elle-même. J'ai l'impression qu'elle vient d'inventer pour moi la raison de son hospitalisation.

– Et toi ? Que fais-tu ici ? interroge Thylane, comme pour détourner l'attention.

– J'ai eu un accident.

De ses deux mains, la jeune fille donne une impulsion aux roues de son fauteuil afin de s'approcher de mon lit. Son attention s'est aiguisée, elle semble guetter la moindre information que mes lèvres pourraient laisser échapper. En prononçant le mot « accident », je me sens submergée par un tourbillon d'émotions et de sensations douloureuses. Tristesse, culpabilité, angoisse… me montent à la gorge. Car ce matin, au moment où j'émergeais des bras de Morphée, tout m'est revenu en tête. D'un coup. Avant cela, je ne parvenais pas à me souvenir des instants qui avaient précédé l'accident. Je n'avais plus aucune image ; tout était flou, brouillé, comme si l'accident n'avait été qu'un cauchemar. Un cauchemar dont j'avais conscience, mais dont j'étais incapable de me remémorer. Mais depuis ce matin, tout s'est éclairci. Maintenant, je sais : l'origine de l'accident, c'est moi. Ce n'est pas Jamie. Ce n'est pas le conducteur du camion que nous avons percuté. La seule responsable, c'est moi. Je suis celle qui a détourné l'attention de Jamie, celle qui a trop picolé et qui a provoqué une dispute.

– Que s'est-il passé ? m'encourage-t-elle, voyant que je reste interdite.

– C'était il y a onze jours. J'étais en voiture avec mon copain, nous rentrions d'une soirée. Je ne sais pas si tu te souviens, mais il y avait une sacrée tempête de neige, cette nuit-là. Il faisait noir, nous ne pouvions pas voir grand-chose et… nous avons eu un accident.

– À cause du verglas ? interroge Thylane.

– Non… Disons que mon copain a été distrait un instant et il n'a pas pu éviter le camion qui s'est déporté sur notre voie.

Elle reste un instant stupéfaite, ses lèvres forment un « O ».

– Où as-tu été blessée ?

Sa curiosité est piquée au vif. En l'espace de quelques secondes, elle est passée de la jeune adolescente timide à une véritable machine à questions.

– Je ne sais pas exactement ce que j'ai, mais je n'ai plus le droit de bouger pour le moment. Mon bassin a été assez sévèrement touché, et il me faut beaucoup de repos pour que tout se remette correctement en place.

– C'est pour ça que tu restes ici ?

– Exactement. Le Dr Lorsson a été catégorique : je n'ai pas intérêt à bouger de mon lit.

– Et ton copain ? Il va bien ?

Ma gorge se serre derechef. À chaque fois que quelqu'un fait allusion à Jamie, j'ai la même réaction. Les yeux qui brûlent, les mots qui restent bloqués. J'inspire profondément, rassemblant tout mon courage afin de ne pas m'effondrer devant cette jeune inconnue.

– Il… Il a été plus grièvement touché que moi dans l'accident. Je ne sais pas exactement comment il va. Je sais qu'il est sorti de l'accident avec un traumatisme crânien qui l'a plongé dans le coma. Je n'ai pas plus de nouvelles que cela, il n'est pas dans le même hôpital que nous.

– Je suis désolée, dit Thylane. Je suis certaine qu'il va finir par se réveiller.

Je me contente de hocher la tête. Nous nous fixons encore quelques instants avant que la petite brune ne se retourne un instant. Un zip de fermeture Éclair résonne dans la pièce. Thylane fouille à l'intérieur de ce que je devine être un sac à dos accroché au dossier de son fauteuil roulant. Soudain, elle me fait à nouveau face, exhibant fièrement sous mes yeux un carnet de cuir vert foncé. La reliure est ancienne, un cordon doré faisant office de marque-page scinde les feuillets en deux parties égales.

– Mon remède miracle, c'est ça, souffle-t-elle.

Avec une tendresse exagérée, elle caresse du bout des doigts le cuir rugueux. Elle fait le tour des arêtes du carnet puis le retourne comme pour l'examiner sous toutes les coutures.

– Je serais devenue complètement folle ici sans lui, dit-elle tandis que ses petits iris noirs pétillent de fascination. C'est mon confident. Je lui dis tout. Tout ce qui bouillonne en moi, je lui livre. Je couche tout sur son papier, mes mots ne se tarissent jamais. Lorsque je me sens submergée par mes émotions, je n'ai qu'à l'ouvrir et prendre un stylo. Je lui dis tout, l'orage déferle sur ses pages. Puis, lorsque je le referme, je suis comme purifiée. Tout le négatif m'a quittée. Tu n'as jamais fait ça ?

Je me souviens de ces jours, pas si lointains, où j'allais écrire, étendue dans l'herbe de mon immense jardin. La mélodie du vent, le bruissement des feuilles des arbres, le chant des grillons l'été, le tintement du ruisseau qui passe sous la pergola que mon père a construite…

Tous ces éléments constituaient mon havre de paix. Je venais m'allonger dans la pelouse tous les soirs pour vider mon esprit. À cette époque, écrire était une de mes activités quotidiennes. Cela me paraissait essentiel. Tout comme Thylane le fait, je me livrais par écrit à une personne impalpable, inaudible. Un confident que je m'étais créé rien qu'en achetant un carnet de feuilles reliées entre elles. Et puis l'année dernière, ce confident a changé. Cette fois-ci, il possédait un cœur qui bat, des réponses à mes doutes et mes douleurs, il avait des sentiments. Oui, j'ai commencé à délaisser l'écriture lorsque Jamie est entré dans ma vie et qu'il m'a offert, réellement cette fois, ce que le carnet me donnait l'illusion de m'apporter jusque-là.

– Si, si. Évidemment que j'ai déjà fait ça, murmuré-je, à mon tour fascinée par le petit tas de pages reliées que Thylane tient précieusement entre ses doigts.

– Plus maintenant ? demande-t-elle, un sourcil arqué.

– Non.

À son air étonné, je devine qu'elle ne parvient pas à saisir comment j'ai pu cesser d'écrire au quotidien. Ça a l'air de la dépasser.

– Pourquoi avoir arrêté ? interroge-t-elle en plaquant son petit carnet contre sa poitrine, comme pour le protéger de moi.

– Disons que je n'avais plus rien à écrire. Je suis devenue si heureuse, d'une manière si soudaine et inattendue… J'étais comme comblée, épanouie, je ne ressentais plus le besoin de décharger mes émotions. Au contraire, je voulais toutes les garder, les laisser se développer. Mon écriture était thérapeutique, si on peut dire, et ma thérapie s'est achevée là, lorsque je l'ai rencontré.

– De qui parles-tu ?

– De Jamie, le garçon qui était avec moi lors de l'accident, le garçon que j'aime.

L'émotion dans ma voix semble gagner Thylane. Ses sourcils se froncent, sa petite bouche se crispe. J'ai l'impression d'être face à mon reflet.

– Tu as à nouveau besoin d'écrire, alors. Il n'est pas là, et vous venez de vivre quelque chose de terrible. Tu devrais t'y remettre un moment. Ça pourrait te sauver de ton séjour ici. Vraiment.

Sans rien ajouter, Thylane fait crisser les roues de son fauteuil sur le sol en faisant demi-tour. Elle se dirige vers la sortie, et sourde à mes tentatives maladroites pour la retenir, elle referme la porte sur elle…

– 11 –

J'ai suivi les conseils de Thylane, je me suis procuré un carnet pour écrire ce que je ressens. C'est ma mère qui me l'a apporté ce matin, lors de sa visite flash du jour. À coup sûr, coucher mes maux sur le papier va me faire du bien. Écrire a toujours eu le pouvoir de m'apaiser. Mais j'ai l'impression de ne plus savoir comment faire, d'avoir perdu la fibre qui m'habitait avant. J'ai envie de tout dire à la fois. Mes pensées s'entrechoquent et mes phrases s'emmêlent. Mes mots ne font pas sens, si bien que j'ai déjà arraché trois pages du cahier. Mais je vais essayer de faire de mon mieux, et commencer par raconter ce qu'il s'est passé dernièrement. Je vais même commencer par aujourd'hui, dimanche. Cela fait exactement deux semaines que je n'ai pas quitté ce lit sinon pour ma toilette et mes examens. En réalité, j'ai l'impression de commencer à m'habituer à cette vie d'ennui, livrée au vide, à cette vie de patient alité. Je ne dis pas que je m'y fais, mais plutôt que j'ai décidé de la subir et l'accepter sans m'apitoyer sur mon sort. Que cela ne changerait rien, finalement. Je me suis dit que du moment où l'état de Jamie est stable, je n'ai pas à me plaindre. Pour être honnête, je ne sais pas comment son état évolue. Mais pour ma santé mentale, je m'évertue tant bien que mal à rester positive. Et depuis que je me force à avoir cet état d'esprit, je dois dire que je vis un peu mieux mon séjour ici.

Cependant, aujourd'hui, ma routine a été un peu bouleversée. Matt m'a rendu visite. Cette fois, c'était de son propre chef. Je ne lui avais pas envoyé de message depuis notre dernière entrevue, convaincue que sa venue ici me donnerait – une fois de plus – l'envie irrépressible de m'aventurer dehors. Et même si je donnerais n'importe quoi pour sentir l'air frais sur mon visage, respirer un grand coup d'oxygène pur, et remplir mes poumons d'une dose de nicotine, je sais que je ne dois pas bouger. Car actuellement, même si je parviens plus ou moins à prendre mon mal en patience, mon plus grand souhait est de quitter cette petite chambre blanche. Mais je sais que, pour en finir le plus rapidement possible, il me faut suivre à la lettre les instructions du Dr Lorsson. C'est-à-dire ne pas quitter ce foutu plumard.

C'est pourquoi, lorsque Matt a passé ma porte, j'ai été plus que surprise. Je ne pensais pas qu'il reviendrait de lui-même. Il affichait à nouveau son éternelle assurance. Mais non exempte de douceur. Cette douceur que je lui découvre depuis l'accident.

Sa visite m'a tout d'abord fait du bien. Il était gentil, attentionné même. Il montrait de l'intérêt concernant mon rétablissement. Il m'a demandé si je tenais le coup. En un mot, il était tout ce dont j'avais besoin. Et puis… La conversation a fini par changer de cap. Comment est-ce arrivé ? Je n'en ai pas la moindre idée. Comme à mon habitude, j'ai dû parler de Jamie. J'ai dû demander de ses nouvelles. Et Matt a semblé ravi que j'en revienne encore à ce sujet. En y réfléchissant rétrospectivement, son intention était évidente : il avait quelque chose de précis à me dire.

Il n'était clairement pas venu pour une simple visite de courtoisie.

Matt était incroyablement calme, maître de lui-même et de la situation, sans doute est-ce ce qui m'a le plus déstabilisée. S'il m'avait paru plus impulsif ou colérique, je crois bien que ses mots m'auraient moins effrayée. Mais il m'a parlé avec une telle franchise, si posément, que j'ai baissé ma garde. Ces mots, je n'aurais jamais ne serait-ce qu'imaginé qu'il éprouve le besoin de les prononcer…

Le dimanche matin

– Je suis désolée de t'embêter une fois de plus avec ça, mais… as-tu eu des nouvelles récentes de Jamie ? Une amie m'en a donné il y a quelques jours, mais depuis, plus rien. Il s'est réveillé ?

– Quand je suis allé le voir la dernière fois, il était toujours dans le coma. Son état est stationnaire depuis l'accident. On nous dit d'attendre. Mais cette fois j'en suis sûr, il s'agit bien d'un traumatisme crânien, j'avais bien compris.

– Je sais, Holly me l'a dit, j'espérais que tu aurais du nouveau et du plus précis. Apparemment, je me suis trompée.

– Les médecins restent très réservés, ils ne veulent pas s'avancer ni nous donner de faux espoirs quant à son réveil. En tout cas, je ne les ai pas trouvés très optimistes. Mais après, ce n'est peut-être qu'une impression. Et puis, c'était il y a quelques jours, ça a pu changer, continue Matt d'un air détaché.

– Tes parents te l'auraient sûrement dit, non ?

– Je ne vis plus chez eux, Alyssa. J'ai quitté la maison le week-end dernier et me suis installé pour quelques jours chez un ami de mon groupe de natation. J'avais besoin d'espace. L'ambiance à la maison est insupportable. Même si je sais qu'au vu de la situation c'est parfaitement normal, ce n'est pas sain pour moi de rester dans un endroit où tout le monde passe son temps à parler de mon maudit jumeau.

« Maudit. » Le mot me fait frissonner. Même dans cette situation tragique, l'hostilité de Matt reste toujours aussi vigoureuse. Il fait craquer ses doigts, comme s'il s'apprêtait à enfiler ses gants pour monter sur un ring de boxe. Comme s'il s'apprêtait à mener un combat contre son frère.

– Écoute… Il faut qu'on parle, Alyssa. Le moment te paraîtra sans doute mal choisi, mais il y a des choses que tu ignores sur Jamie. Des choses qu'il t'a toujours cachées et que tu dois vraiment savoir.

Je regarde Matt, les yeux écarquillés, éberluée par la tournure que prend soudain cette conversation.

– Je pense sincèrement qu'il t'a assez menée en bateau, poursuit Matt. Tu as le droit de savoir qui est réellement la personne que tu aimes.

– De quoi parles-tu, Matt ?

Un rictus apparaît sur son visage, et il laisse échapper un petit rire sombre qui me glace d'effroi.

– Impatiente, n'est-ce pas ? Je le suis aussi. Depuis le temps que je veux que tu apprennes la vérité, continue Matt.

– Mais quelle vérité ?

– La véritable raison du Jeu, Alyssa.

Mon sang ne fait qu'un tour. Matt parle de notre jeu téléphonique. Mais Jamie m'a déjà tout expliqué l'année dernière. Et cela ne le regarde pas !

– Je sais déjà tout, Matt ! m'emporté-je. Jamie a commencé à jouer à cause de toi ! Ce jeu, c'était sa manière à lui de se venger de toi tout en protégeant de tes coups tordus les filles auxquelles tu t'intéressais !

– C'est ce qu'il t'a dit ? Et toi tu l'as cru bêtement, sans chercher à en savoir plus ? Tu ne t'es jamais demandé pourquoi j'ai décidé de « ruiner sa réputation », comme tu dis ? Tu crois que je l'ai fait pour rien, comme ça, par pure méchanceté ?

Je reste interdite, coupée net dans mon élan.

– Aujourd'hui, je vais te permettre de comprendre réellement pourquoi je me suis montré sans pitié à l'égard de Jamie, reprend Matt. Ce qu'il t'a dit n'est pas totalement faux. En effet, Jamie a suivi une scolarité à domicile parce que j'ai fait en sorte que personne ne veuille plus l'approcher au lycée. Alors oui, il a commencé ce jeu dans le seul objectif de se venger. Mais ce qu'il a oublié de te dire, c'est pourquoi j'ai développé cette haine à son égard, cette haine qui explique que le simple fait de le croiser au détour d'un couloir du lycée me donnait envie de vomir.

J'ai l'impression de voir trouble. Les mots de Matt résonnent dans ma tête sans que je sois capable de comprendre où il veut en venir. Au fond, c'est vrai que je n'ai jamais envisagé les choses de ce point de vue. Mais pourquoi aurais-je dû le faire ? Je sais bien que Jamie est incapable de faire du mal à quelqu'un. Même en y réfléchissant, je n'arrive pas à imaginer ce que Jamie aurait pu faire de si terrible aux yeux de Matt pour que ce dernier arrive à une telle haine.

– Arrête de dire n'importe quoi, Matt, ce n'est pas drôle…

– Je ne plaisante pas. Sincèrement, Alyssa, tu ne t'es jamais demandé pourquoi j'avais été si dur à son égard ? me coupe Matt. Tu t'es simplement dit que j'étais une ordure, et que je lui avais pourri la vie gratuitement, pour le plaisir ? Eh bien, désolé de te le dire, mais ce n'est pas le cas et je ne suis pas le dernier des sociopathes. Il n'a simplement pas voulu te révéler les raisons pour lesquelles je le déteste. Mais il est plus que temps que tu saches la vérité, et pour ça tu dois m'écouter.

Ce ton péremptoire me donne une idée de l'ampleur de leur différend, qui est loin d'être une simple brouille. C'est autrement plus grave que ce que j'avais pu imaginer. Je n'ai jamais vu Matt comme ça. Je pensais pourtant l'avoir déjà vu réellement en colère, mais je me trompais. Mon sang se fige dans mes veines. C'est vrai. Il a raison. D'où vient cette haine qui consume Matt ? Jusqu'ici, je ne m'étais jamais demandé pourquoi ils se haïssaient tant. Pour moi, tout partait de ce que Matt avait fait à Jamie au lycée. Mais ma relation avec Jamie, mon empathie pour lui avaient fait, il est vrai, que je ne m'étais jamais interrogée sur les motivations de Matt. Le tourbillon de sentiments toxiques et destructeurs dans lequel ils sont enfermés n'a pas pu voir le jour *ex nihilo*. Une simple rivalité fraternelle, classique, n'aboutit pas à *ça*.

Cette indifférence, ce jeu tordu, cette persécution… Même en tant que fille unique, je ne peux pas concevoir que l'on puisse détester autant un frère ou une sœur. Peu importent les rivalités. Peu importent les épreuves traversées, les trahisons endurées. Plus semblables qu'eux, il n'y a pas. Comment peuvent-ils s'abhorrer à ce point ?

Matt, qui avait l'air si serein en arrivant ici, si pressé de me faire ces révélations, a maintenant le souffle court, les traits durs. Il a prononcé ces mots d'un trait. Sans respirer. Sans contrôler le ton et le volume de sa voix. Il a parlé sans réfléchir, m'a jeté du fond de son cœur ces mots déchirants. Ces mots qui m'ont tuée.

L'émeraude de ses prunelles a viré à l'olive sous le coup de la fureur. Je peux lire sur son visage les efforts qu'il fait pour se ressaisir. D'un geste brusque, il attrape le fauteuil placé dans le coin de la chambre pour l'approcher de mon lit, et s'y laisse tomber comme à bout de forces. Les mains croisées sur les genoux, il me regarde d'un air grave. J'ai l'impression qu'il va m'annoncer le début de la troisième guerre mondiale, la mort du soleil, l'assèchement total des océans.

– Jusqu'à la fin du collège, Jamie et moi étions comme les doigts de la main. Inséparables. Nous partagions tout. Absolument tout. Jusqu'à ce que je croise cette fille un peu plus âgée que nous, Victoria. Nous l'avions rencontrée à la dernière soirée avant l'été. Le genre de fille qui attire tous les regards, qui a un charme fou, inexplicable, un sourire éblouissant, et juste ce qu'il faut de malice pour te faire tomber amoureux en un clin d'œil. Avec ce côté un peu rebelle, un peu inaccessible, qui la rendait d'autant plus attirante. C'était un soir beaucoup trop chaud de juin, et je suis instantanément tombé fou amoureux d'elle. Et – ce qui, à l'époque, m'a paru miraculeux – je lui ai plu aussi. Les choses se sont passées très vite entre nous.

Matt soupire, les yeux rivés sur ses mains, si crispées que je peux voir les jointures de ses doigts blanchir et rougir sous l'effet de la pression qu'il exerce dessus. Son pied tape frénétiquement le sol, comme pour extérioriser, écraser cette vague de souvenirs qui semble l'engloutir.

– C'est avec elle que j'ai vécu toutes mes premières fois. Les baisers, les caresses, l'amour. Je n'ai plus connu ça après elle. Ce n'était plus des baisers. Plus des caresses. Ce n'était que physique, pulsionnel. C'est la seule fille dont je sois tombé amoureux. Elle et moi, c'était une évidence. Nous avions tellement de choses à vivre ensemble. Nous voulions parcourir le monde, voir la vie à travers les yeux de l'autre. Enfin, tu vois… Nous voulions toutes ces choses auxquelles on croit lorsqu'on vit sa première histoire. Et la nôtre a été détruite par ce… Par Jamie. C'est lui qui a empêché notre histoire de s'épanouir.

– Mais pourquoi ? Qu'a-t-il fait ? Je suis sûre que tu dramatises !

Matt ricane en secouant la tête de droite à gauche ; il a l'air sidéré, comme s'il ne croyait toujours pas à ce qui s'est passé ensuite. Et c'est là que je la décèle pour la première fois, cette fragilité. Cette faille dans son système. Elle existe bien et elle s'appelle Victoria.

– À l'époque, je n'avais pas encore commencé la natation. Notre ressemblance était encore plus flagrante. Nous avions la même corpulence en plus des mêmes traits et des mêmes expressions. Nous étions pratiquement indifférenciables. Le tout encore accentué par le fait que nous étions tout le temps ensemble, mimétiques, parfait miroir de l'autre.

À mesure qu'il déroule son récit, je commence à me faire une idée de ce qui s'est passé, et mes membres se mettent à trembler furieusement sous la couette, tellement je suis sous le choc.

– Un soir, en rentrant, j'ai retrouvé Jamie et Victoria dans mon lit. Endormis dans mes draps. Enlacés.

Complètement nus. Je suis resté pétrifié. Je ne pouvais pas croire à la scène que j'avais sous les yeux. Un tableau vivant d'elle et moi. Je refusais de l'admettre. C'était comme si j'avais quitté mon corps, que je me voyais avec elle, à ceci près que ce n'était pas moi. Et lorsque l'instant d'après j'ai fini par réaliser ce qui s'était passé entre eux, je suis entré dans une colère noire, dans une rage folle que tu peux deviner sans peine. Je me suis mis à hurler et je me suis jeté à la gorge de mon frère. Je n'étais plus maître de rien. J'ai eu l'impression que mon cœur venait d'éclater dans ma poitrine.

Je suis stupéfaite, tétanisée dans mon lit, captive du regard noir et brillant de Matt. Et j'y lis cette détresse et cette douleur toujours intactes.

– J'ai vu à l'expression horrifiée de Victoria qu'elle réalisait en même temps que moi que tout venait de voler en éclats. Elle s'est mise à pleurer, tandis que j'étranglais quasiment mon frère. Mes parents sont arrivés et ils nous ont séparés… Je ne sais pas si j'aurais pu m'arrêter sans leur intervention. J'aurais pu le tuer ce jour-là.

– Victoria ne s'était rendu compte de rien ?

Matt secoue la tête, désespéré.

– C'est ce qu'elle a essayé de me faire croire. Elle m'a juré qu'elle pensait que c'était moi. Elle a essayé de faire porter intégralement le chapeau à Jamie, en me disant qu'il s'était fait passer pour moi. Pendant un instant, j'ai voulu la croire. Je te jure, j'étais prêt à croire à toutes les conneries qu'elle me racontait plutôt que d'accepter l'idée qu'elle ait pu me trahir. Mais au fond de moi, je savais que Victoria mentait. En repensant aux événements antérieurs, j'ai réalisé que ça faisait déjà un moment que Jamie et elle se tournaient autour. Mais je n'étais pas inquiet. J'avais une confiance aveugle en eux.

– Mais... Mais comment Jamie a-t-il pu te faire une chose pareille ? À ce que tu me dis, vous étiez si proches à cette période-là.

Ma voix tremble. Tout mon corps tremble. Il semble vouloir rejeter toutes ces informations, refuser de les intégrer. Cette histoire me paraît trop irréelle. Trop horrible. Pas Jamie !

– Au début, je n'ai pas compris non plus. C'est pourquoi ma réaction a été si violente. Et puis, avec le temps, j'ai fini par réaliser. Naturellement, ma relation avec Victoria ne pouvait pas inclure Jamie et donc, pour la première fois il était exclu d'un pan de ma vie. Depuis notre naissance, nous partagions absolument tout. Les choses comme les personnes. Nos vêtements, nos amis, nos activités, nos jouets. Absolument tout. Tout, mais pas Victoria. Elle était à moi. J'étais à elle. Jamie n'avait pas de place dans cette équation et ne l'a pas supporté. Lui aussi, je pense, était tombé amoureux d'elle, mais il me l'avait caché. Je ne crois pas qu'il ait uniquement voulu me faire du mal – du moins, je l'espère. C'est plus compliqué... Mais après cela, je n'ai plus jamais été capable de regarder Victoria dans les yeux. Malgré mes efforts, je la revoyais toujours dans les bras de mon frère. J'étais devenu incapable de regarder la fille que j'aimais… Je crois qu'elle aussi a fini par imaginer confusément que Jamie et moi étions interchangeables, ou du moins complémentaires, et qu'elle a finalement développé des sentiments pour chacun de nous deux.

Les mots de Matt viennent de provoquer une tempête en moi, remettre en question toutes mes illusions. Sans pouvoir réellement croire à tout ce qu'il vient de me dire, j'en viens à me demander si je connais réellement Jamie. J'en viens à me demander si je ne l'ai pas un peu trop idéalisé. En temps normal, j'aurais refusé de croire Matt. Je ne devrais pas… Mais sa respiration haletante ne peut pas être celle d'un menteur. Tous les traits de son visage crient encore une douleur sourde, réprimée, mais toujours présente… Il ne peut pas feindre une telle détresse… Pourtant, mon âme refuse de croire à son histoire.

– Je ne peux pas te croire, Matt. Je connais Jamie par cœur. Il serait incapable de faire une chose pareille.

– Laisse-moi finir. Ne te laisse pas aveugler, et écoute-moi jusqu'à la fin, soupire-t-il. Pour me sortir de cet enfer, j'ai décidé de m'éloigner de Jamie. Et c'est à ce moment-là que j'ai commencé la natation, au début de la seconde. C'est aussi à ce moment-là que j'ai commencé à lui pourrir la vie et que j'ai tout mis en œuvre pour que tout le monde au lycée le déteste. Je ne pouvais pas supporter de le voir dans les couloirs, de sentir sa présence où que j'aille. J'avais besoin de faire le vide autour de moi, de l'exclure de ma vie. Mais il me suivait partout. À la maison, dans les salles de cours… Il était comme mon ombre. Nos parents ont bien essayé de nous réconcilier, de nous faire parler, mais c'était impossible.

Ma respiration s'est calquée sur le tempo anarchique de celle de Matt. À cet instant, j'ai l'impression d'être face à Jamie en train de me raconter un des coups tordus de Matt. Je n'arrive pas à croire que les rôles soient inversés. En quelques minutes, mon monde s'est effondré et inversé : mon ange est devenu démon, l'obscurité est devenue lumière.

– Et… reprend Matt d'une voix plus douce, quand je t'ai vue il y a un an dans les couloirs du lycée… ça a été un véritable choc. J'ai cru revoir Victoria. Physiquement, vous ne vous ressemblez pas vraiment. Elle est blonde et ses yeux sont plus grands, plus allongés que les tiens. Mais dans ta façon de marcher, d'ouvrir ton casier d'un air complètement détaché, comme si rien ne pouvait t'atteindre, ta manière nonchalante, bien à toi, de replacer tes cheveux… j'ai cru que vous étiez chacune la moitié d'un même tout. Je t'ai cherchée dans les couloirs les jours qui ont suivi et je t'ai observée. À la cantine, surtout. Tu étais souvent avec deux amies. Enfin… tu étais là sans vraiment l'être. Comme ailleurs. Tu les écoutais à peine, tu n'intervenais que rarement – souvent avec justesse en leur adressant un sourire. Comme pour te prouver à toi-même que tu n'étais pas qu'une ombre dans leur vie. Tu me fascinais, parce que sur cet aspect-là, tu étais exactement comme

Victoria. Comme des jumelles ignorant tout l'une de l'autre. Vous me paraissiez plus semblables que Jamie et moi l'avions jamais été.

Les yeux de Matt ne quittent plus les miens. Le fait de m'avoir tout dit l'a visiblement rasséréné. L'évocation de ces souvenirs lui est plus douce. Comme si, en découvrant mon existence, il avait retrouvé un peu la fille qu'il aimait et qu'il avait perdue. Comme si j'avais représenté un nouvel espoir.

– Si tu lui avais ressemblé physiquement, j'aurais sûrement éprouvé un blocage. Je t'aurais sûrement, toi aussi, associée à l'image de Victoria et de Jamie enlacés. Mais tu étais toi, aucune confusion possible. Si semblable et si différente à la fois de Victoria. J'ai voulu me rapprocher de toi ; au moins te parler, pour combler ma curiosité. C'est de là que tout est parti. J'ai essayé d'établir un contact physique avec toi, pour commencer. Cette soirée où je t'ai demandé du feu, c'était le moment idéal. J'ai senti que je t'avais déstabilisée…

Il sourit à présent. Les images de cette soirée me reviennent à l'esprit. Je guettais le ciel obscur, les étoiles filantes, et il m'avait arrachée à ma contemplation. C'était notre premier contact. Il m'avait paru si sûr de lui, si inaccessible. Moi, je n'étais venue que parce que l'Inconnu m'avait annoncé qu'il serait là. C'était la première fois que je le cherchais réellement. La première fois que je pensais avoir une chance de découvrir son identité. Mon cœur se serre en repensant à tous ces doux souvenirs qui me lient à Jamie. Mais peu importe à quel point Matt me semble crédible, je ne suis pas capable de croire ce qu'il me dit. Mes cellules rejettent cette possibilité, luttent contre elle comme contre un corps étranger parfaitement incompatible avec ma composition chimique. Je connais Jamie. C'est impossible qu'il ait fait *ça*. Mon cœur tambourine dans ma cage thoracique comme s'il voulait en sortir. Comme si les émotions l'étouffaient, qu'il voulait s'enfuir le plus loin possible.

– Je… Ce n'est pas possible, Matt. Jamie n'aurait jamais pu faire une chose pareille. Je ne peux pas le croire. Je sais tout de lui.

J'ai l'impression de répéter en boucle les mêmes mots.

– C'est ce que tu crois…

– J'en suis sûre.

J'affirme ça haut et fort. Vibrante. C'est mon cœur qui parle. Ma raison, elle, s'est murée dans un silence de mort.

– Alyssa. Tu dois me croire. Je te dis la vérité. Jamie est vraiment à l'origine de cette haine viscérale entre nous deux. Ne ressentirais-tu pas la même chose à ma place ? Tu ne peux pas comprendre, tu n'as pas de sœur… Mais essaie quand même de te mettre à ma place. Essaie de comprendre ce que j'ai pu ressentir.

– J'ai besoin de preuves, pour quelle raison devrais-je croire ces horreurs ?

Ces mots se sont échappés de mes lèvres dans un murmure à peine audible si bien que je crois, à l'air interdit de Matt, qu'il ne m'a pas entendue. Mais il finit par hocher la tête, comme désolé pour moi, avant de répondre, sûr de lui :

– Des preuves ? C'est ça que tu veux ? Pas de problème. J'en ai.

Et sur ces mots, Matt se lève et quitte la pièce sans m'adresser un regard.

– 12 –

Aujourd'hui, j'ai commencé ma rééducation. Le médecin m'a expliqué qu'elle serait longue et fastidieuse, mais que je pouvais espérer quitter l'hôpital dans environ quinze jours. Il me faudra revenir ici tous les jours, puis toutes les semaines, pour continuer les séances, mais au moins, je n'aurais plus à rester nuit et jour dans cette chambre plus horrible qu'un tombeau.

La première séance de rééducation ne ressemblait en rien à ce que j'avais imaginé. Les muscles de mes jambes s'étaient ramollis à une vitesse que je n'aurais jamais soupçonnée, et les exercices donnés par le kiné – d'une simplicité déconcertante en apparence – se sont révélés être de véritables défis pour mon corps encore marqué par l'accident. Le simple fait de me mettre toute seule en position assise s'est avéré être une énorme erreur, alors qu'hier encore je me croyais déjà capable de marcher.

Malgré tout, j'ai la sensation rassurante que les choses évoluent. Mais alors que mon corps emprunte la route

– certes longue et difficile – du rétablissement, mon âme, quant à elle, est en mille morceaux et s'éloigne de plus en plus de la guérison. Sans nouvelles rassurantes, je commence à perdre espoir que Jamie se réveille. Je donnerais tout pour qu'il soit là, pour que tout ça ne soit jamais arrivé… Mon optimisme en a pris un coup. Les jours passent, et il ne se réveille pas. Ma solitude, la douleur et l'histoire que Matt m'a racontée ont eu raison du peu de moral qu'il me restait, je n'arrive plus à y croire. Toute lueur d'espoir est en train de s'évanouir.

En rentrant de la séance, je suis épuisée. Depuis la visite de Matt, mes forces vitales m'ont abandonnée, et les efforts fournis aujourd'hui pour mon rétablissement n'ont pas arrangé mon cas. J'ai passé une nuit entrecoupée de rêves sombres, de réveils brutaux, de périodes blanches. Au petit matin, mes draps étaient trempés de sueur, et j'étais dans un état de détresse comme jamais. Hier encore, avant le passage de Matt, je me croyais au cœur du pire, au paroxysme de la douleur. À dix mille lieues d'imaginer que la situation pouvait encore empirer. Les révélations de Matt ont eu en moi l'effet d'une bombe saccageant tout sur son passage, ne laissant que des plaies à vif, des lambeaux de moi, de mon amour sanguinolent.

La seule chose dont je sois capable, une fois ramenée dans mon lit par les infirmiers et une fois la porte fermée, est d'attraper mon carnet pour laisser ma douleur s'exprimer.

Je ne sais plus qui croire. Je ne sais plus rien. Je ne sais plus ce qui est vrai, ce qui est faux. Les jumeaux me donnent le vertige. Ils sont les deux faces d'une même médaille, mais chacune est chargée de zones d'ombre.

Une partie de moi se refuse à croire Matt. Après tout ce qu'il s'est passé, il m'a prouvé à plusieurs reprises son instabilité, sa mauvaise foi, son art de la manipulation. Certes depuis l'accident, je le trouve changé. Il m'a laissé accès à une autre part de lui. Une part plus tendre, plus calme, rassurante même. Mais on parle de Jamie… en qui j'ai une confiance totale et aveugle. Il est mon double, comme une part de moi. On a vécu tant de choses extraordinaires durant cette année passée ensemble. Comment imaginer qu'il me cache ça ? Il me disait que je savais tout de lui, que nous étions les pages d'un même livre partageant une même histoire.

S'il s'avère qu'il m'a menti, ce que je refuse d'envisager, je ne saurai pas comment faire face à cette situation. Je n'ai jamais supporté ni le mensonge ni la dissimulation… et encore moins d'une telle ampleur. Je me sentirais trahie, manipulée. Jamie a tout fait pour que je haïsse son frère, pour me montrer à quel point c'est un sale type et à quel point son comportement vis-à-vis des filles était intolérable, immoral… Or si Matt dit vrai, ce que Jamie a pu faire est bien pire. Comment a-t-il pu coucher avec la copine de son frère ? C'est impensable.

Cette histoire me paraît totalement inconcevable. Pourtant… Matt était si sincère et je ne l'imagine pas si bon menteur et capable d'une telle duplicité. *Il n'est pas du genre à pouvoir cacher ses émotions*… Aurait-il été capable d'inventer cette histoire pour rabaisser son frère plongé dans un coma profond ? Serait-il cruel à ce point ? D'après tout ce que Jamie m'a dit de lui, j'aurais tendance à penser que oui. Que Matt est le mal incarné, qu'il ne recule devant rien ni aucune saloperie pour arriver à ses fins.

Mais les prunelles émeraude de ses yeux, animées de leur éclat froid et sombre, me font paradoxalement douter. Les deux plis soucieux entre ses sourcils sont l'écho d'une douleur encore vive, impossible à soulager. Je ne peux pas croire que Matt m'ait menti. Mais je ne peux pas non plus me résoudre à remettre en cause tout ce que je sais à propos de l'homme que j'aime…

*
* *

Septembre dernier

La douceur de l'automne pénètre dans la chambre par la fenêtre entrouverte. Au-dessus de l'épaule de Jamie, je vois les feuilles des arbres qui dansent contre la vitre. Le vent fait virevolter nonchalamment ces demoiselles à la robe mordorée sur le point de quitter les branches qui les maintiennent encore en vie. Mon ordinateur, posé sur le lit, diffuse une playlist musicale rythmant le ballet du vent et des feuilles.

Empruntant sa délicatesse à la brise automnale, Jamie caresse tendrement ma joue. Ses yeux suivent le parcours de ses doigts au contact de ma peau, comme s'il essayait de m'inoculer ses sentiments par ce simple geste. La moitié de ses boucles brunes est aplatie sur mon oreiller tandis que l'autre retombe sur son front, me cachant à demi ses beaux yeux attentifs. Dégageant une quiétude rare, il est incroyable comme ça. C'est une des choses que j'aime le plus chez lui, d'ailleurs, cette capacité à m'apaiser quelle que soit la situation. Rien ne peut m'arriver quand il est là. Rien ne sera vraiment douloureux tant que nous serons ensemble.

La musique douce qui emplissait ma chambre fait place à une mélodie qui m'est exceptionnellement familière. Jamie est tiré de sa contemplation, son regard trouve immédiatement le mien. *Wicked Games.* Je n'avais pas écouté cette chanson depuis un moment, mais son effet sur moi est toujours le même. Un frisson électrique familier me traverse. Le visage calme de Jamie s'illumine d'un large sourire.

– Tu te rappelles ? murmure-t-il tandis que la voix cristalline de The Weeknd entame le premier couplet, que je connais par cœur.

– Me rappeler quoi ? Que c'est notre chanson ?

Il secoue la tête dans un éclat de rire.

– Je me doute que tu te souviens de ça, petite tête. Je veux dire, est-ce que tu te souviens de notre premier baiser ?

Décalant sa tête sur l'oreiller, il s'approche de moi. Les pointes de nos nez s'effleurent, tandis que son souffle se mêle au mien. Les images de cette délicieuse soirée jaillissent en feu d'artifice dans ma tête. Comment pourrais-je l'oublier ? Chaque seconde de cette soirée est gravée en moi. Je me rappelle avoir cherché cet Inconnu au milieu des autres, tous des inconnus aussi, puisque dissimulés derrière leurs masques. Je me souviens avant tout du moment où les premières notes de *Wicked Games* se sont élevées dans la salle. Du moment où l'Inconnu s'est présenté à moi. « *Let me see you dance, I love to watch you dance.* »

– Évidemment que je m'en souviens.

– C'était la première fois que je te voyais de si près. Le bleu de tes yeux ressortait incroyablement derrière ton masque noir. Saturé d'adrénaline, j'avais l'impression de faire le grand saut, de me jeter dans le vide tellement mon cœur battait fort. Si près et pourtant tu me semblais encore si inaccessible. J'étais tétanisé à l'idée de ne pas te plaire. Qu'en découvrant la copie conforme de Matt sous ce masque, tu prennes peur. C'est vrai, tu aurais pu trouver la situation glauque ou malsaine. Je n'aurais pas pu t'en vouloir si tu étais partie en courant. Mais ma solitude et ma détresse auraient été si grandes que cela m'aurait sûrement transpercé le cœur.

– Ne pense plus à ça. Je suis là.

Je murmure et pose mes lèvres contre les siennes en glissant une main dans son cou. Il serre ma paume entre ses doigts tandis qu'il répond à mon baiser.

– Je suis là et je ne compte pas partir. Je ne suis bien que lorsque tu es avec moi, tu le sais, Jamie.

– Cette chanson est notre premier lien hors messages. La première chose que nous ayons réellement partagée.

– D'où connaissais-tu cette chanson ?

Jamie fronce un instant les sourcils. Il s'éloigne un instant comme pour mieux observer mon visage et ses réactions. « *Bring your love baby I can bring my shame…* »

– C'est une vieille amie qui me l'a fait découvrir. Je la trouvais totalement sans intérêt avant de lire les paroles sur Internet. Et puis quand j'ai commencé à jouer avec toi, je me suis dit qu'elle était parfaitement appropriée à la situation. Avec ton sacré caractère, le jeu a pris une saveur nouvelle pour moi. Et tu m'as rappelé cette chanson que je n'avais pourtant pas écoutée depuis deux ans.

– Qui était cette amie ? Tu ne m'en as jamais parlé. Tu es encore en lien avec elle ?

Jamie secoue la tête rapidement.

– Non, et c'est d'ailleurs pour ça que je ne t'ai pas parlé d'elle avant. Je ne suis pas du genre à revenir sur les événements de mon passé qui n'ont pas d'importance dans mon présent.

– Je vois.

– Cette chanson, c'est toi et moi. Peu importe la situation, peu importe le moment dans ma vie où je l'entendrai, ton visage m'apparaîtra immédiatement, dès la première note.

Il me prend alors dans ses bras, me serrant fort contre son torse chaud. Son odeur hypnotise mes sens, enveloppe mon corps, s'insinue à l'intérieur de moi. Oui, cette chanson, c'est nous. Et rien ne pourra jamais changer la sensation qui s'empare de moi lorsque la voix cristalline de The Weeknd se pose sur cette mélodie. « *Just tell me you love me, even though you don't love me.* »

– 13 –

Gling.

Ce matin, ce n'est pas la lumière aveuglante propre aux aubes hivernales qui m'arrache des bras de Morphée, mais les vibrations de mon portable sur ma table de chevet. Il sonne sans discontinuer, comme pris de convulsions. Que se passe-t-il ? Qui m'envoie tant de messages à une heure si matinale ? J'ouvre difficilement les yeux, en soupirant, exaspérée. Pour une fois que – par miracle – mon corps semblait d'accord pour m'accorder une vraie nuit sans insomnie, il faut qu'on vienne perturber mon sommeil.

Les messages viennent de Matt. Je déverrouille mon téléphone et remonte le fil de la conversation.

Matt : Bonjour Alyssa. Je sais, il est tôt. Je n'ai pas fermé l'œil de la nuit. J'étais trop préoccupé. Du moins, mon esprit l'était. Je n'arrivais même pas à ressentir la fatigue, et je me suis dit que rester au lit à me retourner inlassablement ne servirait à rien. Autant en profiter pour te confectionner le petit dossier de preuves que je t'ai promis.

Matt : J'ai dû me replonger dans cette histoire, relire mes échanges avec Victoria (non, je n'ai jamais réussi à supprimer nos conversations). Ça n'a pas été facile, tu peux me croire. Redécouvrir les messages de Jamie n'a fait qu'attiser ma haine envers lui. Enfin bref, j'espère que cela suffira à te convaincre que je ne t'ai pas menti, et surtout que ton cher « Inconnu » n'est pas aussi parfait qu'il a voulu te le faire croire.

En lisant ces deux premiers messages, mes doigts se crispent sur mon téléphone. Je sens le rythme de mon cœur s'accélérer, tambouriner dans mes mains, dans ma tête. La liste des photos jointes s'étale sous mes yeux. Et apparemment, Matt a trouvé une quantité assez considérable de preuves pouvant légitimer l'histoire qu'il m'a racontée il y a deux jours.

Mes doigts tremblent lorsque je me décide à appuyer sur le premier lien. C'est une photo de Matt, qui tient contre lui une jeune fille blonde. Un de ses bras entoure affectueusement ses frêles épaules. Le visage fin, plein d'assurance de celle que je devine être Victoria est posé sur l'épaule de Matt. Ce dernier arbore un air si juvénile, si tendre, si calme. Il ressemble tellement à Jamie sur ce cliché que j'aurais pu les confondre si la photo n'avait pas été intitulée « Victoria et Matt, été 2015 ». Ils se ressemblent comme deux gouttes d'eau. Matt a beaucoup changé depuis. De gabarit, avec la natation bien sûr. Mais, plus impressionnant, de visage, il s'est tellement durci…

Victoria est telle que Matt me l'a décrite. C'est vrai qu'en dépit de nos différences, il y a un air… Enfin… Disons que nous sommes le même style de filles.

Je ferme rapidement le fichier, frustrée par ce jeu des ressemblances troublantes. On aurait presque pu croire qu'il s'agit de Jamie et moi. Comme pour oublier cette photo, j'ouvre le deuxième fichier. C'est une série de captures d'écran de conversations entre Matt et Victoria. Tous les messages émanent d'elle, il n'a répondu à aucun d'entre eux.

Victoria : Matt, s'il te plaît, viens chez moi ce soir. Il faut qu'on parle. Laisse-moi t'expliquer ce qu'il s'est vraiment passé. Je suis tout aussi victime que toi. Tu n'as pas le droit de faire comme si je n'existais pas. Tu ne peux pas me faire ça. Pas après tout ce qu'on a vécu cet été.

Victoria : Tu sais bien que je ne savais pas que c'était Jamie. Je te le promets.

Victoria : Tu ne peux pas m'en vouloir pour ça. Tu ne peux pas mettre aussi brutalement un terme à ce qu'on a vécu. Tu sais bien que c'est toi que j'aime. T'es-tu seulement demandé comment moi je me sens ?

Les screens montrent que Matt n'a jamais répondu et que Victoria a continué à envoyer des messages régulièrement pendant plusieurs semaines. Ils disent sensiblement tous la même chose, à savoir qu'elle le supplie de la revoir, de lui pardonner, d'essayer de comprendre que jamais elle n'a voulu le trahir, et surtout à quel point elle est malheureuse de ne plus l'avoir à ses côtés. Mais, d'après ce que Matt m'a dit, il a compris qu'elle essayait simplement de sauver leur couple après sa terrible méprise. Son absence de réponse montre qu'il n'a en effet pas été capable de lui pardonner.

Je referme le fichier, nauséeuse, et prends une inspiration avant d'afficher le troisième. Ce sont de nouvelles captures, datées du même jour que celui où Victoria a commencé à supplier Matt, mais cette fois entre Jamie et Matt. C'est majoritairement Matt qui s'exprime.

Matt : Quand est-ce que tu vas daigner rentrer à la maison, petit con ? Sérieux, fais pas le lâche comme ça, tu ne pourras pas te cacher éternellement. Il va bien falloir que tu reviennes un jour, alors autant en finir maintenant.

Matt : À quoi tu t'attendais réellement ? Tu pensais qu'il n'y aurait pas de conséquences à tes actes ? Comment as-tu pu me faire ça ? Comment as-tu pu oser la toucher ? Putain… Tu me dégoûtes. On est frères, bordel.

Jamie : Je suis désolé… je ne peux pas revenir en arrière… Je ne pensais pas que ça irait aussi loin. Je l'aime, moi aussi. Pourquoi c'est toi qui aurais eu le droit de l'avoir, hein ? Je voulais savoir ce que ça faisait d'être toi l'espace d'un instant. D'être aimé par elle, heureux… Mais tu ne peux pas me tenir pour seul responsable.

Matt : Mais t'es vraiment cinglé ! Tu n'as pas plus bidon comme excuse ? Sérieusement tu crois que ça peut effacer ce que tu as fait ? Tu as pensé à moi ? Non, mais j'hallucine. Tu es un malade. Tu voulais savoir ce que ça fait d'être moi ?! Eh bien là tout de suite, être moi c'est avoir envie de te défoncer, envie de hurler, de tout casser. Avoir le sentiment que mon monde s'est effondré, avoir tout perdu. Tu te rends compte que tu viens de foutre en l'air ma relation avec Victoria ? Que je ne pourrai plus jamais la regarder sans la voir nue dans tes bras ? Il faut que je sache, espèce de taré, si elle était consentante ou si tu l'as réellement piégée. Merde, j'en viens à douter d'elle, maintenant. Pourquoi aurait-elle voulu coucher avec toi, hein ? Elle a tout ce qu'elle veut avec moi, elle est folle de moi. Et tu as tout gâché. Je ne peux plus la regarder en face maintenant, plus la toucher. Ça m'est impossible. Ça m'est impossible. Je te jure que dès que tu passeras le seuil de la maison, tu seras un homme mort.

Jamie : C'est toi qui es malade. Jamais je ne l'aurais touchée si elle n'avait pas été consentante, tu es dingue ou quoi ? Je suis désolé de te le dire Matt, mais elle savait très bien avec qui elle était. Il n'y a pas d'excuse à ce que j'ai fait, mais suis tout aussi amoureux d'elle que tu l'es.

La colère et la violence des propos de Matt m'électrisent. Je suis capable de ressentir la rage, la peine et le dégoût qui l'ont submergé quand il a découvert sa copine et son frère ensemble. Je ressens son hystérie devant le caractère insoutenable de la situation. Je comprends la vague d'émotions destructrices qui l'a envahi. Comment aurais-je réagi à sa place ? J'aurais très certainement tout envoyé valser. Je serais probablement entrée dans une rage noire, j'aurais voulu, comme Matt, hurler, tout casser autour de moi. Je me serais sentie meurtrie au plus profond de ma chair.

Je reste de longues secondes bloquée sur les deux réponses laconiques de Jamie. Si peu de mots face à une situation si grave ! Quelques lettres seulement pour répondre à la douleur immense de son jumeau. Quel est ce ton effronté que je ne lui connais pas ? Oui, c'est ça, ses mots ne lui ressemblent pas. Alors même qu'il n'y a plus de doute possible, je ne peux pas croire qu'il s'agisse du Jamie que je connais.

Mais je sais que ces messages sont bien de lui. Tout me revient en tête et prend sens à présent.

Plus particulièrement notre « discussion » le soir de ce terrible accident. Comme un coup de tonnerre imprévisible, elle jaillit dans mon cerveau, illumine le ciel noir de mes pensées.

– Tu… Tu as eu un premier chagrin d'amour douloureux ? risqué-je.

– On peut dire ça comme ça, oui. Ma première histoire a été assez compliquée.

Sa réticence à me parler de cette fameuse histoire d'amour, c'est la cause de notre accident. Sur le moment, j'étais incapable de comprendre pourquoi il ne voulait rien dire, pourquoi il s'entêtait à rester secret. Mais maintenant, tout s'éclaire. Évidemment, il ne pouvait pas me parler de cette histoire tout sauf reluisante pour lui. Il ne pouvait pas me parler de cette histoire à sens unique. De cette histoire qui est à l'origine même de la haine incommensurable que Matt lui porte.

Lorsque tous ces éléments se connectent entre eux, je suis prise de nausées. Je lâche mon téléphone dans mon lit, incapable de le tenir dans la paume de ma main une seconde de plus. Tout se met à tourner autour de moi, je sens mes membres trembler au diapason de mes nerfs qui lâchent. Le mythe s'effondre, mes illusions se délitent. L'homme que je pensais connaître est en réalité toujours « L'Inconnu » qui m'a envoyé ce premier message il y a un an. Une part secrète l'habite, une part sombre, et elle vient de détruire tous les espoirs que je plaçais en lui, toutes les certitudes que je pensais avoir.

La culpabilité s'empare de moi. J'ai pris parti pour Jamie depuis le départ sans réellement écouter Matt, sans essayer d'apprendre à le connaître. Je l'ai condamné sur les seuls dires de son frère, sans chercher à creuser. Dans ma vision manichéenne et candide des choses, il ne pouvait y avoir qu'un méchant, et j'avais préféré que ce soit Matt.

Au milieu de ce chaos, l'image de Jamie danse dans ma tête. Je revois ses sourires tendres, ses douces promesses. J'entends l'éclat de son rire cristallin et sa voix douce, véritable baume apaisant toutes mes angoisses. Mais cette image idyllique se désagrège tandis que j'imagine son égoïsme fou et son manque de scrupules lorsqu'il a partagé un moment d'intimité avec la copine de son frère. Matt a été doublement trahi ce jour-là. Par les deux personnes les plus importantes à ses yeux. Comment ne pas devenir ivre de colère ?

Ma respiration s'accélère et je me mets à chercher mon portable entre les draps. Il faut que je présente mes excuses à Matt. Je ne peux pas continuer à me montrer détestable envers lui, pas à la lumière de ces nouvelles informations. Je dois mettre un terme à cela pour me sentir mieux. Certes, ce n'est pas un ange non plus. Il s'est royalement vengé suite à cette trahison, et a sûrement fait tout autant de mal à Jamie. Mais… la différence, c'est que lui a été honnête. Il n'a jamais prétendu être quelqu'un d'autre, il n'a jamais essayé de dissimuler sa part d'ombre. Et je ne peux pas accepter que Jamie m'ait menti. Pas pour quelque chose d'aussi grave. Je plaçais tellement d'espoir en lui. Je me suis lancée dans notre histoire corps et âme, sans jamais soupçonner que Jamie puisse un jour me mentir. Ce sentiment de trahison nourrit en moi une colère immense envers lui.

Lorsque je remets enfin la main sur mon téléphone, je m'empresse d'écrire :

Alyssa : Oh mon Dieu… Je n'arrive pas à y croire. J'étais à dix mille lieues de m'imaginer que Jamie puisse avoir fait quelque chose de ce genre. Excuse-moi.

Matt : Pourquoi tu t'excuses ?

Alyssa : Parce que j'ai déconné. Je ne t'ai pas cru. Je ne t'ai pas laissé l'occasion de me montrer qui tu étais, je t'ai directement collé une étiquette.

Matt : Je t'avais bien dit de te faire ton avis par toi-même… Mais je ne peux pas t'en vouloir. À l'époque où j'étais avec Victoria, je prenais tous ses mots pour argent comptant. Pour moi, elle avait toujours raison. Je ne pouvais pas m'imaginer qu'elle puisse me mentir ou me dissimuler quoi que ce soit. C'était inconcevable. C'est pour ça qu'au départ, j'ai eu du mal à réaliser qu'elle me mentait lorsqu'elle disait que Jamie l'avait piégée. J'imagine que c'est pareil pour toi avec Jamie.

Ces quelques mots suffisent à me faire comprendre que Matt a ressenti la même chose pour Victoria que moi pour Jamie. Cette fièvre que procure le premier amour, l'aveuglement qu'il suscite. Ce sentiment, il est enivrant, il nous transcende, nous fait perdre la tête. J'ai lu quelque part que le sentiment amoureux était une réaction chimique, un cocktail hormonal addictif. L'amour agit comme une amphétamine naturelle. Nous sommes littéralement drogués à cet état dans lequel nous sommes plongés. C'est une sensation incroyablement forte, dont on ne peut plus se défaire une fois qu'on y a goûté. Voilà pourquoi les ruptures sont si douloureuses… Comme tout toxico lorsque nous n'avons plus notre dose, le manque nous enveloppe, nous emprisonne, nous rend fous et incapables de penser à quoi que ce soit d'autre.

Victoria était la drogue de Matt. Il ne jurait que par elle, ne pouvait pas s'en passer, l'idéalisait. Exactement comme moi avec Jamie. Mais le shoot que Victoria lui procurait a été volé par Jamie. Un élément néfaste avait tout simplement saccagé l'algorithme fragile de leur amour.

Alyssa : Oui… Je ne l'ai jamais remis en doute. Mais merde, pourquoi m'a-t-il menti ?

Matt : Certaines personnes cachent bien leur jeu, Aly. C'est comme ça. Dans la vie, il y a les menteurs et ceux qui se font duper. Pour lui, construire un mensonge et me faire passer pour le connard de l'histoire n'a pas été bien difficile. Je lui ai carrément mâché le travail en étant simplement fidèle à moi-même. Qui croirait-on spontanément ? Le sportif aux airs écervelés qui aime séduire ou le gars fort en maths aux faux airs de poète ?

Alyssa : Tu as sûrement raison. Mais j'ai réalisé qu'il a pu me mentir comme ça. Comment puis-je me faire pardonner ?

Matt : Je ne t'ai pas envoyé ces photos pour que tu me fasses des excuses. Je n'en ai clairement rien à faire. Je voulais simplement rétablir la vérité et, surtout, que tu ouvres enfin les yeux.

Alyssa : Tu pourras passer me voir bientôt, s'il te plaît ? Je voudrais te parler en face.

Matt : Pourquoi ? Tu vas encore t'excuser ?

Alyssa : Non, j'ai besoin de comprendre, de parler. Que cela devienne réel, j'ai l'impression que c'est un cauchemar et que je n'arrive pas à me réveiller. J'ai besoin de te voir, c'est tout. Je dois en savoir plus sur cette histoire. Et merde, j'ai aussi besoin que tu me fasses prendre l'air. Je n'ai toujours pas le droit de sortir, même si ça ne devrait plus tarder avec le début de la rééducation. Je te jure, je tuerais pour une clope, et les événements des derniers jours n'ont pas aidé à calmer mon envie de descendre un paquet d'une traite, histoire de canaliser mes émotions.

Matt : Ce n'est pas bon de canaliser ses émotions, comme tu dis. Si je l'avais fait à l'époque où Jamie m'a fait ce coup, je serais probablement devenu barge. Si tu as besoin de crier, fais-le. On ira hurler dans le parc, si c'est ce dont tu as besoin. Comme on dit, ce qui s'exprime ne s'imprime pas. Il faut que tu extériorises.

Alyssa : Peut-être… on verra. Alors tu es d'accord pour venir ?

Matt : Bien sûr, je passerai dans la semaine. En attendant, repose-toi. Et évite de trop déprimer si tu peux. Pour en avoir fait l'expérience, ça ne te servira à rien de tuer mentalement Jamie. Ça ne te soulagera pas. La trahison reste inscrite à vie, comme marquée au fer rouge en plein cœur. Essaie de t'occuper. Concentre-toi sur ta guérison. Bref, fais en sorte de ne pas devenir folle. De toute façon, les fous sont incompris dans notre foutu monde…

– 14 –

– Quoi ? Dis-moi que tu plaisantes ! s'exclame Gabriella en se levant d'un bond de mon lit qu'elle fait vibrer par la vivacité de son geste.

Elle commence à faire les cent pas dans ma petite chambre d'hôpital, balance sa tête convulsivement entre ses mains, incrédule. Holly, assise de l'autre côté de mon lit, me regarde, les sourcils froncés. La mine dubitative, limite perdue. Je viens de tout leur raconter. Jusqu'à aujourd'hui, je ne leur avais encore jamais parlé du jeu. J'avais mis un point d'honneur à ne mettre personne au courant de cette histoire – également parce que Jamie préférait que cela reste notre petit secret. J'avais donc minutieusement construit un mensonge – un peu vague, mais vraisemblable – pour leur expliquer comment j'avais rencontré Jamie. Pendant tout ce temps, j'avais caché la vérité à Gaby et Holly. Matt était l'alibi parfait. Mes amies savaient que je traînais un peu avec ce terminale l'année précédente, je leur ai donc tout simplement dit que j'avais rencontré Jamie par son biais. Quand on y regardait bien, c'était la vérité.

Mais aujourd'hui, je ne peux plus garder ça pour moi. Je suis au bord de l'explosion. Alors, lorsqu'elles ont franchi la porte de ma chambre en ce début d'après-midi, j'ai tout lâché. Je leur ai tout raconté : le jeu, ses raisons, la relation conflictuelle des jumeaux. Mais surtout, je leur ai raconté l'histoire avec Victoria. J'avais vraiment besoin d'en parler. Et au-delà de ça, l'idée de la dissimulation m'est soudainement devenue parfaitement insupportable. Je ne pouvais plus continuer à leur parler de Jamie en mentant. Pour le coup, j'ai suivi les conseils de Matt. « Ce qui s'exprime ne s'imprime pas. »

– Cette histoire est complètement dingue, murmure Holly, les yeux dans le vague. Mais enfin je ne comprends pas pourquoi tu ne nous as rien dit, Aly ?

– J'avais peur que vous ne me compreniez pas, que vous trouviez cette histoire plus malsaine qu'elle ne l'est réellement.

– C'est malsain, Alyssa, intervient Gabriella, catégorique. Ce gars est fou.

– Calme-toi, Gaby. Il n'a jamais fait de mal à Alyssa.

Gaby continue à arpenter la chambre, comme pour trouver une poche d'air au milieu de cet océan d'informations dans lequel je viens de les plonger.

– Il ne lui a peut-être pas encore fait de mal, mais il lui a menti et il l'a manipulée.

– Tout le monde fait des erreurs, Gabriella ! Je ne pense pas qu'il faille être aussi catégorique.

– Pardon ? Je répète : il lui a menti ! C'est complètement inacceptable.

– Ça ne t'est jamais arrivé, à toi, de mentir ?

– Jamais pour quelque chose d'aussi grave ! Tu te rends compte qu'il a couché avec la copine de son frère ? Imagine, si Victoria dit vrai et qu'elle a été piégée ?

– Bien sûr que non, Matt affirme qu'il s'est rendu compte *a posteriori* du petit jeu entre Jamie et Victoria. Il est certain qu'elle était consentante, affirme Holly. Et puis, cette version est la plus vraisemblable. Cette fille connaissait sûrement suffisamment les jumeaux pour être capable de les différencier quand même !

– Tu n'en sais rien, elle a clairement dit à Matt qu'elle avait été piégée.

– Évidemment qu'elle a dit ça ! Elle n'allait pas avouer qu'elle avait trompé sciemment son mec avec son frère ! Il faut être logique.

– Rien n'est logique dans cette foutue histoire. Oui, enfin, Jamie a quand même commencé à parler à Alyssa dans le seul but de faire chier son frère.

– Gaby, je pense qu'il faut essayer d'aller plus loin. Alyssa ne va pas remettre en question toute sa relation avec Jamie pour un mensonge qui ne la concerne même pas.

– Ça, je ne sais pas.

Ma voix tranche l'air, mettant fin au débat passionné entre mes deux amies. Leurs regards convergent vers moi, comme si elles découvraient ma présence.

– Je ne sais pas quoi faire, reprends-je. Je n'arrive pas à réaliser que Jamie a été capable d'un truc aussi affreux.

– C'est normal, cette histoire est complètement dingue, répond Gabriella. Comment a-t-il pu aller aussi loin avec Victoria ? C'était quand même la copine de son jumeau. C'est super glauque.

– Attends Gabriella, n'y va pas si fort. Aly ferait mieux d'attendre d'avoir une conversation avec Jamie pour qu'il puisse expliquer sa version des faits. Et le pauvre n'a pas trop la possibilité de se défendre pour le moment, ne l'oublions pas.

Ses mots me font frissonner. Encore faudrait-il que l'occasion se présente… Or, je perds de plus en plus espoir. Je ressens au plus profond de moi comme un froid immense me chuchoter que Jamie n'est pas près de se réveiller. L'idée qu'il puisse même sortir du coma s'efface un peu plus chaque jour dans ma tête, dans mon cœur. Je le déteste de ne pas se réveiller, je le déteste pour ce qu'il a fait, pour ce qu'il m'a fait.

Gabriella met fin à ses allées et venues et vient s'asseoir dans le fauteuil à ma gauche, comme si elle prenait finalement conscience qu'il n'y avait pas d'échappatoire possible. La fatigue se lit sur son visage. Je comprends que sa vive réaction est la conséquence directe de sa rupture encore relativement récente. Comme moi, l'idée du mensonge la dégoûte. À ses yeux, c'est tout bonnement impardonnable. Holly, elle, avec sa vision idéalisée du couple, est plus modérée. Elle essaie de tempérer Gabriella, de trouver des explications pour que ce mensonge ne soit pas synonyme de la fin de notre couple. Évidemment, pour moi, cette option est inenvisageable. J'aime Jamie. Mais que faire de cette confiance détruite ? Je sais pertinemment que je serai incapable de faire abstraction de son mensonge. Qu'il va me ronger. Que, dans le futur encore incertain où nous serons réunis, l'ombre du mensonge planera au-dessus de notre couple, le plongeant dans une tension invivable. J'étais tellement persuadée que rien ne pourrait jamais venir s'immiscer entre lui et moi que cette épreuve me paraît insurmontable. Et puis… s'il a été capable de faire une telle crasse à son frère dont il était si proche, qu'est-ce qui me dit qu'il ne sera pas capable de me faire autant de mal qu'à lui ?

– Attends, Alyssa… intervient Holly. Es-tu certaine que Matt ne te ment pas ? Après tout ce que tu viens de nous dire sur lui, l'hypothèse d'une histoire montée de toutes pièces semble la plus probable.

– J'y ai bien pensé au départ, mais j'en doute. Trop d'éléments me poussent à croire à son honnêteté. Tu sais, ces choses se sentent… Il était sincère, j'en suis sûre. J'ai vu la douleur encore intacte dans ses yeux lorsqu'il m'a parlé de Victoria. Il a l'air d'en souffrir encore.

– Donc, pour toi, Jamie a réellement fait ce que Matt a dit ?

– Je ne sais pas, je ne l'en pense pas capable, mais Matt m'a montré des preuves, soupiré-je.

Les jolis yeux de Holly s'éteignent au fil de mes réponses, à mesure que ses espoirs s'évanouissent. Je ne peux pas me mentir. Je ressens au plus profond de moi l'honnêteté de Matt, c'est comme ça. Je ne peux pas ignorer cette intuition, qui plus est étayée d'autant de preuves.

– Donc Jamie est un menteur, conclut Gabriella, implacable. S'il a été capable de dissimuler ça, il pourrait te cacher n'importe quoi d'autre. Comment lui faire confiance après ça ? C'est vrai, même s'il n'a pas d'autres secrets à l'heure qu'il est, rien ne te garantit qu'il n'en aura pas plus tard.

– Plus tard, plus tard… Il faudrait déjà que Jamie se réveille.

La réalité immédiate, physique, vient de me rattraper. Je laisse échapper un long soupir.

– Mais il va se réveiller ! s'exclame Holly, plus pour me rassurer que par réelle conviction.

– Et que vais-je faire ensuite ? Comment vais-je gérer la situation, hein ?

Mes amies sont prises de court par mon accès de colère. Ça y est, j'explose. C'est trop pour moi. Mes yeux s'humidifient et les premières larmes ne tardent pas à s'en échapper.

– Quand il se réveillera, il ne faudra pas que tu lui parles immédiatement de tout ça, reprend Holly d'une voix apaisante. Il sera sûrement très faible. La priorité, c'est que tu lui apportes ton soutien, que tu lui montres ton amour.

– Et si je ne l'aime plus, à ce moment-là ? la coupé-je. C'est vrai, après tout. Ça fait des jours et des jours que je ne l'ai pas vu, et son coma pourrait durer encore des mois. Je perds tout espoir. Je ne vais pas l'attendre des années durant, surtout au vu de la situation… Jusqu'à ce Matt me raconte tout ça, la question ne se posait même pas, c'était évident. Mais aujourd'hui, je ne sais même plus si j'en serais encore capable. Ce mensonge a cassé quelque chose que je croyais pur et indestructible.

– Bien sûr que ça a cassé quelque chose. C'est complètement normal. Et Jamie ne pourra pas t'en vouloir pour ça. Les gens n'ont qu'à mieux réfléchir aux conséquences de leurs actes avant d'agir sottement. Mais il y a un temps pour tout.

– Écoute, Alyssa, je vais retourner à l'hôpital prendre des nouvelles de Jamie. Peut-être que les choses ont évolué… Tu ne peux pas savoir, personne ne te tient au courant.

– Si, Matt.

– Mais Matt n'est pas une valeur sûre, insiste Holly.

Jusqu'au départ des filles, nous n'échangeons plus un mot à ce sujet. Le débat est coincé, englué dans des conceptions contradictoires. Gabriella est persuadée de la culpabilité de Jamie, Holly pense que Matt ment, et moi je suis perdue quelque part entre les deux. Un des jumeaux ment, obligatoirement. Et ils sont les seuls à connaître la vérité. Mais il est très compliqué pour moi de démêler le vrai du faux puisque l'un des deux est dans le monde des limbes. Je ne peux pas confronter leurs versions des faits. Les filles et moi savons toutes les trois que la discussion à ce sujet ne fera que tourner en rond. Alors, Gabriella me parle des cours, Holly de son futur séjour dans le Sud pendant les vacances de février. Et je comprends que le temps a continué à filer sans moi depuis mon entrée à l'hôpital. Cela fait pratiquement un mois que l'accident a eu lieu… Et alors que j'étais persuadée que le temps soulageait tous les maux, je comprends que mon petit univers n'a pas fini d'être ébranlé. Et ces séismes à répétition sont en train de l'anéantir, cet univers…

– 15 –

Octobre dernier

Au loin, les vagues enlacent la grève. Le sable est encore chaud, il a emmagasiné les rayons du soleil tout au long de la journée. Le jour commence à s'assombrir. Bientôt, il ne formera qu'un avec la mer, puis s'évanouira derrière cette masse bleue déconcertante. Les mouettes, dans leur bal sempiternel, accompagnent mes pensées. Les doigts de ma main droite filtrent les grains de sable, tandis que ceux de ma main gauche sont liés à ceux de Jamie. La journée a été incroyable. Nous sommes venus pique-niquer ici, sur cette belle plage à deux heures de route de chez nous. Jamie a souvent de bonnes idées pour sortir, et une énergie inégalable. Sa curiosité rythme sa vie, notre couple. Il me pousse toutes les semaines à découvrir de nouvelles choses et m'a emmenée dans un nombre incalculable d'endroits. Souvent des lieux que je n'aurais jamais pensé pouvoir apprécier avant de le rencontrer : des galeries d'art, des lieux insolites, des forêts, des châteaux…

– Comment tu imagines notre avenir ? demande soudain Jamie.

Les yeux rivés vers l'horizon, son visage est baigné des lueurs du soleil couchant. Un éclat orange danse dans le vert de ses yeux, les mèches de ses cheveux arborent des reflets dorés. Son regard est paisible, sa question posée d'un ton anodin.

– Je ne sais pas, je ne me suis jamais vraiment posé la question, réponds-je en haussant les épaules. Je suppose qu'on aura changé de ville, que tu seras ingénieur, et que j'aurai enfin trouvé quoi faire de ma vie.

Jamie tourne la tête vers moi alors qu'un léger sourire se dessine sur son beau visage.

– On aura un grand appartement qui donnera sur la mer, une vue semblable à celle qu'on a maintenant. On ne sera plus obligé de rouler pendant deux heures pour voir un beau coucher de soleil comme celui-ci.

– Il y a des beaux couchers de soleil chez nous aussi, répond Jamie, le sourire rayonnant.

– Oui, mais rien de comparable avec ce qu'on voit maintenant. Regarde, le mariage du soleil et de la mer. Existe-t-il quelque chose de plus beau que ça ?

– Bien sûr. Toi, par exemple.

– T'es con.

Je souris et lui donne un coup d'épaule. Il fait mine de tomber dans le sable en riant.

– Mais c'est qu'elle est violente ! s'esclaffe-t-il. J'ai presque eu mal !

– Arrête de te foutre de moi.

– Pourquoi j'arrêterais ? Quand je suis sérieux, tu ne me crois pas. Je le pense quand je dis que tu es plus belle que ce coucher de soleil.

– Si tu le dis. Merci.

J'embrasse tendrement sa joue et en retour, il embrasse mon front. Puis, subitement, il se lève en me tirant par la main.

– Qu'est-ce que tu fais ?

– Viens, on va tremper nos pieds dans l'eau !

Il m'aide à me lever et, sans lâcher ma main, commence à courir vers les vagues. Nos chaussures s'enfoncent dans le sable, les derniers mètres sont difficiles à parcourir. Mes cheveux me fouettent le visage et se mêlent à l'odeur d'iode omniprésente. Je ferme à moitié les yeux, laissant Jamie me guider. J'ai l'impression que le temps s'arrête un instant, pour laisser mon bonheur s'étaler, occuper tout l'espace. Mon corps vibre d'émotion, saisi par cette plage inondée de rayons d'or. L'eau se rapproche de plus en plus, le bruit des vagues est plus fort. Jamie lâche ma main et retire ses chaussures, les abandonnant sur le sable. Il franchit les quelques pas qui le séparent de l'eau et en prend la température du bout des orteils avant de lâcher un cri de surprise.

– Elle est fraîche ! dit-il en donnant un coup de pied dans l'eau pour m'éclabousser. Viens !

– Oui, j'arrive.

J'imite Jamie et le rejoins. L'eau est effectivement fraîche, mais rien d'étonnant pour un soir de fin octobre. Le beau brun face à moi pose une de ses mains sur ma taille et place l'autre dans la mienne.

– On danse ? propose-t-il.

– Sérieusement ? Tu sais bien que je ne sais pas danser !

– Parce que tu penses que moi je sais ? On s'en fout, la plage nous appartient. Nous sommes seuls ici. Rien que toi et moi.

– C'est bizarre qu'il n'y ait personne d'autre, m'étonné-je subitement, comme si je venais de réaliser l'étrange vide de la plage.

– Les gens ne connaissent pas les bonnes choses de la vie, apparemment.

Et il me fait tourner sur moi-même. Il se met à fredonner une mélodie, nous fait tournoyer dans l'eau. J'écrase ses pieds, nos gestes maladroits créent des vagues. Rapidement, nos pantalons sont complètement trempés.

– C'est un carnage, constate Jamie. Vous êtes une piètre danseuse, madame.

– Je vous retourne le compliment, monsieur.

– Heureusement que vous avez d'autres qualités. Nous serions bien embêtés si la danse était votre principal talent.

Je le pousse loin de moi en riant. Il manque de tomber dans l'eau, mais parvient tant bien que mal à rester debout. À son visage, je devine qu'il se voyait déjà mouillé de la tête aux pieds. Son regard rencontre le mien et d'un air sauvage, il me dit :

– T'es foutue, Aly.

Je lâche un cri alors qu'il se précipite vers moi. Vite, je fais volte-face et me mets à courir pour lui échapper. Courir dans l'eau est encore plus compliqué que courir dans le sable. Des nuées de gouttelettes volent autour de nous tandis qu'il me pourchasse.

– Arrête tout de suite ! Tu me fais paniquer, je crie en continuant à fuir.

– Tu l'as cherché !

Malgré tous mes efforts pour le garder à distance, Jamie me talonne très rapidement. Il agrippe mon bras et me force à me retourner. Il attrape mes avant-bras, fier de m'avoir si vite rattrapée.

– Qu'as-tu tenté en me poussant, jeune fille ?

– Moi ? Rien, dis-je sans pouvoir m'empêcher de sourire.

J'essaie de me dégager de son emprise, même si je sais pertinemment que je n'ai aucune chance face à lui. Je le défie du regard.

– Tu n'oseras pas me pousser dans l'eau. On n'a pas de quoi se changer.

– Tu crois vraiment que ça va m'arrêter ? rit-il.

– Évidemment, tu ne voudras pas que je mouille ta voiture.

En guise de réponse, il me pousse. Surprise, je n'ai pas le temps de réagir et je tombe les fesses dans une eau qui ne doit pas faire plus de seize degrés.

– Enfoiré ! Elle est super froide !

– Petite nature, va.

Il me regarde, les mains sur les hanches, comme s'il contemplait son œuvre, fier. Mais en guise de représailles, j'encercle brusquement ses jambes de mes bras pour lui faire perdre l'équilibre. Dans un cri offusqué, il tombe à côté de moi.

– Mais elle est gelée ! s'exclame-t-il.

– C'est moi la petite nature maintenant ? lui dis-je avec une fierté exagérée, tout en me relevant.

– Non, toi, tu restes là.

À peine debout, il me fait tomber à nouveau.

– Laisse-moi sortir !

En guise de réponse, Jamie m'attire dans ses bras et plaque ses lèvres sur les miennes. Elles sont fraîches et une pellicule d'iode s'est déposée sur sa bouche, rendant son baiser légèrement salé. Les vagues clapotent doucement contre nous et nous bercent pendant que nos langues se cherchent. Les mains de Jamie me tiennent fermement contre lui, comme s'il voulait que nous ne fassions plus qu'un. L'eau devient de moins en moins gelée, réchauffée par l'ardeur de nos corps.

– Et toi, tu le vois comment notre avenir ? demandé-je entre deux baisers.

– Aucune idée. Je ne m'attache qu'au présent.

– Pourquoi m'as-tu posé cette question alors ?

– J'aime savoir ce qu'il se passe dans ta jolie tête, chérie.

– Seulement pour ça ?

– Eh bien, non, pas seulement. Disons que moi, j'ai du mal à me projeter, ou du moins à m'imaginer comment pourrait être le futur. Alors j'ai pensé que si tu me disais de quelle manière toi, tu perçois notre futur, ça pourrait m'aider.

– Et alors ? Tu visualises ?

– Pas vraiment, non.

– Tu ne nous vois pas ensemble dans le futur ?

– Je n'ai pas dit ça. Mais ce que tu nous réserves dans ta prévision, c'est trop commun. Je pense que ce qui nous attend, ce sont des choses d'une tout autre grandeur. Peut-être des épreuves, peut-être des folies. Je ne sais pas vraiment. Mais toi, moi, un appartement et des métiers fixes, ça me paraît trop simple. Ça ne nous ressemblerait pas. Nous avons commencé de manière singulière et je pense que ça va continuer de la même façon.

– Tu n'aimes pas les choses simples ?

Jamie pose ses mains sur mes joues, encerclant mon visage dans une tendre étreinte. Il pose à nouveau sa bouche contre la mienne et m'embrasse avec une douceur rare. Nos fronts sont collés, nos souffles s'emmêlent.

– Si, j'aime ça, souffle-t-il. Mais nous, nous sommes bien plus que quelque chose de simple. Et tout ce qui gravite autour de nous ne peut pas l'être. Il nous faut le jeu, le frisson.

– Tu ne crois pas qu'on a assez joué ? rétorqué-je dans un éclat de rire.

– Avec toi, ce ne sera jamais trop.

Je le fixe, un peu perdue. Pour une raison que j'ignore, ses propos me perturbent. Je ne sais pas trop quoi penser, et lui a l'air absolument persuadé de ce qu'il avance. Finalement, nous sortons de l'eau après une dizaine de minutes de baignade. Le soleil a complètement décliné, le ciel est devenu très rapidement sombre. Lorsque nous rejoignons la voiture une petite heure plus tard, nos vêtements sont à peu près secs et le ciel est maculé d'étoiles plus brillantes les unes que les autres.

Sur le chemin du retour, j'aperçois même une étoile filante fendant le ciel. Et je ne peux m'empêcher de penser que c'est peut-être un signe qui confirme les prédictions de Jamie concernant notre avenir.

– 16 –

– Bon alors… Si le sujet était « La fixation du salaire sur le marché du travail ne résulte-t-elle que de l'offre et de la demande ? », que répondrais-tu ?

Je jette un regard désemparé à Thylane, assise dans son fauteuil roulant face à moi. Ses yeux rivés sur moi pétillent, attendant patiemment que je lui donne ma réponse. Mais en réalité, je n'en ai pas la moindre idée. Je n'ai pas touché à mes cours depuis bien longtemps. Et l'accident, évidemment, a rendu les choses plus compliquées encore. Holly m'en a apporté une nouvelle fournée la dernière fois qu'elle est venue avec Gabriella, alors que je n'ai pas encore touché à la première. Et la situation me paraît à présent irrattrapable. La quantité de connaissances à ingurgiter semble phénoménale, et je réalise que l'apprentissage est bien plus compliqué lorsqu'on est livré à soi-même pour se mettre au travail. Même si mes professeurs ont assuré à mes parents que j'aurais le droit à un suivi spécialisé dès mon retour au lycée, je me sens incapable de combler mon retard. J'ai donc demandé au Dr Lorsson, lors de sa visite quotidienne, si Thylane pouvait venir me voir un peu plus longtemps que d'habitude. Quelques minutes plus tard, elle était là et n'a même pas sourcillé quand je lui ai demandé de me faire bosser. Elle a simplement attrapé mes cours et les a étudiés quelques instants avant de commencer à me poser des questions.

– Heu… Eh bien je dirais que oui. Enfin du moins, elle résulte en partie de l'offre et de la demande.

– La question c'est « Est-ce que ça ne résulte que de ça ? », me reprend Thylane, voyant immédiatement que j'ai essayé de contourner la difficulté.

– Eh bien…

Je prends quelques secondes pour réfléchir, essayant de retrouver les informations du cours. Mais rien à faire, pas le moindre argument ne me vient à l'esprit.

– Je n'en ai aucune idée, avoué-je après quelques instants.

– D'accord, alors la réponse, c'est non. Le cours dit que d'autres règles viennent contrôler et régir la fixation du salaire sur le marché du travail. La plus connue, c'est le SMIC. On ne peut pas fixer un salaire en dessous, même si l'argument classique de l'offre et de la demande voudrait que le prix se fixe là où les courbes se croisent.

Thylane me montre un schéma sur mon cours. Le dessin m'aide à visualiser rapidement de quoi il est question, mais je me sens tout de même très loin du but. Thylane reprend sa lecture pour approfondir la réponse. Au fur et à mesure, je sens une boule se former dans ma gorge. Et tandis que je la regarde lire tranquillement ce que dit le cours, mes yeux se remplissent de larmes. Très vite, je n'arrive plus à me retenir. Je ne suis capable ni de ravaler mes pleurs ni même de les rendre discrets. J'éclate en sanglots. Thylane arrête immédiatement sa lecture. Elle fait rouler son fauteuil jusqu'à moi.

– Alyssa, qu'est-ce qui ne va pas ?

Sa voix tremble, elle a l'air complètement démunie. Elle m'attrape maladroitement la main, laissant tomber les feuilles de cours sur ses genoux. Je la regarde, incapable de parler, rendue muette de chagrin.

– Essaye de te calmer, tout va bien, souffle-t-elle en caressant le dos de ma main avec son pouce. Je suis là, tu peux me parler si tu veux.

– J'ai tout perdu.

– Quoi ? Mais non.

– Si ! J'ai tout perdu avec ce foutu accident, je crie. Ça fait presque un mois que je n'ai pas quitté ce lit. Je suis en train de devenir folle. Je passe mes journées à rien faire, je ne sais pas comment va mon copain, je suis foutue pour le bac ! Non, mais franchement, regarde-moi.

Son expression déconcertée se mêle à ce qui me semble être de l'empathie. Les ridules de son visage de moineau, tout fin, se creusent autour de ses yeux et aux commissures de ses lèvres. Ses caresses sur ma main se font plus vives, comme si elle essayait de me transmettre sa force.

– Je pourrais en dire autant, murmure-t-elle. Regarde-moi, toi aussi.

Enroulée dans son gros pull qui semble deux fois trop grand pour elle, elle a une fois de plus l'air si frêle dans son fauteuil. Lors de notre première rencontre, sa silhouette malingre m'avait frappée.

On dirait que chacun des traits de son visage a gardé les stigmates de ses souffrances passées. Même au repos – comme pendant qu'elle m'aidait à réviser –, ses traits semblent tirés. Les os saillants de ses pommettes et de son menton font ressortir d'autant plus le côté maladif de son visage.

– Regarde-moi bien, répète-t-elle. La dernière fois, je t'ai menti. Lorsque tu m'as demandé pourquoi j'étais là, je t'ai dit que je faisais des malaises vagaux et que j'étais en observation pour en déterminer la cause. Ce n'est pas exactement ça. En réalité, les médecins savent déjà ce qui cause ces malaises.

Thylane laisse un silence emplir la pièce. Ses yeux glissent vers nos mains toujours liées, comme si mon regard, pourtant plein de larmes, était trop dur à soutenir pour ce qu'elle a à me dire. Ses caresses sur ma main ont stoppé net.

– Je suis là parce que je refuse de m'alimenter. C'est pour ça que je fais des malaises à répétition.

Mes larmes se sont taries en entendant ses mots. Je regarde cette jeune fille face à moi, qui jamais ne m'a paru plus chétive. Dépouillée de cette lueur de fermeté, de la volonté de son regard qui semble la porter tout entière, elle m'apparaît soudain si fragile, prête à se briser au moindre coup de vent. Le voile se déchire en me révélant la vérité… que je m'étonne de ne pas avoir saisie avant : Thylane est ici pour anorexie. J'aurais dû le comprendre. Mon attitude égocentrique m'explose à la figure. Depuis que je suis ici, je ne vois rien. Rien, sinon moi. Toujours moi.

– C'est vrai, tu as raison, reprend Thylane. Ça craint vraiment d'être coincé ici. Je m'en fais la réflexion tous les jours. D'ailleurs, les premières pages de mon carnet d'écriture ne sont remplies que de plaintes. Tous les jours, j'écrivais mes douleurs, ma révolte, ma colère. Je ne comprenais pas pourquoi on me considérait comme différente. Je voulais simplement… pouvoir me plaire. Mais peu importent mes efforts, j'en étais parfaitement incapable, et j'allais toujours plus loin. Mais personne ne semblait me comprendre, et plus ça allait, plus j'étais isolée. Je m'écroulais en classe, dans la cour, partout où j'allais. Ça me rendait dingue d'être coincée ici plutôt qu'au collège, avec mes amies. Je me sentais comme un lion en cage. Et puis… avec le temps, j'ai arrêté d'être en colère. Parce que finalement, ça ne sert à rien. On n'avance pas comme ça. J'ai compris que je devais me laisser le temps de guérir. Que parfois, il faut accepter de mettre sur pause une partie de notre existence pour se remettre de ce que la vie nous a fait subir.

Thylane relève des yeux brillants d'espoir vers moi. Elle m'offre un sourire fragile et resserre fermement sa main sur la mienne comme pour me remotiver, me dire « Je ne te lâche pas ».

– La vie nous attendra, poursuit-elle. Il faut savoir accepter nos faiblesses si on veut les dépasser, en faire des forces. Accepter de se reposer un temps pour pouvoir ensuite reprendre notre chemin plus vite, plus fort, plus intensément. Qu'est-ce qui est censé te stresser à l'heure actuelle ? De ne pas avoir ton bac du premier coup, ou l'état de ton bassin qui a morflé pendant l'accident ? D'avoir une mauvaise note ou que ton copain ne sorte pas du coma ? Non, mais sérieusement, tu t'en fous de ton exam ! Ta santé passe avant tout. Si tu ne l'as pas cette année, ton diplôme, tu l'auras l'année prochaine. Ton rétablissement, son rétablissement, c'est ça l'enjeu du moment !

Je suis stupéfaite, électrisée par ses paroles. Je ne sais pas quoi répondre. Elle a un tel recul, presque fascinant, sur la situation. Cette fille, pourtant bien plus jeune que moi, fait preuve d'une maturité incroyable que je lui envie. Elle a raison, absolument raison, et m'apitoyer sur mon sort n'y changera rien.

– Depuis combien de temps es-tu là ? demandé-je, un peu honteuse de ne pas trouver quelque chose de moins banal à lui répondre.

– Environ sept ou huit mois. J'ai arrêté de compter les semaines quand j'ai passé les cinq mois. C'est à ce moment aussi que j'ai pris conscience que me plaindre ne changeait rien.

– Tu es très courageuse, Thylane, très forte. Merci pour tes mots. Tu as raison, je le sais. Mais je n'ai pas encore le recul nécessaire. Tout allait si bien dans ma vie, et qu'en une minute tout ait pu basculer… j'ai dû mal à m'y faire.

– C'est en traversant des épreuves que nous devenons forts. Ça sonne un peu comme un cliché, mais pourtant c'est vrai : il y a toujours du positif à retirer des épreuves que nous subissons.

– Je l'espère. Tu quittes l'hôpital dans combien de temps ?

– Je ne sais pas. Aucune date n'est prévue pour le moment, la condition pour sortir est que je reprenne 3,5 kg. Et toi, alors ? Comment ça avance, où en est ta fracture ?

– Apparemment, ça va. Mes os n'ont pas été déviés, heureusement. J'ai déjà fait six séances de rééducation pour réapprendre à marcher, je devrais sortir d'ici deux semaines si je continue à bien progresser.

– Oh, ça approche. C'est super, souffle Thylane. Tu vois, le cauchemar va prendre fin.

Elle ne se rend pas compte que non, le cauchemar n'est pas fini. Le cauchemar ne dépend pas que de moi, Jamie en est l'un des protagonistes. Et, de ce côté-là, je n'ai pas vu pointer la moindre avancée. Ou si : elle est de plus en plus cauchemardesque. Mais parler de tout cela à Thylane ne sert à rien. Elle aussi a ses problèmes et ils sont loin d'être faciles à résoudre, comment pourrais-je encore me plaindre ?

– Oui, c'est bientôt fini.

J'esquisse un sourire peu convaincant pour accréditer mon propos et que ma jeune amie ne perçoive pas mon amertume, mon angoisse. À l'heure qu'il est, je ne sais plus ce que je veux. Le réveil de Jamie, que je percevais jusqu'ici comme le bonheur, le soulagement ultime, sera également le déclenchement de nombreuses questions dont je ne suis pas sûre de vouloir connaître les réponses. Que serai-je censée faire concernant l'histoire de Victoria ? Adopter la réflexion passionnée de Gabriella ou suivre les conseils modérés de Holly ?

– 17 –

Matt

– Il y a de grandes chances pour que cette année, les nationales soient pour nous, s'enthousiasme Tom. Tu as vu nos progrès ? En trois semaines, on a gagné quatre secondes !

– Oui, c'est super…

Mon ton révèle que je suis bien moins enthousiaste que mon coéquipier.

Nous rejoignons les douches qui, après l'entraînement, tiennent de la récompense ultime. Nous nous débarrassons de nos bonnets de bain et l'eau chaude coule sur nos corps vidés de leur énergie, les détendant presque instantanément.

– Tu es en superforme en ce moment, constate Tom. Tu as changé quelque chose ? Tu prends des vitamines ?

– Non, je dors juste mieux que d'habitude, réponds-je l'air nonchalant. Passe-moi le shampoing, s'il te plaît.

Tom s'exécute en me regardant d'un air perplexe. Mon visage me trahit toujours ; je transpire la mauvaise humeur. Nul ne peut ignorer ce que mon visage semble crier : « Fous-moi la paix. » Tom me connaît, il l'a évidemment remarqué.

Je suis à fleur de peau, Alyssa ne m'a pas contacté depuis quatre jours. Je n'arrive pas à comprendre son silence soudain, alors qu'elle m'a pratiquement supplié de lui rendre visite. Elle s'est à nouveau terrée dans un mutisme inexplicable qui ne me dit rien de bon. Je donnerais tout pour savoir ce qu'il se passe à l'intérieur de sa jolie tête. Je suis presque certain qu'une tempête y fait rage. J'ai dû y mettre un sacré bordel avec ce que je lui ai raconté la dernière fois… Pour autant, je ne m'explique pas son silence ; ça m'exaspère.

– Avec les gars, on va boire un verre, là. Tu viens ?

– Une autre fois, lui dis-je en essayant de me montrer moins agressif.

– Pourquoi ? Ça nous ferait du bien de sortir. L'année dernière, on sortait régulièrement et tu étais toujours partant.

– Ce n'est pas que je ne veux pas, mais j'ai déjà un truc de prévu.

– Ah je comprends, tu vas voir ton frère ?

– Non, Alyssa.

– Alyssa ? La copine de ton frère ?

– Oui.

Cette fois, j'ai répondu sèchement, avant de me rincer les cheveux, imperturbable. Tom n'a pas l'air décidé à lâcher l'affaire.

– Quoi ? grogné-je.

– Il se passe un truc entre vous ?

– Qu'est-ce que tu racontes ?

– Je sais pas, j'demandais juste. Tu ne vas pas voir ton frère plutôt ?

– Ça changerait quoi, il est dans le coma je te rappelle, je vais pas aller lui faire la lecture. Alyssa, elle, est bien consciente et elle a besoin de compagnie.

– Mais je pensais que vous vous détestiez et que vous vous évitiez.

– Je n'ai jamais dit ça. Alyssa et moi, on s'entend très bien. On a énormément de choses en commun.

Je m'écarte du jet d'eau et vais chercher ma serviette. Tom fait de même. Nous quittons les douches et nous nous dirigeons vers nos casiers. Tom renonce. Il sait que ça ne sert à rien de me parler quand je suis comme ça, c'est comme être face à un mur. D'un geste machinal, j'extirpe mon sac du casier et me laisse tomber sur le banc central pour en extraire mon portable. Un message d'Alyssa !

Alyssa : Tu viens aujourd'hui ?

Je ne peux contrôler le sourire qui étire mes lèvres malgré moi. Les grands esprits se rencontrent… Satisfait, je range mon téléphone et m'empresse de m'habiller pour quitter la piscine le plus rapidement possible. Ma soudaine hâte n'échappe pas à Tom qui, l'air soucieux, est bien décidé à ne pas lâcher le morceau. Je tente de l'amadouer pour qu'il cesse de me coller.

– Ce soir je ne peux pas, mais vendredi soir on n'a qu'à remettre ça avec toute l'équipe. Ça te dit ?

Tom ne s'est jamais fait à mes sautes d'humeur, mes états d'âme en dents de scie. Cette fois ne fait pas exception, il paraît surpris par mon revirement de comportement, qui est pourtant un trait inhérent à ma personnalité.

– Oui, carrément, ça fait un bail.

– Super, alors on se voit demain pour l'entraînement, lui souris-je avant de lui donner une tape amicale dans le dos.

Balançant l'anse de mon sac par-dessus mon épaule, je m'éclipse à grands pas de cet endroit familier. Tout à mon impatience de rejoindre Alyssa, ce n'est qu'une fois dans ma voiture que je constate que le soleil a enfin pointé le bout de son nez et que la neige commence à fondre. Je mets le contact et me dirige vers l'hôpital dans un rugissement de moteur qui illustre parfaitement mon impatience.

*
* *

Les portes de l'ascenseur s'ouvrent sur le quatrième étage. Le personnel médical s'active autour de moi, remplissant des dossiers, apportant des médicaments aux patients, s'affairant. D'autres personnes extérieures à l'hôpital sont elles aussi venues voir leurs proches, si bien que le couloir grouille de monde. J'ai l'impression d'être dans une fourmilière. C'est la première fois que je viens en fin d'après-midi, et apparemment c'est l'heure de pointe pour les visites. Les parents, à peine sortis du travail, se précipitent au chevet de leur chère progéniture.

Je profite de l'agitation pour subtiliser sur ma route un fauteuil roulant abandonné devant une des chambres. Je prépare d'ores et déjà notre virée dehors, comme Alyssa me l'a demandé, et m'empresse de rejoindre sa chambre en slalomant entre les visiteurs. Son visage s'illumine en me voyant entrer. Je ne l'ai pas prévenue que je venais, la surprise n'en est que plus grande.

– Matt, tu es venu !

La fébrilité dans sa voix trahit son soulagement de me voir. Sans même lui répondre, je l'aide à s'asseoir dans le fauteuil, à enfiler son manteau et ses chaussures. Elle a l'air de bouger plus facilement, mais ses traits moins crispés par la douleur sont toujours creusés par la fatigue – et en avisant les cicatrices qui constellent son visage, je ne peux pas m'empêcher de penser que, décidément, Jamie détruit tout ce qui compte dans ma vie.

– C'est le moment idéal pour partir incognito, le couloir est blindé de monde.

Alyssa hoche la tête. Elle sait aussi bien que moi que ce que nous nous apprêtons à faire est un peu risqué puisqu'elle n'a toujours pas le droit de sortir. Elle me dit que même si elle commence à pouvoir se déplacer, son médecin lui interdit encore toute sortie vu ce qui s'est passé la dernière fois. Apparemment, il a peur qu'elle abuse des virées dehors s'il lui en donne l'autorisation. À coup sûr, la récidive me vaudrait d'être interdit de visite. C'est bien la dernière chose que je souhaite, pourtant c'est le risque que je m'apprête à courir pour accéder à ce qu'elle désire le plus. Alors je tente le coup. Moi, ce que je veux, c'est qu'elle associe ma venue à un moment de sérénité, à la possibilité de s'évader pour un temps de ce quotidien morne, de ces quatre murs déprimants. Je balaie sa chambre du regard pour m'assurer d'avoir pris tout ce dont elle pourrait avoir besoin en bas.

– Tu peux aller chercher mon Zippo, s'il te plaît ? me demande Alyssa. Il est sur la table de chevet.

Je la toise un instant avant de m'exécuter. J'attrape le briquet, le fais tourner entre mes doigts. Foutu Zippo. Elle ne pourra jamais se sortir Jamie de la tête si elle continue à être attachée aux objets qui la ramènent à lui. Je serre les dents avant de plonger le briquet dans ma poche. Peu importe ce que j'en pense, ce n'est pas le moment de lui faire une scène. Pas après tous les efforts que j'ai fournis pour qu'elle et moi, nous nous rapprochions enfin.

– Bon, assez traîné, déclaré-je, contournant à nouveau le lit pour revenir près d'Alyssa.

– Allons-y.

À notre grande surprise, nous parvenons jusqu'en bas sans obstacle. Tout le monde était bien trop occupé pour nous prêter attention. Nous nous dépêchons tout de même de rejoindre le jardin encore désert, fui par les visiteurs frigorifiés. Contrairement à notre précédente virée, nous nous enfonçons dans le coin le plus éloigné du parc pour nous soustraire aux regards.

– Le soleil… murmure Alyssa lorsque nous arrivons aux abords du bois.

J'arrête de pousser le fauteuil et viens me placer à ses côtés. Son visage pâle est éclairé par les rayons clairs de la fin du mois de janvier. Ses yeux sont clos. La peau de ses paupières est si fine que les capillaires sanguins affleurent par transparence. Après ce mois passé enfermée dans cette petite chambre d'hôpital, elle est d'une extrême pâleur. Les cernes bleutés sous ses yeux témoignent de longues nuits sans sommeil. Les blessures presque cicatrisées de l'accident donnent à elles seules les quelques couleurs chaudes sur son visage blême.

– Ça fait si longtemps que je n'ai pas senti l'air frais sur ma peau. J'ai l'impression d'avoir passé un mois six pieds sous terre, poursuit-elle.

Elle ferme les yeux et inspire profondément. J'ai l'impression qu'elle ressuscite. Tandis qu'elle se délecte de la fraîcheur hivernale, je décide de m'allumer une cigarette. Je dégaine le Zippo, l'observe une nouvelle fois. Au tintement provoqué par l'ouverture du capuchon, Aly redescend brutalement sur terre, son regard azur attiré par l'objet argenté. En l'observant, je fais glisser mes doigts sur la roulette, allume le briquet. Je coince une cigarette entre mes dents et en embrase l'extrémité. La flamme danse furieusement.

– J'en veux une.

Le ton d'Alyssa est presque suppliant. Avide, elle fixe mes lèvres qui tiennent prisonnier l'objet convoité.

– Qu'ai-je en échange ? demandé-je, un sourcil arqué, d'un air un peu provocateur.

Les pupilles d'Alyssa glissent sur mon visage. Ses mèches brunes volent autour d'elle, créant un contraste dans le paysage blanc. Elle me dévisage, l'air interrogateur.

– Je ne sais pas, murmure-t-elle. Je n'ai pas grand-chose à te proposer.

– Réfléchis, alors.

Elle semble prise au dépourvu. Ses sourcils fins – l'un encore orné d'une contusion rougeâtre – se froncent. Elle ne voit pas où je veux en venir. Je souris avant de me placer face à elle ; je m'accroupis, pose mes mains de part et d'autre de son fauteuil. Alyssa laisse échapper une courte expiration, signe que notre soudaine promiscuité la surprend, mais son expression me laisse croire que ça ne lui est pas désagréable. Je porte la cigarette à mes lèvres, inspire profondément. Alyssa m'observe, sa respiration s'accélère. Cela fait des semaines qu'elle n'a pas fumé. Depuis notre dernière fois.

– Tu es joueuse ? demandé-je.

Ses pupilles se dilatent : ce mot suffit à la faire frémir. Évidemment qu'elle est joueuse. Plus joueuse que beaucoup d'autres, d'ailleurs. Je m'en suis aperçu très rapidement, dès les premiers jours qui avaient suivi notre rencontre.

– Si tu veux une cigarette, embrasse-moi.

J'ai murmuré cela dans un souffle, très près de ses lèvres. Elle entrouvre les siennes, comme prête à protester. Mais elle ne dit rien. Ne me donne pour seule réponse que des battements de cils rapides, comme si elle ne croyait pas ce qu'elle vient d'entendre. Je penche la tête de côté, et pose une main sur sa joue, que je caresse du bout des doigts. Sa peau, bien qu'encore constellée par les stigmates de ses blessures, est veloutée au toucher.

– Je ne peux pas faire ça, dit-elle, catégorique.

Pourtant, elle dévore mes lèvres du regard. J'ai vu la lueur malicieuse s'allumer au fond de ses iris au moment où j'ai lancé ce petit défi. Elle ne peut peut-être pas, comme elle le dit, mais ce n'est clairement pas l'envie qui lui manque de jouer. Ça, elle ne pourra pas le nier.

– Qu'est-ce qui t'en empêche ?

Ma voix est réduite à un chuchotement. J'approche encore mon visage du sien, nos fronts pourraient se toucher. Ma main quitte sa joue pour tirer une nouvelle taffe.

– Tu n'as peut-être pas si envie de fumer, après tout, dis-je avec un sourire. Peut-être que tu t'es habituée à t'en passer, depuis le temps.

– Ça n'a rien à voir et tu le sais.

– Alors qu'attends-tu ?

– Je ne veux pas, tout simplement. Vu la situation, c'est très bizarre que tu me demandes ça.

– Je comprends que la situation te gêne, mais au fond, qu'est-ce qui te retient ? On s'entend bien tous les deux. Et, d'une certaine manière, je te sens attirée par moi.

– Je mentirais si je disais le contraire. Je t'apprécie et te suis très reconnaissante de me soutenir dans cette épreuve. Quoi qu'il en soit, je ne peux pas faire ça à Jamie. Ça ne sert à rien de négocier, tu m'entends ?

– Je comprends, oui. Excuse-moi, c'est déplacé de te demander ça… Pourtant, je vois sur ton visage que l'idée de m'embrasser ne te serait pas si désagréable.

Ses pommettes virent au rouge. Peut-être pensait-elle pouvoir me le dissimuler. Mais je commence à la connaître, contrairement à ce qu'elle pense.

– Il faut que je t'embrasse, c'est ça ? répète-t-elle.

– C'est ce que j'ai dit, oui.

D'un geste plein d'autorité, elle entoure mon visage de ses mains, s'approche de moi, et décalant sa tête à la dernière seconde me plante un baiser sur la joue.

– Voilà, t'es content. Maintenant, file-moi cette foutue clope.

– Mais…

– Tu voulais que je t'embrasse, je l'ai fait, Cassel. Tiens ta promesse maintenant.

Je laisse échapper un sourire ravi. Mon cœur palpite, charmé par ses airs entêtés. Résigné, je m'écarte d'elle et fouille dans ma poche. Je sors de l'écrin en carton un de ces cylindres de tabac tant convoité et le lui place entre les lèvres.

– Définitivement tu es joueuse, ricané-je.

Elle ne m'écoute pas, fouillant dans la poche de mon manteau pour en extraire son précieux Zippo. D'un geste expert, elle allume sa clope sur laquelle elle tire immédiatement avec délectation. La flamme éteinte en elle semble reprendre vie.

– S'il y a quelqu'un de joueur ici, c'est plutôt toi, répond-elle d'une voix plus posée.

Elle ne me regarde plus. Ses yeux se portent sur les arbres tout proches de nous. Goutte à goutte, la neige coule de leurs branches, créant une flaque noirâtre sur le sol. Mais moi, je suis concentrée sur la belle brune à ma gauche qui vient de me refuser un baiser. Elle me l'a refusé alors que chacune des cellules de son corps le désirait.

– Je suis désolée de t'avoir incriminé sans te connaître.

Sortis de nulle part, les mots d'Alyssa me traversent comme une décharge électrique. Elle me les a déjà dits par message. Elle s'est déjà excusée maintes et maintes fois. Pourtant ce n'est pas de sa faute… Mais Aly, elle est comme ça. Extrêmement empathique, vraie, sensible. Elle ne peut pas rester avec le poids de cette injustice sur le cœur. Elle veut s'assurer que je ne lui en tiens pas rigueur. Sans cela, elle ne pourra pas passer à autre chose. Et aujourd'hui plus encore qu'avant, vu la situation difficile qu'elle vit.

– Comment puis-je me faire pardonner ? demande-t-elle.

– Tu n'as pas besoin de t'excuser.

– Je ne suis pas de cet avis. J'ai… j'ai découvert une nouvelle facette de toi depuis l'accident. Une facette que je n'aurais jamais soupçonnée. Je sais que Jamie a beaucoup exagéré à ton sujet pour s'assurer que je ne m'approche pas de toi… Je ne peux pas lui en vouloir, il voulait me garder pour lui. J'aurais probablement fait pareil, mais… mais j'aurais dû avoir plus de recul. Moi, je m'en veux.

– On a déjà eu cette conversation, la coupé-je. Tu peux te rattraper maintenant.

– Comment peux-tu accepter de me parler encore, après tout ça ? Pourquoi ne me détestes-tu pas ?

– Ne sois pas ridicule, dis-je dans un souffle. Jamais je ne pourrais te détester.

– À ta place, je ne pourrais pas me voir en peinture. Je ne comprends pas comment tu peux vouloir m'offrir une seconde chance.

– La réponse est évidente, Alyssa. Tu me plais.

Elle s'étouffe avec la fumée de sa cigarette. Des nuages sortent par paquets de sa bouche à chaque fois qu'elle tousse.

– Ne fais pas l'étonnée. Tu le sais très bien.

– Ce n'est pas tellement que je suis surprise… C'est juste que je pensais que tu me considérais comme une fille comme une autre. Je n'arrive pas à me faire à l'idée que tu me trouves différente.

– Tu n'arrives surtout pas à changer l'image que tu as de moi, déduis-je. Tu as été habituée à me voir comme le connard qui joue avec les femmes. Au fond, tu m'assimiles toujours à un Don Juan sans cœur.

Elle fronce à nouveau les sourcils puis m'offre son premier sourire de la journée, qui se transforme même en éclat de rire.

– Don Juan, ça te va bien comme surnom.

– Ne te moque pas, c'est une simple analogie.

– Je compte bien la réutiliser, dit-elle, amusée.

La sonnerie de son portable nous interrompt. Elle s'excuse, jette un coup d'œil au message reçu, et son visage se décompose. Son sourire s'est brutalement évanoui, laissant à nouveau place à l'air grave et sérieux qu'elle arbore depuis qu'elle est prisonnière de cet hôpital.

– Qu'y a-t-il ? demandé-je.

– C'est mon amie, Holly.

– Et alors ?

Alyssa reste muette un instant et relit plusieurs fois le message qu'elle vient de recevoir, comme pour s'assurer qu'elle en a bien compris le contenu.

– Elle est allée prendre des nouvelles de Jamie, finit-elle par dire. L'hôpital avait dit qu'il la préviendrait si son état évoluait.

Mon sang se glace dans mes veines. Alyssa est très loin d'avoir oublié Jamie. J'ai pourtant fait en sorte qu'elle perde espoir quant à son réveil et qu'elle abandonne petit à petit l'idée de le revoir conscient un jour. Mais elle est allée jusqu'à demander à une de ses amies d'aller prendre des nouvelles de mon frère. Pourtant, l'hôpital est à l'autre bout de la ville. Ma mâchoire se crispe tandis que je me relève et retourne derrière le fauteuil roulant pour qu'Alyssa ne voie pas mon changement d'expression.

– Ces informations ne sont-elles pas réservées aux familles ? demandé-je, un peu agressif.

– Si. Elle leur a dit qu'elle était sa sœur. Holly est très ingénieuse.

– L'hôpital n'est pas censé vérifier ce genre de choses ?

– Le personnel est débordé, ils n'ont sûrement pas eu le temps et Holly sait être très convaincante.

Ma respiration s'accélère. Je dois me faire violence pour ne pas regagner ma voiture sur-le-champ et quitter cet endroit. Si Holly sert d'intermédiaire à Alyssa et Jamie, alors mon plan pour qu'elle se détache petit à petit de lui est foutu. Il va falloir que je passe la seconde…

– 18 –

Le Dr Lorsson entre dans ma chambre tout sourire. Dernièrement, ses visites se sont espacées. Depuis plus d'une semaine, je suis exclusivement entre les mains des infirmiers, des internes et de ma kiné, Mme Stefen, pour la rééducation. Mon dossier médical sous le bras, le Dr Lorsson me salue poliment en s'approchant de ma perfusion pour en vérifier le contenu. Il hoche la tête, l'air satisfait.

– Bon, Alyssa, comment te sens-tu aujourd'hui ? Des douleurs particulières ?

– Non, ça va. Mon bassin toujours un peu, mais rien d'inhabituel.

– Très bien. Tu arrives à dormir convenablement ?

– De mieux en mieux, oui. Même si la douleur finit toujours par me réveiller à un moment ou à un autre.

– Je comprends, je sais que c'est pénible, mais ne t'inquiète pas, à ce stade c'est totalement normal. Je vais vérifier l'état de ton dos, si tu veux bien.

J'acquiesce. Il m'aide à me redresser. Il y a dix jours encore, ce simple geste m'aurait demandé un effort colossal. Mais avec ma séance de kiné quotidienne, je commence à reprendre des forces et à être en mesure de récupérer un début de mobilité. Le docteur m'aide à m'asseoir sur le bord du lit, avant de se placer de l'autre côté du matelas.

– Lève les bras doucement, s'il te plaît.

Je m'exécute, et il soulève mon pull jusqu'en haut de mon dos, zone fraîchement libérée de ce foutu corset. De son doigt, il palpe délicatement, mais plus ou moins fortement, les zones identifiées comme les plus sensibles depuis l'accident, me demandant à chaque fois de noter la douleur sur une échelle de 1 à 10. Je ne dépasse pas le 6. Les douleurs sont sans commune mesure avec celles d'il y a un mois.

– Bien, très bien, conclut mon toubib pour me faire comprendre qu'il a fini son examen. Il faudra encore quelques semaines avant que la douleur ne disparaisse totalement et que tu recouvres toute ta motricité. Comment se passe ta rééducation avec Mme Stefen ?

– Les deux premières séances étaient vraiment difficiles, avoué-je. Mais les résultats au bout de ces douze séances sont, selon elle, très bons. C'est vrai que je vois les progrès, moi aussi. J'arrive à me lever sans son aide maintenant.

– Oui, j'ai reparlé de ton cas avec elle ce matin. Elle m'a dit que tes progrès sont significatifs. Elle ne se fait aucun souci pour la suite de ta convalescence. Elle m'a dit qu'hier tu as pu marcher à l'aide d'une béquille sur près de cent mètres sans avoir besoin de t'asseoir.

– La béquille aide beaucoup.

– Ne sois pas si modeste ! Tu ne le dois qu'à toi. Tu as suivi mes conseils à la lettre – si j'omets la fois où je t'ai retrouvée dans le jardin avec un jeune homme – et ça a porté ses fruits. L'immobilisation, lorsqu'elle est bien respectée, est toujours très bénéfique.

Je ne peux m'empêcher d'esquisser un sourire entendu. Notre petit tour dans le parc avec Matt est passé complètement inaperçu. Le toubib se berce d'illusions s'il pense réellement que sa réprimande de la dernière fois a suffi à m'assagir.

– Je vais prendre ta tension et écouter ton cœur, à présent.

Le médecin s'adonne à toutes ces vérifications qui prennent des allures de rituel. Il a l'air très optimiste : apparemment, mon corps semble décidé à guérir. Contrairement à ce qu'il se passe dans ma tête, tout semble rentrer dans l'ordre.

– Eh bien, c'est très encourageant tout ça, se félicite-t-il. Je t'annonce que tu vas pouvoir quitter l'hôpital à la fin de la semaine.

En prononçant ces mots, le Dr Lorsson fait disparaître une grande partie du brouillard opaque qui plane au-dessus de ma tête depuis le début de mon hospitalisation. J'ai envie de crier de joie, mais je reste muette. Comme si mon corps et ma tête avaient perdu l'habitude d'exprimer des sentiments positifs et en étaient à présent incapables.

– Vraiment ? demandé-je, comme pour m'assurer que je n'ai pas rêvé les dernières paroles du docteur.

– Oui, je ne vois pas de raison de te retenir plus longtemps : tes os sont à nouveau soudés et tu seras bientôt capable de marcher sans aide extérieure. Mais attention, il ne s'agit pas de faire n'importe quoi une fois dehors, jeune fille. Il faudra continuer à beaucoup te reposer, veiller à ne pas forcer, être assise le plus possible, et surtout ne faire aucun effort physique pendant encore deux mois minimum. On fera de nouveaux bilans et tu auras de nouvelles consignes lorsque tu reviendras pour tes séances de kiné. Je viendrai te voir lors de celles-ci une fois toutes les deux semaines pour contrôler l'aspect de tes contusions faciales et vérifier que tes os restent bien soudés. En un mot, je continuerai à m'assurer de la bonne évolution de ton état. Tu ne vas pas te débarrasser de moi comme ça !

– Le contraire m'aurait étonnée, dis-je d'un air sarcastique.

– Il faudra être très vigilante, je ne plaisante pas, Alyssa. Si tu ne te reposes pas assez ou si tu malmènes trop ton corps, je vais m'en rendre compte, et ça sera retour à la case départ : ici, à l'hôpital.

– Ça n'arrivera pas, je vous le promets, affirmé-je.

Pour le coup, je ne mens pas. Ce n'est pas comme si j'allais chausser une paire de baskets pour faire les cent mètres à peine sortie. Aucune chance pour que je fasse quelque chose qui risque de me ramener dans ce trou à rats. Plutôt crever !

– Bon, eh bien parfait. Je suis ravi qu'il n'y ait pas eu plus de complications que ça. Tu t'en sors bien, Alyssa.

– Oui, j'ai de la chance.

Je ne peux m'empêcher cette pique ironique – que le docteur n'est même pas capable de déceler. Comment peut-il dire que « je m'en sors bien » ? Psychologiquement, je suis borderline, proche de la rupture. Mais lui ne s'attarde que sur mon enveloppe extérieure. Au fond, je sais que je ne peux pas lui en vouloir. Mais je suis en colère contre tout ce qui a trait à ce foutu hôpital.

Peu importe mon irritation, j'acquiesce à la moindre intervention du docteur. Pour être honnête, je ne l'écoute plus vraiment. Je n'ai qu'une envie, c'est qu'il décampe. Il m'a coupée dans ma conversation avec Matt. Il me racontait sa soirée d'hier soir avec son équipe de natation. Ça m'a donné envie de retrouver ma vie d'avant, de boire, de m'amuser, de danser – même si je n'aime pas particulièrement ça – collée à plein d'autres lycéens insouciants. J'aurais vraiment aimé pouvoir aller à la soirée. L'hôpital et son confinement m'ont plus que jamais donné envie de vivre, de profiter, de rencontrer de nouvelles personnes, de m'aventurer vers de nouveaux horizons. Ce mois passé ici m'a inoculé plus fort encore l'envie de vivre.

Tandis que mon portable se met à vibrer, le Dr Lorsson semble lancé dans un monologue interminable où la moitié des mots ne peut être comprise par le commun des mortels. Furtivement, sans le quitter des yeux et en acquiesçant de temps à autre à ses recommandations sans fin, je m'empare de mon portable qui n'arrête plus de vibrer furieusement. Mon cœur s'arrête. Mes nerfs lâchent et je suis parcourue de tremblements incontrôlables. Mon corps n'est plus qu'un ensemble anarchique et désarticulé. Mes yeux ont lu « Lui ». Son surnom est apparu sur mon écran. Les messages défilent en rafales.

Lui : Alyssa, tu vas bien ? Où es-tu ?

Lui : Je me suis réveillé hier après-midi et on vient de me donner accès à mon téléphone. J'ai lu tes messages, dis-moi que tout va bien, je t'en prie.

Lui : Je suis très faible, j'ai du mal à t'écrire.

Lui : On m'a dit que ça faisait un mois que j'étais dans le coma. Je n'arrive pas à y croire…

– Alyssa ?

La voix du docteur m'électrise et me sort de ma transe. Il m'observe d'un air inquiet. Nous restons plusieurs secondes interdits, à nous fixer, avant qu'il ne se risque à me demander, les traits tendus :

– Tu pleures, qu'est-ce qui ne va pas ? Tout ira bien, je te l'ai dit…

Je passe instinctivement mes mains sur mes joues pour en balayer les larmes et constate, effectivement, que ma peau est humide. Mon corps ne m'appartient plus. J'ai l'impression d'avoir été ligotée, jetée dans la cale d'un navire pris dans une tempête. Mon corps roule et se fracasse tour à tour de tribord à bâbord, sans que je puisse m'extirper de cet enfer qui me brise un peu plus à chaque nouvelle vague. Je ne suis plus maîtresse de rien et mon corps s'abandonne un peu plus à mesure que s'égrènent les secondes.

– Tu veux que je repasse plus tard ? demande le Dr Lorsson, d'une voix qu'il s'efforce d'adoucir.

Je hoche fébrilement la tête. Je suis incapable d'émettre un son. Je suffoque, il me faut de l'air. Il me faut du silence. Il faut que tout cela cesse. Mon cœur va finir par imploser.

– Très bien, je te laisse, je reviendrai te voir un peu plus tard, mais tu peux me parler, tu sais…

Sur ces mots, il se retire en silence, me laissant avec mes larmes et mon désarroi. Mes mains tremblent, ma vue est trouble. Je peine à relire les messages de Jamie. Ces messages que je n'espérais plus. Auxquels je ne croyais plus. L'image de Jamie, inconscient, dans un horrible lit d'hôpital, entouré de fils et d'instruments de torture, s'était gravée dans mon esprit. Je pensais ne plus pouvoir contempler l'émeraude de ses yeux que dans ceux de son frère. Mais il s'est réveillé. Il est à nouveau près de moi, revenu dans le monde des vivants. Ses paupières se sont rouvertes, sa respiration n'est plus plongée dans un rythme régulier, sempiternel.

Tout en y aspirant de tout mon être, je réalise que je n'étais pas prête à son retour du monde des limbes.

– 19 –

Alyssa : Je vais bien.

Je n'arrive pas à écrire, moi non plus. Les mots ne viennent pas. J'aurais tant à lui dire, et à la fois, rien. Je suis partagée entre l'amour et la colère, le soulagement et l'angoisse.

Alyssa : Oh mon Dieu, Jamie, je n'arrive pas à y croire. Que t'ont dit les médecins ? Je ne sais quasiment rien. Cela fait un mois que je suis dans le flou.

Lui : Je suis très faible. Je peux à peine bouger. J'aurais voulu t'appeler, mais j'en suis incapable. J'ai été extubé, j'ai la gorge à vif. Je peux à peine prononcer deux mots. Mais parle-moi de toi... Comment vas-tu ?

Alyssa : Moi ? Ne t'inquiète pas, Jamie, je n'ai rien de grave.

Lui : Tu es sûre ? Dis-moi la vérité.

Alyssa : Je te dis la vérité. L'accident m'a fracturé le bassin, mais je vais beaucoup mieux. J'arrive à remarcher.

Lui : Vraiment ? Je suis si soulagé...

Alyssa : Je suis encore hospitalisée, mais je sors cette semaine. Je vais pouvoir venir te voir.

Lui : J'aimerais énormément, mais malheureusement ça ne va pas être possible. Je suis extrêmement faible, je n'ai pas encore droit aux visites. Seuls mes parents peuvent venir. Même Matt n'a pas le droit.

Alyssa : Quoi ? Mais c'est n'importe quoi. Ils ne peuvent pas empêcher les visites !

Lui : Apparemment si, ils veulent que je reste au calme au maximum, donc mes visites sont hypercontrôlées. Mes parents pourront venir demain. Aujourd'hui, on doit me faire passer pas mal d'examens d'après ce que m'a dit le médecin. Évidemment, j'ai demandé si des personnes extérieures à la famille pourraient venir, et ils m'ont dit que c'était impossible pour l'instant.

Alyssa : Je m'en fous, je veux venir te voir.

Lui : Je meurs d'envie de te voir aussi. Mais les médecins ont raison, je me sens incapable d'avoir une conversation avec qui que ce soit pour l'instant. Même toi.

Alyssa : Tu es si faible que ça ?

Lui : J'en ai bien l'impression. Je me sens nauséeux, j'arrive pas à bouger.

Alyssa : C'est normal, tu as été inconscient un mois. Avant de débuter ma rééducation, je ne pouvais plus marcher du tout.

Lui : J'imagine, oui. Ça va, ce n'est pas trop difficile, l'hospitalisation ?

Alyssa : Si, tu n'imagines pas. J'ai failli devenir folle, je te jure. Heureusement, je vais bientôt pouvoir rentrer à la maison.

Lui : Moi, je ne suis pas près de sortir. Et en plus, on me tient à l'écart de l'extérieur en m'interdisant les visites.

Alyssa : Tant qu'on peut se parler, je peux patienter.

Lui : Je t'ai manqué ?

Sa question me griffe le cœur. Évidemment qu'il m'a manqué. Pouvoir enfin lui parler m'emplit de joie.

J'étais si terrifiée à l'idée qu'il ne se réveille jamais, même si, malgré moi, je commençais à accepter cette idée. C'est vrai, j'en étais arrivée à perdre tout espoir. Mais à présent, comment dois-je réagir ? Je ne sais même plus ce que je ressens ni où j'en suis de notre relation. Comment va-t-il réagir, lui, lorsqu'il apprendra que je me suis rapprochée de Matt au cours du dernier mois ? Quand et comment vais-je lui parler de Victoria ? Je me connais, je ne vais pas pouvoir faire semblant longtemps. Le poids est trop lourd à porter, les conséquences sont trop graves. J'ai besoin d'entendre sa version des faits. Jamie le sait depuis le début de notre relation : je suis capable de pardonner beaucoup de choses, mais pas le mensonge. C'est contraire à mon idée du couple. Et ce que j'ai le plus de mal à avaler, c'est que Jamie a tout fait pour me dissimuler cette histoire en évitant mes questions sur sa première histoire d'amour. Il m'a menti. Et ça, je ne sais pas si je pourrai un jour le lui pardonner. Mais ce n'est pas le moment de parler de ça. Pas alors qu'il vient de sortir du coma. Alors, malgré tout, je lui réponds honnêtement :

Alyssa : Oui, évidemment que tu m'as manqué, Jamie. J'ai pensé à toi tous les jours. À chaque heure du jour.

Lui : Je suis désolé de t'avoir laissée pendant tout ce temps, chérie. J'aurais voulu être là.

Ma gorge se serre. Sa tendresse m'a tellement manqué. Je suis tiraillée entre des sentiments tellement contradictoires que je ne sais pas si je pleure de joie ou de frustration.

Lui : On vient me chercher pour les examens. Je ne sais pas quand j'aurai à nouveau accès à mon téléphone, donc ne t'inquiète pas si je prends du temps pour te donner des nouvelles. Je te dis à très vite, je t'aime.

Alyssa : Moi aussi, donne-moi vite de tes nouvelles.

– 20 –

– C’est bon, tu n’as rien oublié ? me demande ma mère en fermant ma valise.

– Je pense que tout y est, réponds-je.

Assise dans mon fauteuil roulant, je l’observe qui vérifie une énième fois tous les tiroirs de la chambre et même sous le lit, presque déçue de ne rien y trouver.

– Il n’y a plus rien dans la salle de bains en tout cas, intervient mon père en revenant dans la chambre.

– Je crois que c’est bon alors, on peut y aller, sourit ma mère.

Accompagnés du Dr Lorsson qui liste à mes parents toutes les précautions à prendre pour optimiser mon rétablissement et éviter toute séquelle, nous rejoignons la voiture familiale. Nous avons passé tant de temps ce matin à remplir la paperasse autorisant ma sortie que j’ai eu l’impression d’être en liberté conditionnelle.

Mais ça y est, me voilà enfin dehors, je quitte cet horrible endroit. On me place précautionneusement sur la banquette arrière de la voiture, puis mes parents chargent le coffre, en continuant à discuter avec mon médecin. Apparemment, ce sont eux les principaux acteurs de ma guérison à présent. En attendant que le médecin libère mes parents, je sors mon téléphone de ma poche et envoie un message à Matt.

Alyssa : Ça y est, je suis enfin sortie.

Je regarde le message partir et reste quelques instants à fixer l'écran ; puis, après réflexion, j'appuie longuement sur la bulle bleue pour copier le message. Je bascule ensuite dans la conversation avec Jamie et colle les mêmes mots.

Mes parents s'installent dans la voiture, bouclent leurs ceintures et après avoir remercié et salué le Dr Lorsson, démarrent. Je regarde s'éloigner doucement la masse de béton de l'hôpital, jusqu'à ce qu'elle disparaisse derrière l'horizon. Je laisse échapper un long soupir de soulagement : une page se tourne.

– Nous sommes si heureux que tu rentres enfin à la maison, me dit mon père en me jetant un coup d'œil par-dessus son épaule.

– Oui, la maison était si vide sans toi. Tu nous as beaucoup manqué, poursuit ma mère.

– Vous m'avez manqué aussi.

Ma sincérité me surprend moi-même. Avec l'hospitalisation, je me suis rendu compte que je n'étais pas si mal que cela, à la maison. Dans ce chez-moi que je considérais comme une forteresse dorée, dépourvue d'âme, froide, austère pour la simple raison que mes parents n'y étaient que des ombres fugaces. Mais j'ai réalisé que ma réflexion était égoïste ; après tout, malgré leur travail très prenant, mes parents sont venus me voir tous les jours. Même si c'était en coup de vent, même si j'aurais eu besoin de plus, ils sont venus. Ils m'ont prouvé leur amour, et je suis réellement heureuse de revenir vivre près d'eux. Mon regard vagabonde par la fenêtre. La neige a presque complètement disparu.

Matt : Enfin ! Je commençais à en avoir marre de venir te voir à l'hôpital. C'est pas très romantique comme endroit.

Alyssa : Romantique ? Ne t'emporte pas, Cassel.

Matt : C'est une façon de parler, tu as compris ce que je voulais dire.

Alyssa : Non, pas vraiment.

Matt : Eh bien je veux dire par là qu'on va pouvoir discuter dans des lieux un peu plus chaleureux, maintenant.

Alyssa : Oui, enfin, je dois faire en sorte de ne pas trop bouger pendant les prochaines semaines.

Matt : Je ne te parle pas d'aller faire un Accrobranche ! Je pensais plutôt à aller boire un café, par exemple.

Un sourire se dessine sur mon visage. Matt est venu me voir une dernière fois avant-hier. J'aime passer du temps avec lui. Il a achevé de me démontrer qu'il n'était pas celui que je pensais. Par exemple, il m'a dit qu'il lisait beaucoup de classiques avant de se dédier corps et âme à la natation ; qu'il voulait voyager toute sa vie durant, s'imprégner de cultures différentes. En cela, je me sens proche de lui. Je me reconnais dans ses aspirations, j'ai l'impression d'avoir découvert une tout autre personne… et ce qui me trouble surtout, c'est que l'image de Jamie tend à disparaître. Depuis qu'il s'est réveillé, je pense beaucoup moins à lui. Cela avait commencé un peu avant, à vrai dire, même si je ne voulais pas me l'avouer. Mon espoir s'était tellement étiolé, j'étais tellement malheureuse que je l'avais déjà inconsciemment enterré. Par ailleurs, Jamie ne semble pas beaucoup penser à moi, lui non plus. Il répond peu à mes messages, ou alors, il prend un temps fou à le faire. Je sais qu'il doit passer le plus clair de ses journées à dormir, ou bien entre les mains des médecins, à endurer une multitude d'examens. Mais malgré cela, je sens une distance s'installer entre nous.

Aujourd'hui, plus rien n'est pareil. J'ai l'impression d'avoir basculé dans un monde parallèle depuis l'accident. Même cette ville qui a bercé mon enfance, je crois la redécouvrir. Évidemment, je reconnais les rues, les maisons, et même certains passants que je croise souvent, mais je ne sais pas… une atmosphère différente flotte dans l'air. La vie a continué sans moi pendant un mois, elle ne m'a pas attendue. J'ai l'impression d'avoir atterri dans un lieu d'apparence familier, mais que je ne connais pas vraiment. Parce que oui, aujourd'hui, un fossé s'est creusé entre Jamie et moi, et j'ai rejoint l'île déserte sur laquelle était exilé Matt. Mélancolique, je colle ma tête contre la vitre et regarde les bâtiments et les arbres défiler par la fenêtre. Le ciel est gris ce matin, plein de nuages annonciateurs d'un après-midi pluvieux.

Le grand portail de notre maison apparaît enfin. Je suis heureuse de voir se déployer notre grand jardin libéré de son manteau de neige, comme un espoir de printemps. Un cocktail d'apaisement et de chaleur m'enivre tandis que la voiture se gare dans l'allée en gravier. Mon père va chercher ma béquille dans le coffre et m'aide à sortir de la voiture. Ma mère prend ma valise et nous avançons tous les trois jusqu'à la porte d'entrée. L'odeur familière du feu de bois m'envahit lorsque je franchis le seuil.

– Allons déposer tes affaires dans ta chambre, me dit ma mère.

Mon père m'aide à monter les escaliers, ce qui, en dépit de mes progrès, se révèle être une véritable épreuve pour moi. Ma mère chasse l'obscurité de ma chambre en ouvrant volets et fenêtres afin de faire entrer le jour et le grand air.

– J'ai déjà aéré ce matin avant d'aller à l'hôpital, mais je trouve que l'odeur de renfermé persiste, me signale ma mère.

Il est clair que la pièce n'a pas dû être souvent ouverte durant mon séjour à l'hôpital. Si elle n'avait pas été rangée pendant mon absence, le lit fait, ma chaise libérée de son tas de vêtements, je pourrais croire que rien n'a bougé depuis l'accident. La seule chose qui me saute aux yeux est l'immense bouquet de roses odorantes qui trône fièrement sur mon bureau. Je fronce les sourcils et m'approche du vase en boitillant.

– Merci pour les fleurs, dis-je à mes parents en me penchant prudemment pour m'imprégner de leur parfum.

– Oh, ce n'est pas nous qui te les avons offertes, intervient mon père. Mais nous avons nous aussi pensé à un cadeau de bienvenue.

– Tout à fait, renchérit ma mère. Nous avons passé la soirée d'hier aux fourneaux pour te préparer ton plat favori : un bœuf bourguignon.

– Oh, merci.

Leur tendresse rend mon cœur tout mou. Je les regarde avec les grands yeux d'un enfant qui vient de découvrir un par un ses cadeaux au pied du sapin le 25 décembre.

– On s'est dit qu'après un mois à manger les plats de l'hôpital, ça te ferait le plus grand bien, continue ma mère.

– Vous ne pouviez pas me faire plus plaisir, vraiment, les remercié-je. Mais du coup, d'où viennent ces fleurs ?

– Aucune idée. Un admirateur ? Elles ont été livrées ce matin par coursier, nous les avons mises dans l'eau.

– Ah oui ?

Dans l'enchevêtrement de feuilles, je découvre une petite carte habilement dissimulée. Je la sors précautionneusement du labyrinthe de tiges pour pouvoir la lire : « À ton retour à la maison. Tu es très courageuse, ne l'oublie jamais. Bon rétablissement, Femme des Neiges. M. »

« Femme des Neiges. » D'où sort ce nouveau surnom ? Matt ne manque pas d'imagination, apparemment. J'arrache la petite lanière qui retient le mot prisonnier, le relis comme pour m'assurer que mon esprit ne me joue pas des tours.

– J'aimerais bien être un peu seule, ça fait longtemps que je n'ai pas été ici.

– Bien sûr, ma chérie, c'est normal, s'empresse de répondre ma mère. Nous allons ranger tes affaires dans le dressing.

– Tu veux que nous te fassions couler un bain ?

Je me retourne vers mes parents et les dévisage. Ils sont si attentifs, maladroits, empressés, pleins de bonnes intentions. Je suis bouleversée d'avoir été si dure avec eux ces dernières années. Je prends soudain conscience de tout l'amour qu'ils me portent et qui s'exprime maintenant à travers leurs attentions et leurs gestes.

– Ça va pour l'instant ; c'est gentil, merci. Je veux juste me reposer et reprendre mes marques.

Mon père passe son bras par-dessus les épaules de ma mère et embrasse sa tempe. Elle hoche la tête en me rendant mon sourire. Dans leurs regards attendris, je vois à quel point cette période a été une réelle épreuve pour eux aussi. Mais leurs traits se sont rassérénés, et c'est un soulagement pour moi. Sans ajouter un mot, ils quittent ma chambre, emportant ma valise vide avec eux. La porte se referme, me laissant enfin seule dans mon petit cocon. Mon regard s'attarde longuement sur les photos de Jamie et moi qui décorent une bonne partie du mur au-dessus de mon lit. Nos sourires ne manquent sur aucune d'elles. Elles me renvoient à tant de bons moments que nous avons partagés, pourquoi me paraissent-ils si loin, inatteignables ? Je laisse tomber la béquille sur le parquet et je m'installe précautionneusement sur mon lit.

J'attrape mon téléphone et contemple la fissure que lui a laissée l'accident : elle dessine sur la photo de mon fond d'écran une séparation entre Jamie et moi qui m'emplit d'amertume.

Alyssa : « Femme des Neiges » ? Qu'est-ce que ça signifie ?
Matt : Tu as bien reçu les fleurs, alors. Elles te plaisent ?
Alyssa : Oui, elles sont très belles.
Matt : J'y connais rien donc j'ai pris des roses, je me suis dit que je ne pouvais pas me tromper.
Alyssa : Elles sont parfaites, ne t'inquiète pas. C'est très gentil de ta part. Mais ce n'était pas la peine.
Matt : Ce n'est rien. Je voulais marquer le coup pour ta sortie. Et comme je savais que je ne pourrais pas venir te voir ce soir, je voulais que tu saches que je pense quand même à toi.

Mes joues s'échauffent. Je réajuste les oreillers derrière moi et m'installe, prête à m'endormir. Le doux bruit de la pluie me berce ; quelques gouttes s'échouent sur la fenêtre qui donne sur mon si précieux balcon. L'eau s'infiltre par l'ouverture laissée entre les battants, mais je n'arrive pas à me lancer dans l'épreuve de me relever pour aller la fermer. Je commence à somnoler quand la sonnerie de mon portable me réveille brusquement.

Matt : Alors comme ça, tu n'as pas compris mon « Femme des Neiges » ?
Alyssa : J'aurais dû ?
Matt : Je testais ta mémoire, à vrai dire.
Alyssa : Tu m'as déjà appelée comme ça ?
Matt : Non, mais c'était en référence à une conversation que nous avons eue il y a quelques semaines, au

début de ton séjour à l'hôpital. La première fois que nous sommes sortis et que nous nous sommes fait choper par ton médecin.

Alyssa : La conversation sur la neige ?

Matt : Oui.

Alyssa : Et alors ?

Matt : Tu ne te souviens pas de ce que j'avais dit, apparemment. Que la neige était belle, si fatale, si dangereuse. Tu es comme la neige.

Alyssa : En quoi suis-je fatale et dangereuse ?

Matt : Tu n'as pas besoin de tout savoir.

Alyssa : Alors tu me laisses dans le mystère ?

Matt : Pour l'instant oui, car je sais que tu peux comprendre toute seule.

Alyssa : Je n'ai pas envie d'y réfléchir maintenant. Je vais dormir un peu, ça fait trop longtemps que je n'ai pas vu de lit digne de ce nom.

Matt : Repose-toi bien, Femmes des Neiges. Donne-moi vite de tes nouvelles.

Alyssa : Je n'y manquerai pas.

– 21 –

Je suis réveillée par le tintement de mon téléphone. J'émerge difficilement, battant à plusieurs reprises des paupières, comme pour les libérer d'une colle qui les maintiendrait closes. Dehors, la nuit est tombée. Un coup d'œil en direction de mon radio-réveil m'indique qu'il est 21 h 46 : j'ai dormi toute la journée. Mes parents ne m'ont pas réveillée, mais la fenêtre a été fermée, signe qu'ils sont venus voir comment j'allais. La pluie continue de tomber follement dehors, et le tonnerre gronde à présent. Je soupire, frustrée d'avoir été réveillée, mais surtout parce que je sais que je ne vais pas pouvoir échapper à une nuit blanche. À tâtons, je retrouve mon téléphone, caché sous l'un de mes oreillers.

Lui : J'ai passé un nombre fou d'examens ces derniers jours, excuse-moi de ne pas avoir été très bavard.

Alyssa : Comment sont les résultats ?

Lui : Pas excellents. Il va falloir que je sois patient. Je ne sais pas encore exactement ce qui m'attend, ils ont beau vouloir m'expliquer, je ne comprends rien à leur charabia médical.

Alyssa : Et au niveau des visites, tu as du nouveau ? Tu sais quand je pourrai venir te voir ?

Lui : Je ne sais pas.

Alyssa : Attends, tu n'as pas demandé ?

Lui : Si, si. Mais je n'ai eu que des réponses évasives. Pour l'instant, ce n'est pas possible. Même mes parents ne peuvent pas venir souvent. Les médecins disent qu'il me faut énormément de repos.

Alyssa : Moi aussi j'avais besoin de beaucoup de repos, et pourtant les médecins me laissaient avoir de la visite.

Lui : Je n'arrive pas à comprendre non plus, et ça m'énerve beaucoup que tu ne puisses pas venir. Tu me manques tellement.

Alyssa : Je ne comprends pas pourquoi tu n'essaies pas d'insister un peu plus auprès des médecins. Ils ne peuvent pas t'empêcher de voir ta copine, quand même. Ça fait déjà plus d'un mois que j'attends.

Lui : Mais ne pense pas que je n'ai pas insisté ! J'en ai parlé à tous les infirmiers que j'ai croisés, à tous les médecins. Les infirmiers me disent d'en parler aux médecins, et les médecins me répondent systématiquement que seule ma famille peut venir pour l'instant.

Alyssa : Tu n'as qu'à leur dire que je suis de ta famille ! Il faut trouver une solution pour que je puisse venir. Il y a des choses dont j'ai besoin de te parler, et je ne peux plus attendre.

Mes doigts fiévreux ont écrit ces mots tout seuls, et sans réfléchir, j'appuie sur *envoyer*. Comme sortie de ma transe, pratiquement à bout de souffle, je relis ce que je viens d'écrire. Merde… C'est sûrement trop tôt pour lui parler de tout ça. Il est extrêmement faible, et la seule chose dont il a besoin actuellement, c'est de soutien. Mais je suffoque. J'ai besoin de mettre les choses au clair. Chaque seconde qui passe, je me sens écartée de lui, comme si nous étions deux astres inexorablement happés par deux trous noirs distincts et opposés. Son image se trouble, mes sentiments se confondent, deviennent incertains.

Lui : De quoi veux-tu me parler ?

Alyssa : Oublie ce que je viens de te dire. Je t'en parlerai quand je te verrai.

Lui : Pourquoi ça ? Tu m'inquiètes, Aly. De quoi veux-tu me parler ?

Alyssa : N'insiste pas, s'il te plaît. C'est déjà suffisamment difficile à gérer pour moi.

Lui : Tu ne peux pas me laisser dans le flou comme ça. Maintenant que tu as commencé à en parler, tu dois poursuivre. Sinon, je vais psychoter. Et je n'ai pas besoin de ça, crois-moi.

Alyssa : Par message, ce n'est vraiment pas idéal. J'ai besoin de t'avoir devant moi.

Lui : Mais on ne peut pas se voir pour l'instant, tu le sais bien ! Et on ne sait pas quand la situation changera.

Alyssa : Eh bien, je m'en contrefous ! Je vais venir, que ça leur plaise ou non.

Lui : Ne fais pas ça.

Alyssa : Pardon ?

Lui : Tu ne peux pas venir pour l'instant et c'est sûrement mieux comme ça. Je dois me reposer.

Alyssa : Tu te moques de moi ? Mais qu'est-ce qui ne va pas chez toi, à la fin ? Je ne te reconnais pas, Jamie ! Cet accident a détruit ton cerveau ou quoi ?

Lui : Calme-toi, tu es injuste.

Alyssa : Ne me dis pas ce que je suis censée faire. Depuis ton réveil, tu me calcules à peine. Je veux bien admettre que tu sois occupé, que tu passes beaucoup de temps à te reposer, mais j'ai besoin de te voir, de savoir que tu vas bien. Tu as vu que j'ai essayé de te joindre à plusieurs reprises hier, pourquoi ne m'as-tu pas rappelée ?

Lui : Tu ne te rends pas compte de mon état. T'envoyer des messages me demande un effort considérable. Je n'ai plus aucune force, je ne suis plus capable de rien. J'ai constamment mal au crâne. Et ce n'est pas une douleur que tu as déjà connue, crois-moi. Je pourrais me frapper le crâne contre un mur pour évacuer la douleur. T'appeler, ce n'est pas possible. Je parle à deux à l'heure, j'ai dû mal à suivre une conversation et j'ai tout sauf envie d'être exécrable avec toi, simplement parce que j'ai mal. Si je n'ai pas répondu, c'est précisément parce que je ne voulais pas que tu penses que l'accident m'avait changé. Je ne serais pas moi-même, j'en suis certain.

Alyssa : C'est bien ça mon problème, c'est que j'ai l'impression que tu n'es pas toi-même. J'ai du mal à te reconnaître.

Lui : Et c'est parfaitement logique ! Je ne suis pas dans mon état normal, j'ai frôlé la mort, je souffre le martyre, toi-même tu as passé un mois à l'hôpital, tu peux comprendre ça, non ?

Alyssa : Tu as raison. Excuse-moi, je t'en prie. Mais je deviens folle. Je sais que la situation est insupportable actuellement, et mon inquiétude me rend irritable. Je ne sais plus où j'en suis. J'ai besoin de mettre certaines choses au clair avec toi.

Lui : Alors vas-y, mets-les.

Alyssa : Matt est venu me voir à l'hôpital et m'a beaucoup soutenue… et… il m'a dit des choses sur toi.

Lui : Matt ? Évidemment… il n'a pas pu s'empêcher de profiter de mon état… Et il est venu souvent ?

Alyssa : Régulièrement, disons. Il était là quand j'en avais besoin.

Lui : Je vois… Matt le chevalier servant… Tu t'entends bien avec lui ?

Alyssa : Il a été très gentil avec moi.
Lui : Oh…

Mes mains se sont mises à trembler au cours de notre échange. Mon corps est en fusion, je le sens prêt à exploser, une fois de plus. Une boule douloureuse se forme dans ma gorge. Je n'arrive pas à me canaliser, j'ai besoin de tout extérioriser. Vite. Alors, dans un rythme erratique, j'écris ces quelques mots, qui, je le sais, vont tout bouleverser.

Alyssa : Il m'a parlé de Victoria.

Ma respiration est haletante. Mes yeux écarquillés me brûlent à force de rester rivés à l'écran de mon téléphone.

Le tonnerre gronde et bientôt, un éclair vient fendre le ciel en deux d'un trait électrique. Comment Jamie va-t-il réagir ? Va-t-il s'énerver, se confondre en excuses, ou bien essayer de se justifier ? Avant le soir de l'accident, je ne m'étais jamais réellement disputée avec Jamie. C'était la première fois. Et le visage qu'il m'a dévoilé ce soir-là m'a laissé un froid au cœur. Comment oublier sa froideur, ses traits fermés ? Alors face à la bombe que je viens de lui lâcher, dans son état de vulnérabilité, je ne sais pas du tout comment il va réagir.

L'écran de mon téléphone s'est éteint. Il ne répond pas. Jusqu'ici, il répondait quasi instantanément. Il ne peut pas me laisser comme ça.

Alyssa : Matt m'a expliqué toute l'histoire, Jamie. Comment as-tu pu faire ça ?

Lui : C'était une erreur de jeunesse, cela ne te concerne pas, pourquoi me parles-tu de ça ?

Alyssa : Quoi ? À tes yeux, il faudrait que je ne dise rien ? Que j'oublie cette histoire et que je fasse comme si de rien n'était alors même que mon copain s'est comporté comme le dernier des connards ?

Lui : Je te l'ai dit : ça ne te concerne pas, Alyssa.

Alyssa : Si, ça me concerne. Ça me concerne, car tu m'as menti. Sur toi, sur Matt. Tu t'es fait passer pour un saint. Tu me mens depuis un an, tu savais que je ne supportais pas le mensonge. Comment as-tu pu me faire ça ?

Lui : Arrête de tout ramener à toi Alyssa et il y a bien plus grave que cette histoire, crois-moi. Je ne t'ai pas menti, je ne t'ai juste rien dit.

Alyssa : Ne joue pas avec les mots. Pas cette fois, c'est trop grave. Tu me l'as caché, alors que je t'ai posé des questions sur ta première histoire d'amour. Tu avais l'occasion de m'en parler. Tu m'as rejetée.

Lui : Et pourquoi j'aurais accepté de te parler de tout ça ? En quoi ça te regarde ? Mon passé n'appartient qu'à moi. Je ne peux pas le changer et je n'ai pas à te rendre de comptes sur ce qui est arrivé avant que je te connaisse.

Alyssa : Je ne veux pas d'un menteur, Jamie. Je ne veux pas de quelqu'un capable de briser un couple sans aucun scrupule.

Lui : C'est ce qu'il t'a dit bien sûr ? Ça n'allait plus entre eux, de toute manière.

Alyssa : C'est ça ta défense ? Tu ne respectes rien ni personne. La copine de ton frère, sérieusement ? Et pour ta gouverne, ce n'est pas l'impression que j'ai eue lorsque Matt m'a montré le fil de ses messages.

Lui : Matt, Matt, Matt ! Arrête de parler de lui à la fin. En aucun cas il n'avait le droit de te parler de ça ! Tu ne vois pas qu'il est prêt à tout pour te récupérer ?!

Alyssa : Je ne te reconnais pas. Je pensais te connaître, je pensais tout savoir de toi. Je réalise que je ne sais même pas qui tu es.

Lui : Tout le monde a sa part d'ombre.

Alyssa : Donc tu ne vas pas essayer de te défendre ?

Lui : Non. Je n'ai pas à me justifier, encore moins à me défendre. Ça s'est passé il y a des années. Tu ne peux pas m'en vouloir pour quelque chose que j'ai fait il y a longtemps. Accessoirement j'ai frôlé la mort et tout ça me paraît à des années-lumière.

Alyssa : Pendant tous ces mois, tu as rabaissé ton frère, tu l'as fait passer pour une ordure qui t'aurait gâché la vie. Mais tu avais omis de me dire pourquoi il s'acharnait sur toi. Et moi, comme une conne, je t'ai cru ! Tu me dégoûtes !

Lui : Écoute Alyssa, je suis fatigué. Je n'ai pas envie de discuter de tout ça maintenant. Ni même plus tard, en réalité. Soit tu arrives à le comprendre, soit…

Je n'arrive pas à croire que nous en soyons là… Ma vue se trouble, je suffoque.

Alyssa : Soit quoi ? Tu es sérieux ? Tout ce qu'on a vécu, tu le remets en cause aussi facilement ?

Lui : Je dois me concentrer sur mon rétablissement à l'heure qu'il est. Je pense qu'il vaudrait mieux que tu me laisses tranquille pour un temps.

Mon cœur bat à tout rompre. Les larmes coulent sur mes joues sans discontinuer. Je n'arrive pas à réaliser ce que je viens de lire. Tous ces messages me paraissent irréels, à dix mille lieues du Jamie que je connais. Le soir de l'accident, j'avais eu un avant-goût de ce comportement, mais je n'aurais jamais soupçonné qu'il pouvait se montrer aussi hostile. J'ai envie de hurler, j'ai l'impression qu'il vient de m'arracher une partie de moi. Mais je ne peux pas le retenir. Je ne veux pas. Je ne peux pas supporter l'idée du mensonge, l'idée qu'il minimise à ce point ses actes.

Alyssa : Très bien. Au revoir, Jamie.

– 22 –

Je suis restée enfermée dans ma chambre les deux jours suivants, sans pouvoir ni manger ni bouger. Je me suis enroulée dans ma couette et suis restée immobile, comme on resterait enfermé dans un sarcophage. J'ai regardé la pluie tomber et les nuages passer par la fenêtre, en repensant encore et encore aux derniers messages que Jamie et moi nous sommes envoyés. Il n'a pas essayé de me recontacter. J'étais pourtant persuadée qu'il le ferait. Je me disais que, tôt ou tard, il se rendrait compte de ce qu'il avait fait. Que, tôt ou tard, il éprouverait du remords. Qu'il ressentirait le manque. Mais non. Jamie s'est terré dans un silence de plomb, comme si notre histoire n'avait jamais existé, comme si notre relation n'avait eu aucune importance dans sa vie. Depuis deux jours, je suis dans un état second, entre sommeil et réalité. Le manque de nourriture me fait tourner la tête. J'ai à peine la force de me redresser de temps en temps pour attraper ma bouteille d'eau. Mes parents ont immédiatement remarqué ma baisse de moral et ils sont très inquiets. Ils s'occupent de moi comme ils le peuvent, m'incitant à boire et à manger, mais dès que j'essaie d'avaler quelque chose, je suis prise de nausées. Un rien me semble un obstacle à franchir.

Soudain, une pluie de gravillons ricoche sur ma fenêtre. Au départ, je crois que j'hallucine, mais quelques secondes après, une nouvelle nuée grise s'abat sur les carreaux, avec de petits bruits aigus. Je me redresse difficilement, sortant de mon cocon réconfortant. J'attrape ma béquille et sors sur mon balcon. Le vent fait virevolter mes cheveux qui m'aveuglent quelques secondes.

– Psstt ! Je suis là !

À travers le rideau que forment mes mèches en désordre, mes yeux rencontrent ceux de Matt, en contrebas, dans le jardin. Il me regarde, son visage illuminé par un sourire franc.

– Qu'est-ce que tu fais là ?

– Je suis venu te rendre visite.

– Tu aurais pu me prévenir, quand même ! Comment as-tu fait pour entrer ?

– Tes parents ne ferment pas le portillon à clé, j'ai pris ça pour une invitation.

– Comment as-tu su où était ma fenêtre ?

– Il y a des voilages roses, ça ne pouvait être que ta chambre. Je ne savais pas que tu avais des goûts si « girly ».

– Le rose n'est pas forcément une couleur féminine !

– C'est vrai que toi, tu n'es pas très féminine. C'est quoi ces fringues ?

Je passe en revue ma tenue, et en effet, elle ne fait pas rêver : jogging à bout de souffle et débardeur informe. Mes cheveux sont rassemblés dans un souvenir de queue-de-cheval qui date de vingt-quatre heures, et j'ai sûrement les yeux encore rougis par les larmes.

– Allez, habille-toi et viens me rejoindre ! s'écrie Matt.

– Pour quoi faire ?

– On sort. C'est un jour spécial aujourd'hui.

– Spécial ?

– Tu ne sais pas ? Aly, mais dans quel monde vis-tu ? Je crois que tu as besoin de prendre l'air et de revenir à la réalité. C'est la Saint-Valentin. Je n'allais quand même pas te laisser seule un jour comme celui-ci.

La Saint-Valentin, ça m'était complètement sorti de la tête. L'hospitalisation m'a fait perdre la notion du temps, et comme je n'ai quitté ma chambre que pour aller aux séances de rééducation, je suis toujours aussi désorientée.

– Je ne suis pas d'humeur à sortir.

– Tu rigoles ou quoi ? Quand tu étais à l'hôpital, tu rêvais de te retrouver dehors et maintenant que tu le peux, tu joues à l'ermite. Je ne peux pas accepter ça. Allez, enfile quelque chose de joli et viens me rejoindre. Je t'emmène.

– Où ça ?

– Arrête avec tes questions, c'est une surprise.

Matt continue de m'observer, la tête prête à se détacher du cou, les pieds comme ancrés dans la pelouse de mon jardin. Je soupire, comprenant qu'il ne lâchera pas l'affaire et qu'il campera ici jusqu'à ce que je cède.

– Bon, d'accord, j'arrive. Laisse-moi quelques minutes pour me préparer.

– Très bien, madame. Ma voiture est garée juste devant chez vous. Je vous attends dedans, ça caille.

– D'accord, à tout de suite.

Je retourne dans ma chambre et me dégote une tenue dans mon dressing. Un pantalon noir, un chemisier blanc, ça fera l'affaire. Le plus gros du travail, c'est clairement mon visage et mes cheveux. Je me rue dans la salle de bains pour essayer de m'arranger comme je peux. Pendant au moins trois minutes, je me bats avec l'élastique coincé dans ma crinière, mais finalement c'est moi qui gagne, arrachant une poignée de cheveux au passage. Ensuite, je vide une dose de sérum physiologique dans mes yeux, espérant naïvement que cela aidera à leur rendre une couleur normale. J'applique rapidement du mascara et pince mes pommettes pour me donner des couleurs. Mais, malgré mes efforts, j'ai une mine horrible. Mon miroir me renvoie l'image d'une déterrée aux allures de folle. J'empoigne ma brosse et énergiquement fais en sorte de faire disparaître l'aspect hirsute de ma coiffure. Après une lutte qui me paraît plus longue que l'éternité, je m'avoue vaincue et vais rejoindre Matt dans sa voiture, non sans avoir envoyé un SMS à mes parents pour leur dire que je sortais.

– C'est bon ? L'infirme est prête ? me demande Matt en m'aidant à faire passer ma béquille sur la banquette arrière.

– Arrête de te moquer, lui dis-je en lui donnant une bourrade dans l'épaule.

Il ricane en secouant la tête, puis m'observe quelques instants avant de déclarer, convaincu :

– Tu es mieux comme ça ! Je savais que tu ferais un effort pour moi.

– Ne prends pas tes rêves pour la réalité, Cassel.

– J'aurai essayé, dit-il en haussant les épaules. Allez, assez bavardé. Boucle ta ceinture, Aly.

Je m'exécute. Et pour une raison étrange, au lieu de me sentir davantage en sécurité dans cette cage de Faraday, je m'y sens soudain prisonnière. Me retrouver dans une voiture m'emplit d'un mal-être immense. Quand je suis rentrée de l'hôpital, j'étais tellement ailleurs que cette sensation ne m'avait pas traversée. Mais à présent, je ne peux m'empêcher de repenser à l'accident, tétanisée à l'idée que cela se reproduise. Je ferme les paupières de toutes mes forces, pour essayer de chasser ces horribles images de ma tête, et lance d'un ton péremptoire à Matt :

– Allez, dépêche-toi de nous emmener dans cet endroit. J'étouffe dans cette voiture.

*
* *

Au bout d'une vingtaine de minutes, nous arrivons devant un majestueux bâtiment blanc tout en pierre.

Sur la droite, une grande véranda laisse deviner des gens attablés autour d'un repas, dans une ambiance détendue. Des lampions et des guirlandes ornent les quatre coins de la pièce aux murs de verre. Devant le parking quasi plein, Matt se gare sur une place handicapée à ma plus grande stupeur.

– On n'a pas le droit, lui dis-je.

– Il y a deux autres places handicapées inoccupées, ça ira. Et puis, tu es encore un peu invalide, je te rappelle. Cela t'évitera de trop marcher.

Il marque un point, je suis bien forcée d'admettre qu'il n'a pas tort.

– Arrête tes bêtises et dépêche-toi de me passer ma béquille.

– À vos ordres, madame.

Il m'aide à sortir de la voiture et nous entrons dans le bâtiment où nous sommes accueillis par un cinquantenaire en costume à l'air empesé.

– Madame, monsieur, bonsoir. Avez-vous réservé ?

– Bonsoir. Oui, au nom de Cassel, répond Matt d'un ton assuré.

L'homme jette un œil sur sa liste et, après avoir trouvé le nom, nous demande de le suivre. Matt pose sa main sur le haut de mon dos pour m'inciter à avancer. Nous arrivons dans la véranda aux allures féeriques. La musique douce, les clients, très majoritairement des couples, me rappellent que nous sommes bien le jour des amoureux. De notre table dressée tout au fond de la véranda, nous avons une vue imprenable sur un grand lac que le lieu imposant ne laissait pourtant pas soupçonner. Le maître d'hôtel m'avance ma chaise et, d'un geste courtois, m'invite à m'asseoir.

– Merci, murmuré-je, quelque peu impressionnée de me retrouver dans un tel endroit.

Matt prend place face à moi pendant que l'on nous tend la carte. Il ne peut s'empêcher de me dévisager en arborant son éternel sourire satisfait.

– Ça te plaît ? demande-t-il.

– Évidemment, mais tu es fou ! C'est beaucoup trop.

Je regarde tout autour de moi. J'en ai le souffle coupé. J'ai l'impression de faire tache dans un endroit si élégant. Toutes les femmes sont radieuses, un sourire illumine leur visage amoureux. Elles sont tirées à quatre épingles, alors que de mon côté, j'ai enfilé les premiers vêtements qui me sont tombés sous la main.

– Pour tout avouer, j'ai eu cinquante pour cent de réduction sur le repas grâce à un site de ventes de dernière minute.

Ces mots, Matt les chuchote, cachant sa bouche de manière à être sûr que je sois la seule à entendre cette information. Un rire franc s'échappe de mes lèvres.

– Tu me rassures, ça doit coûter la peau des fesses un restaurant comme ça !

– Ce n'est pas donné, en effet, me confirme Matt. Mais bon, quand on a frôlé la mort, on a bien le droit de se faire un peu plaisir.

« Frôler la mort. » Cette expression me rappelle un des messages que m'a envoyés Jamie il y a quelques jours. Mon sourire s'efface et je cache mon visage derrière la carte, faisant mine de choisir mon plat. Apparemment, je n'ai pas été assez rapide puisque, de son index, Matt abaisse ma carte.

– Tout va bien ?

– Oui, oui… Ma voix s'étouffe, une boule se forme dans ma gorge.

– Tu es sûre ?

Je me mords la lèvre inférieure, essayant de contenir la vague asphyxiante de déception et de tristesse qui me submerge subitement.

– C'est par rapport à Jamie ? devine Matt.

– Oui. On s'est disputés, et je n'ai plus de nouvelles de lui depuis.

– Je vois… Je dois t'avouer qu'il me semble différent depuis qu'il s'est réveillé. Mes parents ont beaucoup insisté et j'ai fini par aller lui rendre visite il y a trois jours. Il m'a semblé très irritable. Je veux dire, plus que d'ordinaire. Je n'ai pas vraiment essayé de discuter avec lui ; déjà parce que je n'en avais pas envie, et aussi parce qu'il m'a envoyé bouler au bout de deux phrases. Ça m'a un peu refroidi.

– Donc toi aussi tu sens qu'il a changé ?

Matt acquiesce, mais n'a pas le temps d'ajouter un mot ; déjà une serveuse arrive à notre table pour prendre notre commande. Je jette un coup d'œil à la carte que nous n'avons pas encore consultée, prête à choisir un plat au hasard. Mais Matt, d'un calme olympien, me devance.

– Tout a l'air délicieux, nous ne sommes pas parvenus à nous décider. Donc nous allons tous les deux prendre le plat incontournable de votre restaurant. Lequel est-ce ?

– Le plat signature de la maison est le magret de canard sauce au poivre avec son trio d'accompagnements, récite la jeune femme.

– Parfait. Rosée, la cuisson ?

Matt m'interroge du regard en tendant les deux cartes à la serveuse. Je me contente de hocher la tête, à la fois un peu décontenancée et impressionnée par son assurance.

– Très bien. Et nous prendrons également deux verres de vin rouge.

– En fait, moi, je prendrai de l'eau gazeuse, dis-je, catégorique. Je ne peux pas boire d'alcool alors que je prends des médicaments.

– Tu as raison. Un verre de vin et une eau gazeuse, alors.

– Très bien, monsieur.

Après avoir lancé un sourire appuyé à Matt, la serveuse tourne les talons et quitte la véranda.

– Je crois que je lui ai tapé dans l'œil, affirme Matt en réajustant sa chemise d'un air faraud.

– Je me suis fait la même réflexion.

– Elle n'a pas été très discrète en même temps… Mais revenons à nous, enfin à Jamie. Pour répondre à ta question, oui, je l'ai trouvé différent. En fait, son air froid, détaché de tout, m'a rappelé la période où il a tout foutu en l'air avec Victoria. Je sais que la situation n'a rien à voir, mais je n'ai pas pu m'empêcher d'y penser.

– J'ai essayé de me mettre à sa place, pourtant. Je me doute que sa sortie de coma est éprouvante, mais je n'arrive pas à comprendre qu'il puisse être aussi froid. Il est censé m'aimer. Je sais que je ne suis pas très tendre avec lui, moi non plus, mais c'est parce que je n'arrive pas à mettre ma colère de côté.

– C'est compréhensible.

– Pour être honnête, j'ai eu l'impression de m'adresser à un inconnu.

– C'est peut-être ce qu'il a toujours été.

On nous apporte nos verres. Je m'empresse de boire une gorgée du mien.

– Tu lui as parlé de l'histoire avec Victoria ? interroge Matt.

– Oui, et c'est d'ailleurs à partir de là qu'il a pété les plombs.

– Pas étonnant en même temps. Cette histoire n'est vraiment pas très glorieuse pour lui.

Je porte mon verre à mes lèvres, pour détourner mon attention de cette conversation, mais Matt pose une main sur la mienne pour que je le repose.

– Doucement, Aly. Tu vas t'étouffer.

– J'aurais dû prendre un verre de vin, finalement. Ça m'aurait aidé à oublier.

– L'oubli n'est jamais une solution. Il faut faire en sorte d'accepter les échecs pour rebondir.

– Je sais ça. Garde ta réflexion stoïcienne pour toi. Vu la situation, j'ai le droit d'être perdue.

La main de Matt communique sa chaleur à la mienne, qu'il emprisonne contre la table. Ses émeraudes me fixent si intensément que je l'entends pratiquement me susurrer à l'oreille : « Crois-moi. »

– Au fait, Aly, je voulais mettre quelque chose au clair avec toi.

– Quoi donc ? demandé-je, surprise.

– Depuis quelque temps, je suis obsédé par l'idée que tu puisses me prendre pour un connard, car je t'ai parlé de l'histoire avec Victoria. C'est vrai après tout… Tu pourrais te dire que je n'avais pas à te raconter ça, que ça ne te concerne pas, tout ça. Si tu pensais ça, tu n'aurais pas totalement tort, je dois l'avouer. Mais je ressentais le besoin viscéral de le faire. Ce besoin de restituer la vérité. Mon but n'était pas de te manipuler pour finalement parvenir à t'avoir. J'ai moi aussi fait des erreurs, et des choses peu louables. J'en ai conscience. Mais je ne pouvais pas non plus accepter de passer pour le seul méchant de l'histoire, alors que Jamie a été lui aussi très fautif. Si mon frère ne t'avait pas dépeint un portrait aussi peu glorieux de moi, je t'aurais épargnée. Mais il ne m'a pas fait de cadeau et donc je ne vois pas pourquoi j'aurais dû me taire. Ma démarche auprès de toi est sincère, je veux que tu en sois persuadée. Si je suis venue te voir à l'hôpital, c'était pour t'aider, avant tout. Pas pour enterrer Jamie six pieds sous terre et profiter de son absence pour me rapprocher de toi.

Pour preuve, j'ai respecté votre choix d'être ensemble en disparaissant pendant tous ces mois, alors que j'aurais pu d'emblée tout te balancer au sujet de Victoria.

– Pourquoi ne pas l'avoir fait ?

– Je n'avais pas envie d'évoquer le passé à ce moment-là. Je ne voulais pas m'abaisser à ce niveau pour avoir ta considération. Je me serais fait pitié d'en être arrivé là. Ce n'est pas mon genre de me battre pour avoir une fille, Alyssa. Et à l'époque, j'avais déjà beaucoup bataillé pour que tu n'écoutes pas ce que Jamie te disait sur moi.

– Dans ce cas, pourquoi as-tu fini par me parler de Victoria ?

– Quand je t'ai revue, je me suis rendu compte que j'étais réellement passé à côté de quelqu'un de bien. Quelqu'un que j'aurais voulu avoir la chance de connaître davantage. Mais Jamie ne m'en a pas laissé l'occasion. Alors j'ai voulu regagner cette chance perdue. Et étant donné tout le sucre que mon cher frère a cassé sur mon dos, je me suis dit que je n'avais pas d'autre choix que d'évoquer Victoria pour que tu comprennes mieux comment nous en étions arrivés là.

– Je vois…

– Alors, tu me considères toujours comme un connard ? demande Matt d'un ton ferme.

– Non, soupiré-je. De toute façon, il fallait bien que je connaisse la vérité. Celle te concernant, comme celle concernant Jamie.

Ma gorge se serre en prononçant le nom de mon Inconnu. Je suis, une fois de plus, rattrapée par la situation, incapable de me faire à l'idée que tout ait à ce point changé. Matt semble remarquer ma détresse soudaine puisqu'il annonce subitement :

– Allez viens, on va prendre l'air.

Sans me laisser le temps de rétorquer, il se lève et va récupérer ma béquille que le maître d'hôtel avait déposée dans le coin de la véranda le plus proche de nous. Quand Matt revient près de moi, je secoue la tête pour lui faire comprendre que je n'adhère pas à son idée.

– Notre commande va bientôt arriver, ça ne se fait pas de partir prendre l'air maintenant.

– On s'en fout de ce qui se fait ou pas, on fait comme on veut, allez, lève-toi !

Il ne me laisse pas le choix et glisse d'autorité, mais délicatement, son bras sous l'une de mes aisselles pour me soulever. L'attention constante qu'il me porte me déstabilise. Il est si prévenant depuis l'accident. Je suis donc contrainte de le suivre, flanquée d'une béquille inutile puisque je m'appuie sur lui. Sur notre trajet pour quitter la véranda, nous croisons la serveuse sous le charme de Matt, qui lui apprend que nous avons envie d'admirer le lac de plus près. Elle se contente de nous souhaiter une bonne promenade et nous conseille d'emprunter une petite porte qui donne directement sur le plan d'eau, pour nous éviter de devoir contourner le bâtiment. Matt la remercie et nous poursuivons notre chemin. Effectivement, nous débouchons directement sur le lac, entouré de hauts sapins verdoyants dont les sommets sont encore maculés d'une fine couche de neige. L'eau est calme, presque figée. La lumière de la lune qui s'y reflète confère à sa surface une fine paillette argentée. Le paysage dégage une telle quiétude que je me sens rassérénée en un éclair.

– Asseyons-nous, dit Matt en se posant sur les marches du perron.

Il m'aide à m'asseoir et passe son bras autour de mes épaules, me tenant tout contre lui. Son visage, tout proche du mien, me transmet une douce tiédeur. Je me raidis à cette proximité, mais au bout de quelques instants, mon corps se détend. Je me sens en sécurité, proche de lui. Je n'aurais jamais cru pouvoir dire ça, mais je me sens bien avec ce nouveau Matt. Si bien que même si j'ai encore du mal à me faire à sa douceur, je n'ai pas envie de le rejeter. Lorsque je suis proche de lui, je retrouve cette paix que m'apportait Jamie. J'ai l'impression d'être intouchable, hors de danger. Et tandis que j'observe son visage tout proche du mien, je jurerais l'espace d'un instant être dans les bras de Jamie. De si près, ils sont identiques, ils ont les mêmes traits. Leur différence de carrure n'est pas visible, et l'expression rassérénée de Matt confère à son visage la douceur caractéristique de celui de Jamie.

– Je sais que la situation est difficile à gérer pour toi en ce moment. Tu as du mal à garder la tête hors de l'eau. Mais je ne partirai pas. Je ne te laisserai pas affronter ça toute seule. Même si c'est ce que tu désires, je ne te lâcherai pas, tu m'entends ?

Son regard cherche le mien. Il veut s'assurer que j'ai bien compris ce que cela implique : lui et moi contre les épreuves. Une fois de plus, je me contente de hocher la tête, comme si j'étais devenue parfaitement incapable de dire un mot. Et en réalité, c'est le cas. Tout s'est tellement bousculé dans ma tête, mes idées se sont tant mélangées que je ne sais plus où j'en suis. Mais, à cet instant précis, Matt a réussi à ramener le calme en moi. Le boucan a cessé, plus un mot ne m'encombre, plus une pensée parasite n'interfère. Comme s'il avait su lire parfaitement en mon âme, comprendre ce dont j'avais besoin pour m'apaiser. De son regard doux, Matt caresse mon visage. Je pourrais me perdre toute la soirée dans la contemplation de ses traits qui m'inspirent autant de confiance que de bienveillance.

– Tu ne vas pas me lâcher ? répété-je.

– Ce n'est pas dans mes plans, non.

J'ai cruellement besoin de certitudes en ce moment. J'ai besoin d'être accompagnée, soutenue, portée presque. Mon sang bout dans mes veines, et je sens une dose d'adrénaline me submerger au moment où j'attrape le visage de Matt, l'encadrant de mes doigts. Ses pupilles se dilatent l'espace d'un instant, signe que ma fébrilité est partagée. Nos visages se rapprochent, nos fronts se soudent l'un à l'autre. Et la grande main de Matt se pose sur ma cuisse au moment où nos lèvres se rencontrent.

– 23 –

8 h 15. Dans un ciel zébré de rose et de mauve, les premiers rayons du soleil apparaissent. Je regarde ce doux spectacle, la tête collée contre la vitre du bus en repensant aux événements des deux dernières semaines. Depuis notre baiser, j'ai revu Matt deux fois, mais il n'y a pas eu d'autres rapprochements depuis. D'un accord tacite, nous avons retrouvé une certaine distance. Ça n'a rien à voir avec le fait de regretter, puisque précisément je ne regrette pas. Mais je veux avant tout clarifier la situation avec Jamie. C'est ce que j'ai d'ailleurs essayé de faire en le contactant à plusieurs reprises, mais ses messages sont toujours aussi glacials. Pourtant, je fais des efforts. Je prends mon mal en patience pour lui laisser le temps de se remettre de sa sortie du coma, mais plus les jours passent, plus c'est difficile. J'ai pris sur moi pour tenter de renouer la conversation, en vain. Les messages tendres que je lui ai envoyés n'ont pas réussi à le ramener vers moi. Jamie campe sur ses positions, toujours aussi froid. Au vu de son attitude, on pourrait croire que le mensonge vient de moi, que je suis

la fautive. Alors oui, je veux bien comprendre sa colère, car je n'ai pas agi comme j'aurais dû le faire dans un premier temps. Ni comme j'aurais voulu le faire. Je sais que j'aurais dû lui apporter mon soutien et lui laisser le temps de sortir la tête de l'eau avant de l'accabler de reproches et de lui demander des comptes. Mais de son côté il ne fait aucun effort. Je suis face à un mur. Non seulement il refuse toujours catégoriquement de parler de Victoria, mais je ne peux toujours pas aller lui rendre visite. Il dit qu'il est trop faible, qu'il utilise toute son énergie pour se remettre de son coma. Il ajoute à ça le fait qu'il n'est pas prêt à me revoir suite à mes accusations. Il continue de soutenir que ça ne me regarde pas. Et à chaque message que je reçois de lui, je le trouve un peu plus méconnaissable. J'ai donc essayé de faire abstraction de tout cela, de profiter des deux dernières semaines pour continuer à me reposer, à me rééduquer avant la reprise des cours, aujourd'hui. Parce que oui, les vacances d'hiver achevées, il est temps pour moi de retourner au lycée. Après ces deux mois d'arrêt forcé, je suis sincèrement heureuse d'y revenir. Et puis, la vraie vie va enfin pouvoir reprendre son cours. Les cours, les amis, tout ça m'a manqué – et ça va me changer les idées. Parce que rester enfermée est une torture. Perdue dans mes illusions d'adolescente rebelle détestant ce système scolaire qui nous impose un emploi du temps, qui nous contraint, qui nous asservit, je n'aurais jamais imaginé en arriver là. Ce qu'on peut être con, à notre âge ! On ne se rend pas compte que, sans cela, la vie est d'un ennui profond. On ne se rend pas compte que sans cela, on se sent parfaitement inutile.

Après mes vingt bonnes minutes de trajet en bus que j'ai été heureuse de retrouver aussi, la silhouette du lycée apparaît. Déjà, la pelouse qui le précède grouille d'élèves heureux de se retrouver au terme de deux semaines de vacances. Je partage leur enthousiasme, un sourire discret aux lèvres. Mes camarades de bus et moi descendons et parcourons les quelques mètres qui nous séparent du lycée. Malgré la foule, je parviens à repérer Holly, fidèle au poste. Elle se tient à notre point de rendez-vous habituel, attendant très probablement Gabriella.

J'approche rapidement d'elle, pressée de la prendre dans mes bras. Lorsqu'elle me voit, la surprise semble la traverser comme une décharge électrique des pieds à la tête. Cette réaction ne m'étonne pas ; je ne lui ai pas dit que je revenais au lycée aujourd'hui. Elle crie mon nom, en courant presque jusqu'à moi. En arrivant à ma hauteur, elle plonge dans mes bras.

– Doucement, je suis toujours en convalescence, ris-je en répondant à son étreinte.

– Oh, c'est vrai, excuse-moi ! C'est que je suis si heureuse de te voir ici. Je ne savais pas que tu revenais aujourd'hui !

– Ce n'était pas prévu, on m'a donné le feu vert pour revenir plus tôt. Je n'ai pas arrêté de me reposer depuis que je suis rentrée à la maison, alors ma kiné m'a dit que je pouvais retourner au lycée aujourd'hui.

Elle desserre enfin son étreinte et s'écarte de moi. Elle prend mon visage, qu'elle fait pivoter doucement de droite à gauche pour observer mes cicatrices bien moins rouges qu'il y a quelques semaines.

– C'est vrai que tu as l'air d'aller beaucoup mieux que la dernière fois que je suis venue à l'hôpital. Où en es-tu avec tes douleurs ?

– Maintenant, elles sont plus que supportables. Je me suis débarrassée de ma béquille il y a trois jours. Je progresse, ça fait un bien fou.

Je force mon sourire. Mon état physique s'est amélioré, certes, mais psychologiquement, c'est toujours aussi compliqué. Je n'ai pas prévenu mes amies concernant Jamie.

On n'a pas dû informer Holly finalement, car elle ne m'a rien dit. Le personnel médical a peut-être pris conscience qu'elle ne faisait pas partie de la famille, ou alors ils se sont dit qu'informer les parents serait suffisant et que ces derniers se chargeraient de transmettre l'information. Donc je me tais. Aborder le sujet me ferait trop mal. Je sais que si j'apprends à Gaby et Holly le réveil de Jamie, elles vont m'accabler d'un milliard de questions. Elles vont me demander comment il va, quand il pourra sortir, s'il a des blessures visibles… Elles ne comprendront pas que nous ne nous sommes pas encore revus. Mais surtout, elles me demanderont comment, finalement, j'ai géré l'histoire du trio Matt-Victoria-Jamie. Elles voudront savoir si j'ai préféré en parler immédiatement ou non, comment Jamie a réagi, etc. Je n'ai pas la force d'avoir cette conversation maintenant et je préfère garder cette information pour moi le temps que les choses s'arrangent entre Jamie et moi – si tant est qu'elles le puissent, évidemment. Je fais donc en sorte de garder la face, et de ne montrer aucun signe de mon inquiétude.

– Oh, Aly, si tu savais comme je suis heureuse. Les cours sans toi, c'est vraiment pas la même chose. Gaby va être ravie, elle aussi. Elle me parle de toi tous les jours. On avait prévu une surprise pour ton retour, mais du coup tu as un peu gâché notre plan.

– Il faut croire que je vous ai devancées, souris-je en haussant les épaules d'un air innocent.

– Aly !

La voix de Gabriella résonne derrière moi et pour la seconde fois, je reçois un boulet de canon dans les bras. Dans l'étreinte de mon amie, je ressens tout son soulagement. Je sais qu'en dépit de tout ce que j'ai pu lui dire pour la rassurer et la réconforter, elle continue de se sentir coupable pour l'accident et tout ce qui a suivi. Me revoir sur pied, c'est probablement tout ce qu'elle souhaitait.

– Oh, mon Dieu, je rêve de ce moment depuis janvier, murmure-t-elle.

– Je suis revenue, je suis à nouveau en forme, dis-je en lui caressant les cheveux.

Avant l'accident, les démonstrations d'affection, ce n'était pas trop mon truc. J'y étais presque hostile et regardais ça d'un mauvais œil. Mais j'ai beaucoup changé durant ces deux derniers mois. Un accident a le mérite de faire prendre conscience de la réelle valeur des choses de la vie.

– Nous sommes à nouveau réunies, dis-je en prenant les mains de mes amies dans les miennes.

– Il faut absolument qu'on fasse une soirée pour fêter ça ! s'exclame Holly en esquissant un petit pas de danse.

– Heu, tu es sûre ? demande Gaby.

– Mais oui, bien évidemment qu'on va faire une soirée, affirmé-je. Il n'y aura pas d'autre accident, d'accord ? Pour en être sûres, nous resterons toutes dormir sur place. Comme ça, il n'y aura pas de risque !

La sonnerie du lycée retentit et la foule des lycéens se dirige d'un pas traînant vers le bâtiment. Nous suivons donc le mouvement et nous rendons dans le bâtiment D pour mon premier cours depuis ce qui me semble être une éternité. Sur le trajet, mes amies continuent à préparer la future soirée, pour célébrer mon retour :

– On peut faire ça chez moi, propose Holly. Je peux demander à mes parents d'aller dormir chez des amis.

– Il faut qu'on commence à en parler aux gens maintenant pour qu'ils ne prévoient rien d'autre ce weekend, continue Gabriella. Tu préfères une soirée en petit comité ?

Mes deux amies tournent la tête vers moi, attendant impatiemment ma réponse.

– Je pense que oui, ça me conviendrait mieux, dis-je, un peu prise de court. Je n'ai pas pour projet de boire comme un trou ou de danser jusqu'au bout de la nuit. Je préférerais une petite soirée tranquille à base de jeux de société, de pizzas et de films, annoncé-je.

– Ça me semble parfait, me dit Holly. On va s'occuper de tout. La seule chose que tu devras faire, c'est nous fournir la liste des gens que tu veux inviter.

– Je ferai ça dès ce soir.

Alors que nous nous apprêtons à entrer dans la salle de cours, le téléphone de Holly se met à sonner. Cette dernière s'arrête, trifouille dans son sac pour le retrouver. En voyant le numéro, elle fronce les sourcils, comme si elle ne reconnaissait pas le correspondant.

– Allô ?... Oui, c'est bien moi... Vous avez des nouvelles ?... Non, vraiment ? C'est super, merci beaucoup, madame !... Oui, merci. Bonne journée.

Interloquées, Gabriella et moi l'interrogeons du regard.

– Que se passe-t-il ? demandé-je.

– C'est l'hôpital. Tu sais, je t'avais dit qu'ils m'appelleraient s'il y avait du nouveau pour Jamie. Eh bien figure-toi, Aly, que cette journée est vraiment la meilleure depuis une éternité. Jamie vient de se réveiller !

Mon amie, folle de joie, se jette dans mes bras. Mais moi, je reste pétrifiée. Quoi ? Comment ça « Jamie vient de se réveiller » ? Le sol s'ouvre sous mes pieds. J'ai la tête qui bourdonne, comme si je m'apprêtais à tourner de l'œil. Holly, voyant que je ne réponds pas à son étreinte, s'écarte de moi, interdite.

– Bah, qu'est-ce qu'il se passe ? Tu n'es pas heureuse ? Tu en fais une tête !

– Tu... Tu es sûre que la femme t'a dit qu'il vient de se réveiller ? Et pas que les visites sont à présent possibles, plutôt ?

– Heu non, et d'ailleurs l'infirmière ne m'a pas dit si on pouvait aller le voir. Elle m'a juste dit – et je la cite – « Jamie Cassel est sorti de son coma cette nuit. » Ça va, Aly ? Ça n'a pas l'air, tu es toute pâle.

Je reste sans voix, un instant abasourdie, essayant de comprendre la situation. Et subitement, tout s'éclaircit. Mon cœur se met à battre à un rythme effréné dans ma poitrine, alors que je comprends enfin ce qu'il s'est passé. Si effectivement Jamie vient de se réveiller, il ne peut y avoir qu'une seule explication : cette fois, c'est Matt qui s'est livré à un petit jeu téléphonique avec moi. Il s'est fait passer pour Jamie. C'est la seule personne qui m'a parlé de son réveil, la seule personne capable d'avoir fait ça. La seule personne capable d'avoir osé faire ça. Sans un mot, je plante là mes amies et cours vers la sortie du lycée.

– Alyssa ! Où vas-tu ? crient-elles, affolées.

Mon bassin me fait souffrir, mais je n'y prête pas attention ; il faut que j'aille à l'hôpital. Il faut que j'aille voir Jamie, il faut que je m'assure de mes propres yeux qu'il s'est bien réveillé. Je me précipite dans le premier bus en direction de l'hôpital et je m'effondre dans mon siège, submergée par l'appréhension, le soulagement et aussi l'espoir.

– 24 –

L'hôpital me semble être à l'autre bout de l'Univers. Même si la circulation est fluide, ma notion du temps a complètement changé. Mon rythme cardiaque est plus rapide, une seconde m'en semble trente. J'ai l'impression que mes cellules pourraient imploser, se désagréger au moindre mouvement trop brusque du conducteur. Pour m'occuper, je relis la conversation que je pensais avoir eue avec Jamie, interdite, bouleversée. Écœurée. Pourquoi Matt a-t-il fait ça ? Quel était l'intérêt de me faire croire que Jamie était réveillé ? Tôt ou tard, j'aurais forcément fini par découvrir la supercherie. La bile me monte à la gorge. Je suis juste perdue, immensément déçue par les jumeaux. Je me sens si vide. Aucun d'entre eux n'est digne de confiance, tous deux se sont déclaré une guerre sans merci, et tous les coups sont bons pour mettre l'autre à terre. Même si cela implique de détruire émotionnellement une tierce personne. Une tierce personne qu'ils prétendent aimer et apprécier. Je ne suis pas en colère – du moins pour l'instant –, car je viens de comprendre que la moindre de leur action est un duel entre eux deux purement irrationnel qui ne tient absolument pas compte de moi.

« Prochain arrêt : Hôpital Bretonneau. »

Un frisson me parcourt, me voilà arrivée. Je ne suis encore jamais venue ici. L'hôpital où je me trouvais est situé à l'exact opposé de la ville. Je n'ai aucune idée de l'endroit où je suis censée aller, et je regrette soudain d'être partie si rapidement, sans demander aux filles ou à l'un de mes parents de m'accompagner. Venir seule ici, dans l'état dans lequel je me trouve, est complètement inconscient. En descendant du bus, j'envoie donc un message à ma mère pour la prévenir que je suis à l'hôpital et que Jamie vient de se réveiller.

Titubant à moitié, je me rends à l'accueil de l'hôpital en suivant à la lettre les indications. Pour une fois, j'ai de la chance, il n'y a pas de queue, je peux immédiatement obtenir les renseignements dont j'ai besoin auprès d'un petit homme en blouse blanche qui boit tranquillement sa tasse de café matinale.

– Bonjour, pouvez-vous m'indiquer la chambre de Jamie Cassel, s'il vous plaît ?

L'homme lève les yeux vers moi, l'air tranquille, comme habitué à voir toute la journée déferler à son guichet un tas de personnes rongées par l'anxiété.

– Bonjour, mademoiselle. Je vais regarder ça. Mais sachez que les visites ne commencent qu'à 10 heures.

Un coup d'œil sur ma montre m'apprend qu'il n'est que 9 h 05.

– Écoutez, monsieur, il faut absolument que j'aille le voir maintenant. Il vient de sortir du coma, ça fait deux mois que j'attends ce moment.

En entendant mes explications, l'homme en blouse blanche relève les yeux de son ordinateur et me sonde comme pour s'assurer de la véracité de mes paroles.

– Hum, la personne dont vous me parlez est bien Jamie Cassel, âgé de dix-neuf ans, entré ici le 10 janvier dernier ?

– Oui, c'est bien ça. C'est le jour où l'accident a eu lieu.

– Vous étiez avec lui ?

– Oui.

– Vous n'avez rien eu ?

– Si, j'ai été à l'hôpital de la Garde pendant un mois. Ça ne fait que trois semaines que je suis sortie.

L'homme hoche la tête et reporte son attention sur son ordinateur. Après quelques clics, il m'annonce que Jamie a été déplacé cette nuit du service des comateux à la réa et qu'il se trouve à présent dans la chambre 202, au deuxième étage.

– Merci beaucoup, monsieur.

– Au vu des circonstances, je vous autorise exceptionnellement à vous y rendre. Mais je ne peux pas vous garantir que là-haut, ils vous laisseront le voir. Je ne connais pas le détail de son cas, mais les sorties de coma, c'est souvent délicat.

– Je vais essayer. Encore merci !

– Bon courage, me dit-il en reprenant sa tasse de café.

Je n'attends pas pour m'éclipser. Je trouve les ascenseurs, m'engouffre dans le premier qui s'ouvre face à moi, appuie sur le bouton 2 et monte pendant ce qui me semble être une éternité, le cœur battant la chamade. Les portes métalliques glissent dans un « cling » et s'ouvrent sur le deuxième étage attendu et redouté. J'en sors rapidement et regarde autour de moi, fébrile, pour savoir où me diriger. Mais je n'ai pas besoin de trouver de panneau indiquant où il faut aller puisque, à ma gauche, un groupe de quelques personnes attire mon regard. Parmi elles, je reconnais Matt.

Je reste immobile un instant, comprenant que les autres personnes ne peuvent être que les parents Cassel entourés d'une flopée de médecins. La mère des jumeaux a la tête contre le torse de son mari, un mouchoir appuyé contre ses lèvres. Le père la tient contre lui, frictionnant son dos dans un geste réconfortant. Je suis presque étonnée de leur allure tout à fait « normale ». Je ne sais pas pourquoi, mais je m'étais imaginé une multitude de scénarios pour expliquer le fait que Jamie ne voulait pas que je les rencontre. Dans beaucoup d'entre eux, je les imaginais imprésentables, alcooliques, handicapés, écervelés, fous… Bref, quelque chose que Jamie aurait voulu me cacher. Mais ils sont on ne peut plus normaux. Mme Cassel a donné ses cheveux bruns et bouclés à ses fils, et M. Cassel, sa carrure élancée.

Matt, lui, se trouve derrière ses parents, les yeux baissés. Sa mâchoire semble se contracter à intervalles réguliers, comme s'il essayait d'intérioriser sa colère.

Il semble cependant comme absent à la scène et ne pas écouter ce que disent les docteurs. Dans un élan incontrôlé, j'avance vers eux d'un pas fiévreux, et m'inclus dans le groupe, créant la surprise générale. Les médecins s'interrompent en voyant les Cassel froncer les sourcils à ma vue.

– Excusez-moi de vous interrompre, je suis Alyssa Briand, la copine de Jamie. Je sais que nous n'avons pas eu l'occasion d'être présentés, mais j'étais dans la voiture avec Jamie lorsque l'accident a eu lieu. Matt me connaît bien, il est venu me voir à l'hôpital de la Garde plusieurs fois.

Mme Cassel regarde son mari, l'air quelque peu interloqué par mon intervention imprévue. Elle tourne ensuite la tête vers Matt, auprès duquel elle semble muettement chercher des réponses à ses interrogations. Celui-ci hoche la tête en fermant les yeux pour confirmer qu'en effet, il me connaît. Dès lors, la petite femme me regarde dans les yeux pour la première fois, et je peux immédiatement déceler dans les siens de la sympathie. Je peux lire sur son visage l'exact reflet du mien. Un mélange de fatigue, d'incompréhension et de douleur. Ce sentiment de fatalité avec lequel on essaie de vivre depuis la nuit de l'accident.

– Je suis désolée d'arriver comme ça, à l'improviste, continué-je pour chasser le silence. Je suis venue aussi rapidement que j'ai pu, lorsque j'ai appris le réveil de Jamie. J'étais incapable d'attendre plus longtemps. J'espère que ma présence ne vous gêne pas.

– Non, ma chère, vous ne gênez personne ici, affirme Mme Cassel. Nous sommes nous-mêmes venus ici dès que l'hôpital nous a appelés. Votre réaction est des plus normales.

Je la remercie en lui adressant un petit sourire. L'élan de solidarité qui nous lie en cet instant est plus fort que le reste. Peu importe si nous ne nous connaissions pas avant, nous sommes liés via Jamie, via l'accident, via la douleur que nous endurons tous les jours depuis pratiquement deux mois maintenant. Un seul regard suffit pour lui faire comprendre que cette épreuve, c'est la nôtre. Que je suis tout autant concernée par le réveil de Jamie qu'ils le sont, eux.

Les médecins, comprenant que je fais quelque part moi aussi « partie de la famille », reprennent leurs explications concernant l'état de leur patient. Ils nous apprennent que le réveil de Jamie n'a rien de surprenant, puisqu'il était passé récemment en coma de stade 1, l'hématome se résorbant peu à peu. Depuis deux jours, il répondait par grognements aux médecins qui s'occupaient de lui, et commençait à manifester des réactions physiques.

Les médecins nous expliquent que Jamie s'est donc réveillé cette nuit, aux alentours de 3 h 40, et que sa réaction en apprenant qu'il avait été dans le coma a été plutôt bonne. Il ne ressent pas le syndrome « trou réa », ce black-out dont sont victimes beaucoup de personnes dans son cas. Jamie, lui, se souvient des événements survenus jusqu'à l'accident. Le traumatisme et la remise sur pied seront donc moins difficiles pour lui, selon les docteurs. Tout au long de ces explications qui me paraissent plus que rassurantes, j'essaie de capter l'attention de Matt pour tenter de deviner ce qu'il pense, mais il fuit mon regard. Il semble absent, plongé dans ses pensées. Il sait que j'ai compris. Évidemment qu'il le sait. Il n'y a, de toute façon, pas d'autre explication. Et il en a conscience.

– Il est encore faible, évidemment, dit le médecin plus fort, comme s'il essayait de me rappeler à l'ordre. Sortir d'un coma, c'est toujours un grand soulagement pour les proches, mais ça peut être une vraie source d'angoisse pour le patient. Jamie a de la chance, il se souvient de l'accident. Parfois, les comateux sont victimes de trous noirs, et là, c'est beaucoup plus compliqué à gérer. Ce n'est pas pour autant qu'il n'aura pas besoin d'un suivi psychologique. Un accident, c'est traumatisant, dans tous les cas. Et il faut qu'il apprenne à se faire à l'idée que la vie a continué sans lui pendant un certain temps.

En entendant ces mots, je déglutis bruyamment. Jamie va revenir dans un tout autre monde. Dans un monde où je connais l'existence de Victoria, où je me suis rapprochée de Matt, où nous nous sommes même embrassés…

– Dans son cas, poursuit le docteur, le coma n'a pas dépassé le stade que l'on appelle « persistant », mais ce n'est pas pour autant que ça ne sera pas un choc pour votre fils lorsqu'il apprendra que cela fait deux mois qu'il dort. Et il va devoir opérer une longue convalescence.

– Vous ne lui avez pas encore dit ? demande M. Cassel, visiblement surpris.

– Nous laissons la possibilité à la famille de le faire. Parfois, il peut être plus simple pour le patient de l'apprendre de la bouche d'un proche.

– Je ne sais pas si je vais être capable de gérer ça, dit la mère dans un hoquet.

– Je lui dirai, intervient Matt en relevant finalement les yeux vers le médecin.

– Matt, tu en es sûr ? demande son père. Je pense qu'il vaudrait mieux qu'il l'apprenne en douceur.

– Autant lui dire au plus vite, il finira par le savoir tôt ou tard.

Tous les regards convergent vers Matt. L'expression froide et distante que je lui connaissais jusqu'à l'accident a repris son règne souverain sur son visage. Et j'en viens à penser que, peut-être, son air radouci des dernières semaines venait uniquement de l'espoir que Jamie ne se réveille plus jamais.

– On va s'en charger, Matt, tranche son père, s'apercevant lui aussi de l'hostilité renaissante de Matt. Tu iras discuter avec ton frère après, si tu le souhaites.

– Quand pourrons-nous lui parler ? demande Mme Cassel au docteur.

– Vous allez pouvoir y aller maintenant. Peut-être dort-il encore. Si c'est le cas, je vous conseille de le laisser se reposer et d'aller à la cafétéria un moment.

– Mais ça fait deux mois qu'il dort, grogne Matt.

– Le coma ne peut pas être comparé à du sommeil. Ça n'est pas reposant. Votre frère a encore beaucoup de chemin à parcourir, et notamment la rééducation. Ses muscles sont plus ou moins comme du chamallow à l'heure qu'il est.

– Oui, Matt, ne commence pas à être si intransigeant. Jamie va avoir besoin de calme, prévient sa mère.

Je ne peux m'empêcher de prendre le message pour moi. Je sais qu'il faudrait que j'essaie de le préserver au début, que je ne l'accable pas d'emblée avec l'histoire de Victoria, que je me montre patiente et indulgente, mais ça me paraît insurmontable. Mon sang bout déjà à l'idée de bientôt pouvoir le voir, de bientôt pouvoir lui parler, de bientôt pouvoir obtenir des réponses.

– Nous allons aller le voir, à présent, souffle M. Cassel en se tournant vers Matt. Je pense qu'il vaudrait mieux que seuls ta mère et moi y allions dans un premier temps. Tu n'as qu'à rester avec Alyssa pendant ce temps.

– Oui, il faut qu'on discute, en plus, dis-je rapidement, profitant de la situation pour que Matt ne puisse pas se dérober.

– Eh bien, faisons ça, confirme Mme Cassel.

Matt me lance un regard glaçant. Je peux voir son corps s'ébranler, ses poings se serrer. Il sait qu'il n'y a pas d'échappatoire possible, qu'il va devoir me fournir des explications.

– Très bien, dans ce cas, je vous laisse me suivre jusqu'à la chambre de votre fils, indique un des médecins.

Toute la petite troupe se dirige vers le fond du couloir tandis que je me retrouve seule, avec Matt.

– 25 –

– Suis-moi.

Entre ses dents, Matt a sifflé cet ordre, cinglant. Sans me laisser le temps de répliquer, il se dirige vers les ascenseurs. Je peine à le suivre, ses foulées sont rapides, fiévreuses, comme s'il voulait qu'on en finisse au plus vite. Dans l'ascenseur, nous demeurons interdits. Je reste pourtant à le fixer, mais lui regarde droit devant. Lorsque les portes s'ouvrent, Matt attrape mon poignet et m'oblige à le suivre je ne sais où. Il nous fait sortir de l'hôpital et marcher jusqu'à un banc non loin, sur lequel il se laisse tomber lourdement. En un éclair, il a une cigarette entre les lèvres. Il tire dessus, et garde longtemps la fumée dans sa gorge, comme s'il avait besoin de ça pour se donner du courage.

– Vas-y, je t'écoute, dit-il de manière expéditive.

Sous l'effet de l'anxiété, sa jambe s'agite frénétiquement. C'est la seule véritable preuve de son appréhension, cependant. Son visage est insondable, plus fermé que la plus épaisse des murailles. Il ne laisse rien paraître, si ce n'est, peut-être, une expression… calme. À croire qu'il est complètement fou et ne se rend pas compte de la gravité de ce qu'il a fait.

– Je… Heu… Je n'arrive pas à comprendre, commencé-je.

J'ai du mal à trouver mes mots. J'aurais préféré le voir énervé, tenter d'expliquer ses actes. Mais il n'essaie même pas de se justifier et se paie le luxe de me laisser la parole, me prenant totalement au dépourvu.

– Tu t'es fait passer pour Jamie. Tu m'as fait croire qu'il s'était réveillé. Je ne comprends pas pourquoi tu as ressenti le besoin de faire ça.

– Il n'y en avait pas l'utilité, en effet, répond-il calmement.

Je sors à mon tour une cigarette, car je sens que je vais avoir besoin d'un remontant. La nicotine remplit une première fois ma trachée, me comblant simultanément d'une impression de sérénité.

– Je l'ai fait comme ça, sur un coup de tête, poursuit Matt en haussant les épaules.

Il tire à nouveau sur sa cigarette comme pour se donner une contenance derrière sa fausse désinvolture. Une fois n'est pas coutume, ses boucles brunes qu'il a l'habitude de ramener en arrière lui tombent négligemment sur le front, cachant pratiquement ses yeux. Alors qu'il est si soucieux de son image, le col de sa veste en cuir est resté mal mis, autant d'indices que les Cassel ont dû quitter leur domicile à la hâte, lorsqu'on leur a appris le réveil de Jamie.

– Tu te fous de moi ? Pourquoi t'as fait ça ? Pourquoi tu m'as menti et manipulée, hein ?

– Détends-toi, Aly, Tu vois des mensonges partout ! Tu n'as pas compris ? Je m'amusais, c'est tout. Je croyais que tu aimais ça, jouer.

– Jouer ? Tu es malade ! J'aime jouer lorsque je suis au courant que je suis en train de jouer et que ce n'est pas à mes dépens. Et pas aux dépens de la vie de ton frère !

– Quand on est joueur, il faut savoir s'adonner à tous types de jeux. Il n'était pas plus tordu que celui auquel tu as consciemment joué avec mon frère l'année dernière. Il n'y a pas de quoi monter sur tes grands chevaux.

Mon sang brûle. Je ne comprends vraiment plus rien à la psychologie des jumeaux. Comment peuvent-ils être si irrationnels et leur relation aussi tordue ? Je m'assieds à côté de Matt en soupirant, désespérée. Regardant pour la première fois autour de moi, je constate que les alentours de l'hôpital semblent vides. Pas de maison à l'horizon, pas de parc ou d'arbres, comme ceux qui entouraient le mien. Rien que des champs au milieu desquels passe une route unique. Je réalise que Holly n'a pas hésité à venir deux fois jusqu'ici pour moi, rien que pour me communiquer des informations sur l'état de Jamie.

– Bon, puisque tu ne vas pas me lâcher tant que tu n'auras pas d'explication, je vais te raconter comment j'en suis venu à t'envoyer un message en me faisant passer pour Jamie.

Les coudes posés sur ses genoux écartés, il fixe le sol. Un rictus déforme sa bouche, jurant avec l'air placide qu'il affichait jusque-là, et il secoue la tête comme si soudain il se rendait compte de la folie de son acte.

– Un soir, je suis allé rendre visite à Jamie, mes parents m'y avaient obligé. Ils disaient que c'était important que Jamie sente le soutien de tout le monde, ce genre de conneries. Donc j'y suis allé. Mes parents m'avaient dit de lui parler et je m'ennuyais à mourir. Comme si parler à quelqu'un dans le coma avait une quelconque utilité… Bref. Pour m'occuper, j'observais la chambre dans tous ses recoins, et c'est à ce moment-là que j'ai remarqué le téléphone de mon frère, posé sur la table de chevet. C'est d'ailleurs étrange que je ne l'ai pas remarqué plus tôt. Je ne sais pas pourquoi, je l'ai pris, et je me suis rendu compte, avec beaucoup d'étonnement que je pouvais déverrouiller son téléphone avec mon empreinte digitale. Je pensais que c'était qu'une espèce de légende douteuse, ça. Tu sais, le fait que les vrais jumeaux ont les mêmes empreintes. Je ne sais pas si on a exactement les mêmes, mais en tout cas, son téléphone n'a pas fait la différence entre les miennes et les siennes. Donc j'ai tout simplement déverrouillé son téléphone. Tu savais que c'était toi, son fond d'écran ?

Ses prunelles cherchent les miennes. Je hoche la tête. Il hausse les sourcils, une pointe de dégoût prend possession de ses traits.

– Ouais, c'est toi. Donc j'ai pensé à toi, évidemment. C'est ce à quoi servent les fonds d'écran, après tout. À nous montrer quelque chose qu'on veut toujours garder à l'esprit. Alors je suis allé voir la conversation SMS que tu avais eue avec Jamie. J'ai pas lu grand-chose, ça ne m'intéressait pas. Enfin, c'est pas vraiment ça. C'est plus que ça m'a écœuré de lire ce qu'il te disait. Il est quand même très niais.

Je suis incapable de placer le moindre mot. Et même si j'essayais, je ne sais pas si ça aurait le moindre effet. Je ne sais pas si Matt s'arrêterait dans son récit. Il a l'air d'être aspiré dedans, comme s'il revivait les événements à mesure qu'il les verbalise.

– Et je ne sais pas pourquoi, dans un élan de folie, j'ai voulu voir ce que ça faisait d'être lui. Je voulais voir comment tu me parlerais si tu pensais que j'étais Jamie. Je voulais voir si je te trouvais différente. Je voulais voir ce que ça faisait d'être aimé par toi, sûrement. Bon, finalement, je n'ai pas été si bien accueilli que cela.

Et là, il éclate de rire. Moi, je reste pétrifiée. Car la raison de mon agressivité vis-à-vis de Jamie, Matt la connaît. Et il sait que c'est grave.

– Et puis… reprend-il. J'ai aussi passé le cap de t'envoyer ces messages, car je savais que Jamie allait bientôt sortir du coma. Il commençait à présenter des signes de réveil, selon les médecins. Mon objectif n'était pas te faire du mal, tu sais. Je n'aurais pas été capable de me faire passer pour lui si son état n'avait pas présenté des améliorations. Ça aurait quand même été franchement dégueulasse de te faire un tel faux espoir. Mais bon ne t'inquiète pas, tu vas pouvoir lui reparler comme tu souhaites, maintenant. Il y a quelques jours, je me suis déplacé jusqu'ici pour remettre son téléphone là où je l'avais trouvé. Vu la dispute, il ne me servait plus à rien…

– Finalement, tu as un peu reproduit ce que Jamie t'avait fait, le coupé-je.

Ma voix n'est qu'un murmure, mais Matt m'entend tout de même. Sa brève euphorie s'arrête immédiatement et il me jette un regard noir, grave.

– Pardon ? s'étonne-t-il. Comment ça, j'ai fait comme Jamie ?

– Eh bien, Jamie voulait savoir ce que ça faisait d'être aimé par Victoria. Et ton but était le même lorsque tu t'es fait passer pour lui par messages interposés. Donc quelque part, tu as fait comme lui.

– Ça n'a rien à voir, s'emporte Matt. Je ne peux pas te laisser dire ça, Alyssa. Je le refuse. Jamie a couché avec elle, d'accord ? Moi, je n'ai fait que parler avec toi.

– Cela répond néanmoins à la même logique : tu t'es rapproché physiquement de la copine de ton frère. Tu savais que je le découvrirais… C'est dingue… Pourquoi ne pouvez-vous pas accepter que vous êtes deux personnes distinctes ? Pourquoi éprouvez-vous ce besoin malsain de savoir ce que cela fait d'être dans la peau de l'autre ? Ça ne vous suffit pas d'être jumeaux ?

Matt soupire. De ses longs doigts fins, il pince l'arête de son nez, comme sur le point de me faire un aveu difficile.

– Justement. Je pense que si on n'a pas de jumeau, c'est difficile à concevoir, commence Matt. Tu comprends, quand on était petit, on était pratiquement une seule et même personne. On nous confondait tout le temps, et on en jouait. On avait l'habitude de se faire passer pour l'autre. On prenait un malin plaisir à s'habiller et à se coiffer pareil. On voulait être les mêmes, ça nous rendait plus forts. J'étais lui, il était moi. En grandissant, nos caractères se sont affirmés, et nous avons évolué un peu différemment, même si physiquement, nous étions toujours parfaitement identiques. Notre individualité commençait donc doucement à prendre forme, on commençait à se dissocier, et les gens parvenaient mieux à nous différencier. Ça nous a fait un choc, quelque part. C'était tout nouveau pour nous d'être chacun un, d'être reconnus comme Matt et Jamie, et plus comme les jumeaux.

Le vent souffle doucement sur ses joues légèrement rougies, faisant virevolter ses cheveux en bataille. La tonalité nouvelle de sa voix me rassure, me calme. Je sens poindre une certaine sérénité dans ses mots, comme s'il avait toujours eu besoin de les dire. Comme s'il avait besoin de verbaliser tout ça pour comprendre l'origine de leur rivalité. Aussi paradoxal que cela puisse paraître, je comprends qu'ils n'aient pas supporté de s'éloigner, de ne plus être autant liés l'un à l'autre. Victoria (et avec elle l'adolescence) a débarqué dans leur vie et a rompu leur équilibre. Cette fille s'est révélée être la preuve physique que les jumeaux étaient deux personnes bien distinctes. La preuve qu'ils n'étaient pas qu'un seul et même être, comme ils avaient fini par le croire.

– Bref, tu ne peux pas comparer ce que j'ai fait à ce que Jamie a fait. C'est vrai que je n'aurais pas dû faire ça, mais je considère que c'est quand même beaucoup moins grave. Je n'ai pas fait ça pour te faire du mal, en tout cas. Il faut que tu me croies.

Pris d'un élan, il attrape ma main et lie nos doigts. Il les serre fort, comme s'il avait peur que je m'évapore. Son visage est proche du mien et je peux sentir son souffle sur ma peau.

– Tu me crois ? insiste-t-il.

– Je… Je te crois. Mais je n'arrive pas à comprendre comment vous pouvez vous haïr autant encore aujourd'hui, après ce qui est arrivé à Jamie, soupiré-je. Vous étiez si proches.

– Justement parce que nous étions si proches. Tu sais, Aly, souvent, quand les personnes sont trop fusionnelles, cela ne finit pas bien. On empiète sur l'espace vital de l'autre, on pense en fonction de cette personne, toutes nos décisions tournent autour d'elle. On ne peut aimer que si l'on sait qui on est. Il était arrivé un moment où il était normal que nous prenions nos distances, que nous commencions à vivre chacun pour soi, individuellement.

– Jamie ne l'a pas supporté.

– Non, il est parti en vrille. Et j'ai encore du mal, moi aussi. Malgré toute la haine qu'on se porte, nous sommes toujours très liés. Mais nous avons appris, douloureusement, certes, que tout ne se partage pas. Les femmes en premier.

– J'entends tout ce que tu me dis, mais je ne peux pas l'intégrer pour le moment. C'est trop dur, je ne sais pas quelle attitude adopter vis-à-vis de vous, maintenant. Je ne sais plus ce que je ressens, je suis perdue.

– Je ne peux pas t'aider. Mais je pense qu'il est primordial que tu aies une conversation avec Jamie concernant Victoria… et tout le reste. N'oublie pas qu'il n'est pas celui qu'il prétend être. Dans tous les cas, j'espère que nous continuerons à nous voir, Alyssa. C'est si bien, lorsqu'on est tous les deux.

– Je… J'ai besoin de temps pour réfléchir à tout ça. J'ai besoin de prendre du recul sur tout.

Sans lui laisser le temps de me retenir, je quitte le banc et repars en direction de l'hôpital, où j'apprendrai quelques minutes plus tard que je ne serai autorisée à voir Jamie que le lendemain soir…

– 26 –

La journée est passée avec une lenteur hallucinante. Je suis pourtant allée en cours, et ai fait en sorte de ne pas penser à ce qui m'attendait le soir. Mais évidemment, cela s'est révélé impossible. À l'idée de pouvoir enfin discuter avec Jamie, mes cellules, mes nerfs, tout mon être s'agitaient malgré moi. Je sentais comme des décharges électriques me traverser lorsque je pensais à son visage, à sa voix. Dès la fin des cours, j'ai pris le bus de 17 h 30 pour aller à l'hôpital au plus vite.

Lorsque j'arrive enfin dans la chambre de Jamie, la couleur pastel du ciel filtré par les rayons du soleil donne des tons rosés à la pièce d'un blanc habituellement si agressif. Les seuls bruits audibles sont les gazouillis des oiseaux et les bips réguliers de la machine à laquelle Jamie est encore relié. Il est assoupi, la tête renversée vers la droite, ses cheveux éparpillés sur l'oreiller formant une couronne brune. Sa peau pâle absorbe les teintes pourpres du coucher du soleil. Sa poitrine se soulève à un rythme régulier, il a l'air si paisible. J'ai l'impression de rêver cet instant. De revivre ces matins où il se réveillait à côté de moi, et qu'au fond de moi j'avais si peur de ne plus jamais revivre. Je n'ai pas envie de le sortir de sa torpeur, je voudrais graver cette image à jamais dans mon esprit. Mais je suis venue ici pour parler avec lui.

Je m'approche du lit, le pas lourd. J'ai l'étrange impression de m'y revoir, il y a quelques semaines. Le mobilier est le même ici que dans l'hôpital de la Garde. J'étais moi aussi entourée par des machines innommables, reliées par ce qui me semblait être tout autant de câbles. Mais, malgré cet attirail et ce décorum qui me rappellent la gravité de son état, Jamie a cet air paisible que confère immanquablement le sommeil.

J'inspire profondément avant d'effleurer sa joue de la pulpe de mes doigts. Ses sourcils se froncent doucement, comme surpris par le stimulus, mais rapidement, son air calme reprend ses droits et sa joue vient se coller contre la paume de ma main, quémandant davantage de caresses. Il semble avoir reconnu mon parfum, ma présence auprès de lui. Cependant, ses yeux restent clos. Je pourrais croire qu'il est toujours dans ce coma de stade 1 dont nous ont parlé les médecins hier.

– Jamie, c'est Alyssa. Je suis venue pour toi.

Immédiatement, ses paupières se mettent à papillonner. Au fur et à mesure que ses yeux se fixent sur moi, leur couleur émeraude m'est rendue. Après des semaines d'absence et de douleur, son corps s'éveille sous mon regard ému.

– Chérie, souffle-t-il. Tu es là.

Mon cœur se serre lorsqu'il tourne la tête pour embrasser ma main posée sur son visage. Je m'agenouille pour me mettre à sa hauteur, et subitement, son odeur m'emplit. Comme projetée dans un passé pas si lointain, je nous revois enlacés. Je revois ces moments où j'ai été enveloppée par ce parfum de l'amour.

– J'avais perdu espoir de te revoir, murmuré-je.

– Je suis désolé de t'avoir laissée. J'aurais voulu être à tes côtés dans cette épreuve.

– J'arrivais à peine à prendre de tes nouvelles puisque je n'ai rencontré tes parents qu'hier. Et puis, le fait de ne pas être dans le même hôpital que toi, ça n'a pas aidé. J'ai cru que tu ne me reviendrais jamais.

– Je me doute, oui. J'ai parlé à Matt hier, il m'a tout expliqué.

Un instant, je reste figée. Que lui a-t-il dit ? Lui a-t-il parlé de notre baiser ? Ou lui a-t-il simplement expliqué ce que j'ai traversé après l'accident ? L'espace d'une seconde, la peur se propage dans mon ventre. Mais tout aussi vite, elle est balayée lorsque Jamie ajoute :

– Comment va ton bassin, alors ?

– Eh bien, je… je me rééduque petit à petit. Les progrès sont incroyables et la douleur actuelle n'a rien à voir avec celle du début. Tu n'as pas à t'inquiéter pour moi, j'ai été la moins touchée dans cet accident. Et toi, alors, que ressens-tu ? Que t'ont dit les médecins ?

– Ils sont assez vagues je trouve. Apparemment j'ai eu pas mal d'entorses, mais pas de réelles fractures. C'est mon crâne qui a pris presque tous les coups, qui a encaissé toutes les vibrations. Il faut que je reste ici un certain temps, pour me rééduquer, car je peux à peine bouger. Et ils vont me faire voir un psy, aussi.

– Un psy ?

– Oui, apparemment, ils disent que je vais avoir besoin d'un accompagnement. Que même si je n'en ai pas conscience tout de suite, le coma reste un épisode traumatisant. Je n'ai pas envie d'être poursuivi toute ma vie par des flashs de cet accident sous prétexte d'avoir pris les choses à la légère.

Je hoche la tête en signe d'approbation tandis que ses belles lèvres m'offrent un sourire aimant.

– Mais bon, si je sais que toi, ça va, mon mental devrait tenir. Le psy ne sera qu'une formalité, m'assure-t-il.

– Je vais bien, ne t'en fais pas.

– Oui, nous sommes à nouveau réunis à présent.

Mon cœur devient gros, je n'arrive pas à lui rendre son sourire.

– Bah, chérie, que se passe-t-il ? Tu me sembles distante. Je suis si amoché que ça ?

Il tente de me faire rire, en vain. Il se rend compte de ma froideur et son expression change du tout au tout. Son visage se ferme, je peux lire le doute et la crainte dans son regard.

– Tu es sûre que ça va ?

Un hoquet s'échappe de mes lèvres et mes yeux s'emplissent de larmes. Non. Je ne veux pas craquer. Pas maintenant. Je viens à peine d'arriver, ce n'est pas le bon moment pour en parler. C'est prématuré.

– Oui, oui, ça va, bredouillé-je.

Mais une larme s'échappe, roule sur ma joue. Jamie tend immédiatement un bras tremblant et maladroit vers moi pour essuyer la goutte qui dévale l'arrondi de ma joue.

– Pourquoi tu pleures alors ?

– Pour rien. C'est sûrement l'émotion.

– Ne me mens pas, Alyssa, je te connais. Je sais que quelque chose te tracasse.

– Je… je ne voulais pas t'en parler maintenant, tu as besoin de mon soutien à l'heure qu'il est.

– Évidemment que j'ai besoin de ton soutien. Mais j'ai encore plus besoin que tu sois honnête avec moi.

Je me recule, rompant tout contact physique avec Jamie. Être trop proche de lui me rend vulnérable. Je serais incapable de parler. Mon corps est traversé de frissons incontrôlables, signe que mes nerfs sont en train de lâcher.

– Comme tu voudras, mais sache que les choses ne seront sûrement plus comme avant une fois qu'on aura parlé.

– Tu m'inquiètes, Alyssa. Dis-moi ce que tu as à dire.

– Tu te souviens de la conversation qu'on a eue le soir de l'accident, concernant ton premier amour ?

– Oui, je me souviens, dit-il, les mâchoires brusquement serrées.

– Eh bien, je sais à présent pourquoi tu ne voulais pas m'en parler.

Jamie a un mouvement de recul et son regard se détache instinctivement du mien. Sa mâchoire se contracte. Je sens un voile de peur le recouvrir tout entier. Il se raidit sous les draps, se ratatine un peu sur lui-même. Il ressemble à un petit animal effrayé pris dans la lumière des phares d'une voiture fonçant vers lui. La peur le paralyse, il est incapable de réagir. Il regarde autour de lui, comme en quête d'une improbable échappatoire.

– Je sais tout concernant Victoria, continué-je.

Jamie tourne à nouveau la tête vers moi, et il me jette un regard qui semble me supplier d'oublier toute cette histoire. Il ne s'attendait pas à ça. Et en réalité, je ne pensais pas non plus que les choses se passeraient ainsi. Pendant mon hospitalisation, j'ai rêvé tant de fois ces retrouvailles. J'avais imaginé un mélange fiévreux d'amour, de soulagement, de soutien qui, entourant nos êtres, nous aurait plongés dans une sorte d'état second. Mais ces retrouvailles tiennent plus de l'interrogatoire que du havre de paix où se retrouvent deux âmes amoureuses séparées depuis trop longtemps.

– Est-ce que ce que Matt m'a raconté est vrai ? dis-je, péremptoire.

– Alyssa… Tu n'étais pas censée être au courant de cette histoire.

– Réponds-moi. Est-ce que tu as couché avec la copine de ton frère ?

Son silence prolongé répond à ma question. Je gardais l'ultime espoir que Matt ait tout inventé. Au creux de mon cœur, c'est ce que je voulais. Mais je connais Jamie. Ces sourcils froncés à l'extrême, ce pli de contrariété qui barre son front me confirment que tout est vrai. Je me laisse tomber au pied du lit, vidée de toute force. Ce n'est pas possible.

– Alors… C'était pour ça que tu voulais me tenir à distance de Matt pendant tous ces mois. Parce que tu avais peur qu'il me révèle ton sombre secret.

– Alyssa, s'il te plaît…

– Quoi ? Tu veux que je me taise ? Je suis désolée Jamie, mais je ne peux pas. Comment as-tu pu me faire ça ?

– Je ne t'ai rien fait, chérie. Rien du tout. Je te l'ai caché car je savais que ça te ferait du mal. Je savais que tu ne pourrais pas gérer la situation. Et vu l'état dans lequel tu es actuellement, j'ai eu raison.

– Non, ne dis pas que tu as fait ça pour moi. Je t'en prie, ne fais pas preuve d'autant de mauvaise foi. Tu n'as rien dit, car tu savais pertinemment qu'un mensonge de cette envergure, je ne pourrais ni le supporter ni le pardonner. Tu n'as rien dit parce que tu savais que tu me perdrais, c'est tout.

– Tu as raison. Je n'avais – et n'ai – qu'une angoisse, celle de te perdre. Je ne voulais pas prendre le risque de te voir partir pour une erreur que j'ai commise il y a trois ans. J'étais jeune, je ne suis plus le même.

Nous restons un moment interdits. Nos visages reflètent la même expression douloureuse. Cette détresse viscérale qui hurle que rien ne sera plus comme avant.

– Je m'en suis voulu pendant des semaines après ça, soupire Jamie. Je ne voulais pas être la cause de la rupture de Matt et Victoria. Tu comprends, je l'aimais, moi aussi. La voir avec Matt était une torture pour moi. Mais je ne pensais pas que cela aurait de telles conséquences.

– Mais à quoi t'attendais-tu ? Imagine que tu m'aies surprise en train de coucher avec ton frère, tu ne penses pas que ça aurait brisé notre couple ?

– Je ne peux pas t'écouter dire ça, Alyssa.

– Pourquoi ? Parce que l'idée est insupportable ? Eh bien, là, ce n'est qu'une idée. Matt l'a réellement vécu, lui. Il a dû faire face à cette situation, il doit vivre chaque jour avec cette image dans la tête. Est-ce que tu imagines le mal que ça lui a fait ?

– Je sais que ça l'a détruit. Et ça a détruit notre lien fraternel par la même occasion. Si cet accident m'avait fait crever, il n'aurait pas versé la moindre larme. S'il te plaît, relève-toi, viens vers moi.

De ce même bras tremblant qu'il avait levé pour essuyer ma larme, il essaie de m'atteindre. Mais mon corps entier rejette son contact. La brûlure de sa trahison coule dans mes veines, se propage dans le moindre de mes capillaires sanguins. Et une seule question tourne dans ma tête : comment puis-je lui pardonner cela ? En serai-je un jour capable ?

– J'aurais voulu que tu m'en parles, quand je t'en ai donné l'occasion. J'aurais sûrement essayé de comprendre. Mais là, je ne sais pas si je peux encore avoir confiance en toi.

– Bien sûr que si, tu peux avoir confiance en moi. Je suis toujours la même personne.

– Non. Non, les choses ont changé. Le Jamie que je connais ne ment pas. Il ne fait pas du mal gratuitement à son frère. Il n'en fait pas un monstre pour se donner le beau rôle.

– Tu ne trouves pas que tu dramatises un peu ? C'était il y a trois ans, merde ! Tu n'as jamais fait une erreur dans ta vie, Alyssa ? Et j'ai payé cher cette erreur, crois-moi.

– Je n'ai jamais détruit un couple, moi. Et je n'ai pas fait en sorte de monter qui que ce soit contre quelqu'un, comme tu m'as montée contre Matt. Ton propre jumeau, je te rappelle.

– Je sais que je n'aurais pas dû… Mais Alyssa, tu ne peux pas remettre en cause tout ce qu'on a vécu. Je t'en prie, réfléchis.

– Eh bien justement, je ne sais plus où j'en suis. Je pensais qu'après tout ce qu'on a vécu, comme tu dis, tu aurais la décence de ne pas me mentir. Même si je sais que Matt est loin d'être irréprochable et qu'il s'est largement vengé de ce que tu lui as fait, tu l'as fait passer pour quelqu'un d'horrible, alors qu'il souffrait, tout simplement.

– S'il te plaît, donne-moi ta main.

Je secoue la tête.

– J'ai besoin de temps, Jamie. Je ne sais pas si je vais pouvoir tourner la page. Si tu m'as caché ça, tu as pu me cacher d'autres choses. Je vais te laisser te reposer maintenant. Il vaut mieux pour toi que tu ne te prennes pas trop la tête actuellement et que tu te concentres sur toi. Moi, de mon côté, il faut que je réfléchisse.

– Non, Alyssa, reste avec moi.

– J'ai besoin d'être seule. Tâche de prendre soin de toi jusqu'à la prochaine fois où nous nous verrons. C'est le plus important. Au revoir, Jamie.

– 27 –

Depuis le véritable réveil de Jamie, mon téléphone ne cesse de vibrer. Chaque heure, les deux frères cherchent à me contacter. Ils essaient tous les deux de me persuader qu'il me faut les revoir. Qu'ils doivent m'expliquer certaines choses et que je ne peux pas prendre de décisions sans avoir eu une conversation avec eux. Mais je reste ferme. J'ai besoin de prendre du recul, de sortir un temps de leur influence et de réfléchir par moi-même, en mon âme et conscience.

J'ai appelé Louis le soir où je suis allée voir Jamie à l'hôpital. Je lui ai dit que même s'il était loin, j'avais besoin de lui parler. C'est toujours à lui que je me confie quand je dois prendre des décisions difficiles. Sa bienveillance rend tous ses conseils si précieux. Rien qu'entendre sa voix au téléphone m'aurait suffi, mais ce fou a décidé sur un coup de tête de quitter les États-Unis pour venir me voir. Il s'inquiétait trop depuis l'accident dont je l'avais tenu informé. Pour couper court à mes récriminations, il m'a dit que de toute façon il devait rentrer bientôt pour voir sa famille, donc demain ou dans un mois, sa décision était prise. Je n'ai pas eu d'autre choix que de rendre les armes, et il est arrivé ce matin à l'aéroport.

Nous voilà donc face à face, assis en tailleur sur mon lit, à essayer de trouver un moyen de régler cette situation. En nous revoyant ainsi, j'ai l'impression de me retrouver des années en arrière. À l'époque où Louis et moi ignorions tout de l'amour et nous demandions si nous le rencontrerions un jour. Nous avons passé tant d'heures ici à essayer de comprendre à quoi on reconnaissait le sentiment amoureux. Nous avons expérimenté un tas de choses pour essayer de mettre des mots dessus. Nous avons commencé par regarder des films à l'eau de rose, lire des romances, puis observer des couples dans la rue. Mais ça ne nous apprenait rien de concret, car la théorie n'est rien sans la pratique. Louis et moi avions donc décidé de nous embrasser pour voir si cela éveillait quoi que ce soit en nous. Un baiser purement expérimental évidemment, et naturellement, nous n'avions rien ressenti. Nous ignorions encore que l'amour ne s'éveille pas tant sous l'effet d'un baiser ou d'une caresse, que parce qu'il est déjà présent chez les êtres quand ils s'abandonnent à ces gestes tendres.

Depuis nous avons, chacun de notre côté, fait l'expérience de l'amour. Et malgré cela, je m'aperçois que je ne suis pas plus capable qu'hier de trouver des mots pour décrire ce que j'ai pu ressentir. Le sentiment amoureux reste obscur, incompréhensible, inexplicable.

Tellement inexplicable que je ne comprends toujours pas comment j'ai pu me retrouver dans cette situation glauque entre Jamie et Matt. L'amour rend fou, nous asservit. C'est la seule chose réellement importante dans la vie et pourtant, nous agissons comme si nous étions incapables de le comprendre.

– Donc voilà… conclus-je après avoir passé une heure à tout raconter à Louis. Je ne sais pas quoi faire, je ne sais plus qui croire.

– La question n'est pas de savoir si tu crois Jamie ou Matt, tu connais déjà toute l'histoire. Tu sais déjà qu'ils t'ont tous les deux menti à un moment ou à un autre. La question est plutôt de savoir si tu peux de nouveau avoir confiance en eux, ou… en l'un d'entre eux. Et accessoirement de savoir ce que tu ressens et pour qui. Toi aussi tu dois intégrer qu'ils ne sont pas interchangeables.

– Le sentiment de trahison est bien plus fort envers Jamie… à hauteur des sentiments que j'éprouve pour lui à vrai dire. On ne peut se sentir trahi que par les gens envers qui on a des attentes.

– C'est juste. Les deux ont déconné, c'est clair. Mais ta déception est plus grande concernant Jamie, car c'est ton petit ami, que tu l'aimes et que tu lui faisais confiance.

– Oui, mais le pire, c'est qu'en découvrant ce qu'il m'avait caché, j'ai réalisé du même coup qu'il n'était pas aussi bienveillant que je le pensais. J'ai vu de quoi il était capable pour arriver à ses fins… Tu te rends compte qu'il a été capable de me faire croire que son frère était un monstre rien que pour le garder à distance de moi et que je n'apprenne jamais rien de cette histoire ?

– J'avoue que dit comme ça, ça sonne plutôt mesquin. En même temps, il ne t'a pas menti sur l'enfer que son frère lui avait fait vivre… Et Matt alors, qu'est-ce que tu penses de lui maintenant ?

– C'est étrange, en fait, soupiré-je. Mon cerveau a été tellement habitué à le détester, à le voir comme un démon incarné sur terre, que je suis perdue à présent. J'ai appris à le connaître pendant le coma de Jamie, et j'ai découvert une tout autre personne. Il n'est pas si froid et distant qu'il en a l'air. Il a pris soin de moi lorsque j'étais à l'hôpital. Il m'a prouvé que j'étais importante pour lui, en quelque sorte. Mais je n'arrive pas à comprendre pourquoi il a cherché à se faire passer pour Jamie. Il a tout gâché en faisant ça.

– Au moins, il t'a expliqué le pourquoi. Mais ça ne peut pas tout excuser.

– Oui, c'est vrai. Je ne peux pas leur pardonner tous leurs jeux, leurs mensonges… Ils me font tourner en bourrique, et je suis fatiguée. Comment suis-je censée pouvoir passer au-dessus de tout ça ?

– Rien ne t'y oblige, à vrai dire. Tu n'es pas obligée de les garder dans ta vie, après tout.

– Je le sais très bien… J'y ai bien pensé, mais cette simple idée m'est trop difficile.

– Bon, écoute-moi, commence Louis. Je vais te raconter quelque chose qui t'aidera peut-être à savoir si, oui ou non, tu dois donner une seconde chance à l'un d'entre eux… Tu te souviens d'Alice, cette fille dont je t'ai parlé l'année dernière quand je suis venu te voir ? Il y a encore deux mois c'était ma copine, mais je l'ai quittée, car elle m'a menti. Un soir, elle m'a dit qu'elle ne pouvait pas sortir, qu'elle devait se coucher tôt, et quelques heures après un de mes amis est tombé sur elle en boîte. Cet ami l'a observée pendant toute la soirée. Elle a bu pas mal d'alcool, elle a brièvement dansé avec un gars qu'elle ne connaissait pas. Rien de bien méchant en soi… Mais quand mon ami m'a appris ça, je suis entré dans une colère noire. Comme toi, je me sentais trahi. Je n'ai pas compris pourquoi elle avait ressenti le besoin de faire ça dans mon dos. Quand elle a voulu m'expliquer, je n'étais pas en état de le comprendre.

– Et alors ? Qu'as-tu fait au final ?

– Je lui ai dit que je ne pouvais plus avoir confiance et je me suis éloigné d'elle. En y repensant maintenant, je me dis que j'aurais peut-être dû essayer de comprendre. Car en soi, elle n'avait rien fait de gravissime. Et maintenant, elle me manque profondément. On était vraiment sur la même longueur d'onde, elle était bienveillante, on rigolait bien… Mais pour un mensonge, j'ai décidé de tout arrêter.

– Ce que tu veux me faire comprendre, c'est que je risque de regretter si je coupe les ponts avec eux parce que je ne leur pardonne pas leur mensonge ?

– Plus ou moins, oui. Après, tous les mensonges ne sont pas excusables. Il faut que tu réfléchisses à ce que toi, tu serais capable d'accepter. Je ne te dis pas de pardonner à Jamie et à Matt tout ce qu'ils ont fait. Mais je pense que tu souffriras si tu les fais tous les deux sortir de ta vie.

– Tu as sûrement raison.

– Sinon, si tu ne te sens pas capable de prendre une décision seule, il y a peut-être autre chose que tu peux essayer de faire…

Ses yeux bleus, d'une douceur inégalable, me fixent depuis le début de la conversation. Il marque une pause, comme s'il voulait créer un suspens. Comme s'il voulait jauger mes réactions avant de me faire part de son idée.

– Vas-y, dis-moi, l'encouragé-je.

– Tu vas peut-être trouver ça complètement saugrenu, mais je pense que ça peut avoir du sens…

– Allez accouche, Louis.

– Eh bien, je me disais que tu pourrais peut-être essayer de contacter cette fille dont tu m'as parlé. Victoria, c'est ça, non ?

– Heu, oui. Cette idée m'a déjà traversé l'esprit pour être honnête, mais je ne sais pas… Quelque chose me retient.

– Quoi donc ? Cette Victoria, elle a plus ou moins vécu une situation similaire à la tienne. Elle s'est retrouvée entre les deux frères et elle en a fait les frais. Elle doit bien les connaître. Peut-être qu'elle pourra t'aider à mieux les cerner. Peut-être qu'elle te dira que leur pardonner ne t'avancera à rien, que ce sont des menteurs finis… Ou peut-être qu'au contraire elle t'apportera un éclairage plus positif sur eux et que tu pourras alors prendre une décision en ton âme et conscience.

– Ce peut être une idée, oui… De toute façon, je ne sais plus quoi faire. Je n'arrive pas à prendre de décision.

– Tu ne perds rien à essayer de la contacter.

Je me laisse basculer en arrière, la tête la première sur les oreillers, les mains sur le front comme pour essayer d'y voir plus clair alors que je suis complètement dépassée par la situation. Louis s'allonge lentement à côté de moi, et nous regardons tous les deux le plafond, sans dire un mot.

– C'est une drôle de sensation tu ne trouves pas ? murmure Louis après quelques minutes de silence. Lorsque la personne qui occupe constamment tes pensées, qui rythme ta vie pendant des semaines, des mois, sort subitement de ta vie.

– C'est insupportable comme sensation, dis-je d'une petite voix.

– On a l'impression qu'on nous arrache une partie de notre être. On se sent si seul et si perdu. C'est ce que je ressens depuis qu'Alice ne fait plus partie de ma vie.

– Pourquoi tu ne la rappelles pas ?

– Je ne sais pas, quelque chose en moi me dit que ça n'est pas une bonne idée. Ça serait toxique. Je serais toxique pour Alice. Je sais que je vais devenir parano. Je vais constamment avoir l'impression qu'elle me ment, qu'elle fait des choses dans mon dos. Ça ne serait pas gérable. Ni pour elle ni pour moi.

– Mais tu l'aimes.

– Ce que j'ai appris de l'amour au bout de toutes ces années, Lissa, c'est qu'il n'est pas si fort qu'on le croit. Le mensonge peut être une épreuve fatale… Il faut savoir peser le pour et le contre. À toi de voir ce que tu préfères : t'éloigner de tous ces mensonges et perdre Matt et Jamie ; ou accepter de pardonner, de reconstruire et aller de l'avant avec celui que tu aimes au plus profond de toi… À condition que tu arrives à savoir qui il est…

– 28 –

– Ça y est, les quatre heures sont écoulées, il va falloir me rendre vos copies. Numérotez vos pages, vérifiez que vous avez bien rempli l'en-tête avec toutes les informations nécessaires et déposez-les sur mon bureau.

La voix de l'examinateur résonne dans la salle après de longues heures de silence. Je soupire de soulagement en posant mon stylo : la semaine de bac blanc vient de s'achever, et étonnamment, j'ai l'impression d'avoir plutôt bien réussi. À ma droite, Holly se lève pour rendre sa copie tandis qu'à ma gauche Gabriella écrit encore frénétiquement. Je sens un poids quitter progressivement ma poitrine tandis que je réalise que nous venons d'arriver au bout de la première étape pour l'obtention de notre bac. Nous remballons nos affaires et quittons la salle qui nous a été attribuée pour la semaine.

– Alors, ça a été ? me demande Holly dans le couloir en attendant que Gabriella nous rejoigne.

– Sincèrement ? Je crois que j'ai limité la casse. Les résultats ne seront certainement pas dingues, mais vu le retard que j'ai accumulé, je pense avoir rendu des copies correctes. Et toi ?

– Pas de catastrophe non plus ! Espérons que le bilan sera aussi positif au mois de juin.

Gabriella sort de la salle, l'air las. Elle marche jusqu'à nous en traînant à moitié les pieds.

– Heureusement que c'était la dernière épreuve ! Je suis K.-O., soupire-t-elle.

Elle fait mine de s'évanouir pour donner une connotation dramatique à sa déclaration. Holly et moi pouffons devant son jeu d'actrice médiocre, puis nous attrapons Gabriella chacune par un bras avant de nous diriger vers la sortie du lycée. Une fois dehors, je leur dis :

– Bon, les filles, j'ai quelque chose à vous demander.

– Oui, qu'est-ce qu'il y a, Aly ? me demande Gabriella.

– J'aimerais que vous veniez chez moi pour qu'on essaie de trouver un moyen de contacter Victoria.

– Donc tu as décidé de suivre les conseils de Louis ? interroge Holly en haussant un de ses micro-sourcils épilés.

– Oui, je pense que l'idée est bonne. Comme je ne sais pas quoi faire, je me dis que ça peut être un bon moyen de décanter la situation… Vous ne pensez pas ?

– Tu peux toujours essayer, oui, acquiesce Holly.

– Enfin, peut-être que cette fille a décidé de mettre toute cette histoire derrière elle et qu'elle ne voudra pas en parler avec une parfaite inconnue.

Je tourne la tête vers Gabriella, qui vient de marquer un point.

– C'est probable, oui. Mais quelque chose me dit qu'il faut au moins que j'essaie.

– Eh bien, fais-le, m'encourage Holly. Il faut toujours suivre son instinct.

*
* *

– Bon, alors, comment on s'y prend ?

Les filles sont assises autour de la table en bois de la véranda. Toutes les deux postées devant un ordinateur portable, on croirait une unité du FBI à la recherche d'un criminel mondialement connu. Je pose le plateau que j'ai rempli dans la cuisine d'un tas de choses à grignoter, pour ravitailler mes « agents de recherche ». Au bout de la table, je m'installe à mon tour face à un troisième ordinateur.

– La seule chose que je sais d'elle, c'est qu'elle s'appelle Victoria, annoncé-je.

– On va pas aller loin avec ça, affirme Holly.

– Je sais aussi à quoi elle ressemble, Matt m'a envoyé une photo d'elle et lui, il y a quelques semaines.

– C'est déjà ça, envoie-nous cette photo pour qu'on puisse voir si on peut trouver un profil Facebook correspondant.

Aussitôt dit, aussitôt fait. Nous ratissons les amis Facebook de Matt et de Jamie, mais aucune Victoria n'en fait partie.

– Elle a disparu de la circulation ou quoi ? s'exclame Holly. Tu es sûre qu'elle existe vraiment ?

– Si je n'avais pas parlé à Jamie de cette histoire, j'aurais pu avoir un doute. Mais là, j'ai la certitude qu'elle existe.

– On va finir par la trouver, assure Gabriella.

Elle affiche un air concentré, les yeux rivés sur son ordinateur. Elle n'a même pas pioché dans les gourmandises du plateau dans lesquelles, en revanche, Holly et moi avons largement tapé.

– Après tout, ça ne paraît pas étonnant qu'elle ne les ait plus en amis sur Facebook vu l'histoire que tu nous as racontée, explique Gabriella. On devrait aller chercher dans les profils des meilleurs amis de Matt, par exemple. Il y a plus de chances de l'y trouver.

– Oui, tu as raison, faisons ça.

Et nous repartons pour une deuxième session de recherches… qui s'avère tout aussi infructueuse. Mais nous ne relâchons pas nos efforts et continuons à chercher, en passant par d'autres réseaux sociaux.

– Si seulement j'avais son nom de famille, soupiré-je. Ça serait beaucoup plus simple.

– On n'a pas dit notre dernier mot, dit Holly en me frottant affectueusement le bras. Ça fait à peine quarante-cinq minutes qu'on a commencé à chercher.

– On devrait peut-être faire une petite pause ?

– Oui, on peut faire ça.

Je me lève pour aller ouvrir la porte-fenêtre qui donne sur l'arrière de notre grand jardin. L'air frais s'engouffre doucement dans la pièce, venant revigorer mon corps. Je me laisse lourdement retomber sur ma chaise et m'abandonne à mes pensées, la tête dans la main.

– On devrait partir quelques jours à la mer toutes les trois, suggère subitement Holly. Ça pourrait nous aider à nous ressourcer. Cette année a été riche en émotions, et ces quelques jours pour nous avant le bac nous feraient le plus grand bien. Les vacances de printemps sont dans trois semaines, on pourrait s'organiser ça à ce moment-là, qu'en pensez-vous ?

– Je pense que ça peut être une merveilleuse idée. J'ai un besoin viscéral de partir quelque temps d'ici. Cette ville me rend folle.

Je secoue la tête que j'avais relevée vers elle avant de plonger à nouveau dans mes mains, comme pour échapper au monde extérieur.

– Ma grand-mère a un mobile home sur la côte Atlantique, je pourrais lui demander si elle veut bien nous le laisser le temps d'un week-end, propose la blonde, visiblement très excitée par son idée de voyage.

– C'est une super idée. Je suis complètement partante.

– En plus c'est parfait, ça tombe juste quelques jours après mon anniversaire. Ça veut dire que j'aurai enfin ce foutu permis, donc pas de problèmes pour y aller ! On pourra fêter dignement ma majorité là-bas.

– Pourquoi n'y avons-nous pas pensé avant ? m'étonné-je. Dix-huit ans, cc n'est pas n'importe quel anniversaire. Il faut fêter ça.

– Les filles !

La voix de Gabriella, qui ne s'était pas fait entendre jusqu'ici, nous sort de notre rêverie. Holly et moi nous retournons d'un même mouvement vers elle, l'interrogeant du regard.

– Je crois que je l'ai trouvée, annonce-t-elle fièrement. Venez voir ça.

En un éclair, Holly et moi sommes postées derrière elle, penchée vers l'écran de son ordinateur. En effet, elle vient de mettre la main sur le profil Twitter de notre fameuse Victoria.

– Comment as-tu fait pour y arriver ? demandé-je, à la fois impressionnée par sa trouvaille et dubitative.

– J'ai fait une recherche d'image inversée, explique simplement Gabriella en parcourant le profil de la fille qui est à l'origine de tout.

– Une recherche d'image inversée ? répète Holly. Qu'est-ce que c'est que ce truc ?

– Quoi ? Vous n'avez jamais entendu parler de ça ? C'est pourtant super pratique, je ne sais pas pourquoi je n'y ai pas pensé plus tôt. Alyssa nous a envoyé une photo de Matt et Victoria, j'ai enregistré l'image sur mon ordinateur et l'ai téléchargée dans un moteur de recherche. En fait, tu mets la photo que tu souhaites, et Google cherche les endroits d'où elle provient. Apparemment, Victoria avait posté cette photo sur son Twitter.

– Remonte jusqu'à l'été d'il y a deux ans, on va voir si c'est le cas, indiqué-je.

Quelques minutes après, et des dizaines de tweets analysés, nous arrivons effectivement sur cette photo de Matt et Victoria. Il n'y a aucune description, ni commentaire ni identification. Pourtant, le nombre de

« j'aime » est plutôt important. Je comprends assez vite que Victoria a tout supprimé. Mais dans ce cas, pourquoi a-t-elle laissé la photo sur son profil ?

– Voilà, tu as un moyen de la contacter, à présent, dit Holly en se reculant au fond de sa chaise.

Elle croise les bras sous sa poitrine et me regarde d'un air fier.

– Bravo, Gaby, t'es la plus forte.

Pour lui montrer ma gratitude, je lui colle un bisou sur la joue. Je tire une chaise à côté d'elle et m'empare de son ordinateur que je pose devant moi.

– Bon, je ne vais pas y aller par quatre chemins, annoncé-je, sûre de moi. Il faut d'emblée que j'explique à Victoria que j'ai un lien avec les jumeaux, comme ça elle n'aura pas l'impression que je la prends en traître en abordant le sujet au détour de la conversation.

– Ça me semble être une bonne idée, oui, m'encourage Holly.

– Maintenant que tu as trouvé un moyen de la contacter, on va pouvoir organiser plus sérieusement cette petite escapade dont je vous ai entendu parler, dit Gabriella avec un air malicieux.

De Alyssa :

Salut Victoria. Je sais que je suis une parfaite inconnue à tes yeux, et que tu ne comprendras pas pourquoi je te contacte, aussi je vais t'expliquer, c'est très simple : nous avons des connaissances communes, Matt et Jamie Cassel. Je connais toute l'histoire qui te rattache à eux, et je me suis dit que tu pourrais m'être d'une grande aide. Je me doute que tu n'as peut-être plus envie d'entendre parler d'eux, mais je me trouve dans une situation délicate les concernant. J'ai besoin d'être éclairée. Si tu es d'accord pour m'aider, fais-le-moi savoir. Merci d'avance.

– 29 –

J'arrive au lycée au pas de charge. Il est 18 h 45, il est possible que j'arrive trop tard. Je me dépêche de contourner le bâtiment principal pour rejoindre le complexe sportif, et plus précisément la piscine extérieure. À cinquante mètres des gradins, je peux déjà entendre les acclamations, l'effervescence que génère cet événement sportif. Apparemment, bonne nouvelle, ce n'est pas fini !

J'ai décidé au dernier moment de venir voir le relais de Matt. Si j'ai bien compris la dernière publication qu'il a mise sur Facebook il y a trois jours, c'est une course charnière, dans la mesure où la meilleure équipe se qualifiera pour les nationales. Alors que je m'étais dit que je n'irais sous aucun prétexte, il y a une heure environ, quelque chose en moi m'a dit que je devais y aller. Que j'en avais besoin. Et c'est sans doute vrai. Depuis le réveil de Jamie, il y a pratiquement un mois maintenant, je n'ai pas vu les deux frangins. Je me suis complètement coupée d'eux pour réfléchir sereinement, pour me retrouver. Le seul contact direct que j'ai eu a été avec Jamie il y a deux semaines. Je lui ai simplement demandé comment se passait sa convalescence, car je me sentais coupable de mon silence vu sa situation. Il m'a dit qu'il s'en sortait, et ce n'est pas allé plus loin, même s'il m'a renvoyé pas mal de messages suite à ça. Évidemment, cette situation me frustre. Je n'aurais jamais pu imaginer que les choses se passeraient ainsi. Je ne pensais pas être capable de rester loin de lui après son réveil. Je pensais que je serais submergée par une vague d'amour. Mais ce n'est pas le cas. Nous nous éloignons un peu plus chaque jour. Et même si cette situation me rend triste, ses mensonges prennent plus de place que le manque de lui.

Même si j'ai eu besoin de cette distance, l'idée de revoir Jamie et Matt me trotte dans la tête depuis quelques jours. J'ai l'impression que j'en ai viscéralement besoin, pour pouvoir mettre un terme à mes ruminations. J'ai donc décidé de suivre mon instinct et je suis allée voir Jamie à l'hôpital hier. Il n'a rien su de ma présence. Je l'ai observé de loin par la fenêtre de la salle de rééducation. Je suis venue au bon moment. Pour une fois, l'Univers m'a un peu aidée. Parce que pour l'instant, je veux voir les garçons sans avoir à leur parler. Je ne saurais pas quoi leur dire et je sais qu'ils attendent chacun une décision de ma part. Décision que je suis incapable de prendre. Alors, arriver pile au moment de la séance de rééducation, c'était l'idéal. Jamie avait l'air d'aller relativement bien et sa séance semblait se dérouler sans problème. Certains exercices le faisaient grimacer de douleur, mais il n'a jamais renoncé. Il m'a paru si fort. Il m'a impressionnée. Même depuis mon poste d'observation, je pouvais discerner son air tenace et sa concentration extrême trahie par le bout de langue qui sortait de sa bouche. Ça m'a fait du bien de le voir comme ça. Ça m'a apaisée, d'une certaine manière. Cette image a permis de chasser celle que mon cerveau avait construite : l'image d'un corps inerte, mort sur une route enneigée souillée par l'écarlate d'un flot de sang.

Aujourd'hui, c'est le tour de Matt. J'arrive à présent au niveau des gradins. L'ambiance est euphorique. La course vient seulement de commencer, le premier relayeur de chaque équipe s'élance à peine. Il faut croire que je ne suis pas la seule à être en retard ce soir. Alors que les gradins s'animent de plus en plus, j'arrive, non sans peine, à me dégoter une place. Qui aurait cru que ce genre de course attirerait autant de spectateurs ? Certes, de là où je suis, je ne vois pas grand-chose du bassin, mais j'ai tout de même un point de vue sur les relayeurs à venir, qui attendent droit comme des I derrière leur plongeoir. Comme si mon regard était programmé sur sa fonction « tête chercheuse », je repère Matt en un éclair. Son équipe se trouve sur la deuxième ligne d'eau la plus proche de moi. Mon cœur rate un battement lorsque je réalise qu'il est là, sous mes yeux, à quelques dizaines de mètres de moi. Ses cheveux dissimulés sous un bonnet de bain et ses lunettes de natation encore relevées sur son front. Comme la fois où j'étais venue le voir l'année dernière, il est le quatrième relayeur. Je mettrais ma main à couper qu'il est le meilleur nageur de son équipe. Physiquement, il dépasse chacun de ses petits camarades d'au moins une demi-tête. Son corps exposé aux regards a encore gagné en force et en muscles sans altérer pour autant sa silhouette élancée. Son visage est fermé, son air concentré, conquérant. Son goût pour la compétition, évident.

Le revoir me trouble. Pour une raison inexplicable, tous les moments que nous avons partagés me reviennent en tête. Notamment les images du soir de notre rencontre. Ce fameux soir où il était venu me demander du feu, lors de cette fête. Il m'avait laissée bègue, fiévreuse. Sa voix grave, son regard profond, son assurance démesurée m'avaient chavirée. Et je me demande alors ce qui se serait passé si Jamie n'avait pas été là. Si Jamie ne s'était pas immiscé entre nous par l'intermédiaire de ce jeu. Peut-être serais-je avec Matt, aujourd'hui. Peut-être que ma vie aurait une tout autre saveur.

Lorsque enfin je m'arrache à mes pensées, j'ai raté une bonne partie de la course. Matt est le prochain à passer. Il se place sur le plot de départ et positionne minutieusement ses lunettes. Mon cœur s'accélère. La pression sanguine augmente dans mes veines et mes artères, comme si je m'apprêtais à m'élancer avec lui. Je me lève de ma place pour mieux voir. Les gens derrière moi râlent, mais je les ignore. Je suis comme dans un état second, dans une bulle. Le troisième relayeur finit à peine sa course que déjà Matt fend l'eau. Son plongeon est parfaitement exécuté, son corps semble entrer dans la piscine en un seul point. Ses gestes dans l'eau sont d'une fluidité déconcertante. Il semble être dans son véritable élément. Il apparaît comme un homme poisson qui se serait égaré sur la terre ferme. L'eau glisse merveilleusement sur sa peau claire, son corps ne semble pas faire le moindre effort pour se déplacer. Je suis si absorbée par l'exécution de ses gestes à la fois si amples et si fluides, que je suis incapable de dire s'il peut décrocher la victoire ou pas. Je suis debout, immobile, en attente de la libération. J'ai l'impression qu'une connexion s'est établie entre Matt et moi. Je ressens l'enjeu de cette course, l'adrénaline qui doit parcourir les tissus de son corps, sa puissance…

La libération tant attendue arrive lorsque la main de Matt touche la mosaïque du mur de la piscine. Immédiatement, sa tête sort de l'eau, il retire ses lunettes, et regarde le grand écran qui affiche les temps. Je suis son regard, avec la même inquiétude. Je reste de longues secondes à observer le tableau lumineux, et comprends qu'une autre équipe est arrivée en tête. Celle de Matt n'est que deuxième. Un sentiment de déception m'envahit tandis que mes yeux cherchent à nouveau Matt dans l'agitation générale. Il est déjà hors du bassin, auprès de son équipe. Il a retiré son bonnet et ses coéquipiers le prennent dans leurs bras. Ils se donnent des accolades, comme pour se réconforter. Dans un coin du stade, les supporters de l'équipe vainqueur sont déchaînés. Mais je n'entends plus aucun bruit autour de moi. Tous mes sens sont concentrés sur Matt.

Et comme s'il sentait subitement le poids métallique de mon regard, il se tourne vers moi. Ses yeux survolent l'assemblée. Il semble avoir senti ma présence. Il ne sait pas encore que je suis là, mais au fond de lui, il le ressent. Après quelques instants, nos regards se rencontrent, se verrouillent. Comme moi, il ne semble plus rien entendre autour de lui. Il s'arrache aux étreintes réconfortantes de ses coéquipiers, n'écoute pas non plus ce qu'on lui dit. Il reste à me regarder, et il secoue la tête, l'air de dire « Mais qu'est-ce que tu fais, Alyssa ? » Quelque chose en moi a cette envie irrépressible de courir vers lui. Mais j'en suis incapable. Car je resterais interdite. Car je ne saurais pas quoi faire, quoi dire.

Dans ce brouhaha assourdissant, un bruit improbable me sort de ma contemplation. Ou plutôt une sensation. Cette éternelle vibration de mon portable. Instinctivement, je porte ma main à ma poche pour l'en extraire sans quitter des yeux Matt qui n'en revient toujours pas de ma présence. Notre contact visuel est finalement rompu lorsque mes pupilles rencontrent l'écran de mon téléphone : Victoria m'a répondu. Après plusieurs jours d'attente, elle m'a finalement répondu.

Victoria : Bonsoir. Je suis désolée pour l'attente… Je me doute bien que tu devais t'être faite à l'idée que je ne te répondrais pas. Et moi-même je pensais que ça serait le cas. Je n'avais pas envie de me replonger là-dedans, mais je comprends ton état. J'aurais voulu que quelqu'un m'aide il y a trois ans maintenant. Alors, oui, j'accepte de t'aider. Si tu veux me joindre, je te laisse mon numéro. Tu peux m'appeler à n'importe quel moment.

Je cligne plusieurs fois des yeux, n'arrivant pas à saisir les mots que je viens de lire. Elle a raison, je ne pensais pas qu'elle me répondrait. Surtout pas après plus d'une semaine. Je n'y croyais plus. Cette nouvelle me sort de l'état hypnotique dans lequel j'étais plongée depuis mon arrivée. Je secoue la tête frénétiquement, comme pour m'aider à émerger d'un rêve. Je jette un dernier regard à Matt, qui semble me supplier de venir le voir. Mais il est encore trop tôt.

Presque titubante, je quitte les gradins en composant le numéro de Victoria. Pendant que je descends les marches, avant de quitter les gradins, je jurerais entendre, au milieu de ce vacarme, la voix de Matt crier mon nom.

– 30 –

La sonnerie retentit au bout du fil. À chaque tonalité, mon cœur grossit un peu plus. Il ne tardera pas à occuper toute ma cage thoracique. J'ai l'impression que je suis à deux doigts de l'implosion. L'attente est insoutenable. Pourquoi ne répond-elle pas ? J'ai pourtant appelé à peine deux minutes après avoir reçu son message. La logique voudrait qu'elle soit encore sur son téléphone, ou au moins à proximité. A-t-elle pris peur ? Peut-être ne s'attendait-elle pas réellement à recevoir un message de ma part. Inévitablement, je tombe sur le répondeur, où aucun message personnalisé n'a été enregistré. Je raccroche sans laisser de trace sur sa messagerie.

Je continue de m'éloigner du lycée, en tournant le dos à mon arrêt de bus. Je ne veux pas rentrer tout de suite, la soirée a été beaucoup trop riche en émotions. Je marche en traînant les pieds jusqu'à trouver un banc, au bord de la route. Drôle d'endroit pour se poser, mais ça fera l'affaire. Je me laisse lourdement tomber dessus, vidée de toute énergie. Le relais de Matt m'a achevée. Mes paupières se ferment et j'inspire profondément pour que mon corps commence à se remettre de ses émotions. À cette période de l'année, les jours commencent à rallonger. Il y a encore à peine deux semaines, il faisait pratiquement nuit à cette heure. Aujourd'hui, le soleil vient tout juste d'entamer sa chute quotidienne pour aller enlacer l'horizon. La lumière est douce, tamisée. Le ciel a revêtu une robe orangée, aux nuances de rose, crépusculaires.

Soudain, mon portable vibre dans ma main, la chair de poule parcourt mon corps. Je desserre prudemment mes doigts qui maintenaient prisonnier l'objet, pour en apercevoir l'écran. C'est Matt.

> **Matt** : Alyssa, que faisais-tu au relais ce soir ? Tu voulais discuter ?

Je n'ai aucune envie de lui répondre pour le moment. Je suis obnubilée par le message de Victoria. Rien d'autre ne m'intéresse à l'heure actuelle.

> **Matt** : Même si tu n'étais pas là pour me parler, sache que ta présence me va droit au cœur. Je sais que nous n'avons pas gagné ce soir, mais je suis tout de même content que tu aies assisté au moins à une des courses de la saison.
>
> **Matt** : Je n'ai pas bien nagé ce soir. Je n'étais pas au meilleur de ma forme, je n'étais pas vraiment dans la course. J'aurais pu faire mieux. Mais mon esprit ne m'appartient plus depuis quelque temps.

Matt essaie de me faire comprendre que mon silence et mon absence sont difficiles à gérer pour lui. Il faut dire que nous avions pris l'habitude de beaucoup nous voir, de beaucoup nous parler depuis l'accident. Du jour au lendemain, il a dû se sentir renvoyé à la case départ. Celle où Jamie le maintenait de force depuis un an…

Soudain, mon portable se remet à vibrer, frénétiquement. Le numéro n'est pas enregistré dans mes contacts, mais j'en reconnais les deux derniers chiffres : Victoria. Fébrile, je décroche et colle maladroitement le téléphone à mon oreille. De l'autre côté du combiné, j'entends une faible respiration, ou plutôt une inspiration comme si mon interlocutrice tentait de rassembler son courage avant de se lancer. C'est le seul bruit perceptible. Quelques instants durant, le silence s'installe. Chacune consciente de la présence de l'autre, appréhendant toutes les deux la conversation à venir. Comprenant que Victoria ne fera pas le premier pas, je me lance, d'une voix chevrotante.

– Allô, Victoria ?

– Oui, c'est bien moi.

Une voix douce, quoiqu'un peu grave, emplit le combiné. Son visage s'associe immédiatement à cette voix dans mon esprit qui la visualise, qui l'entend même supplier Matt de lui laisser une chance de s'expliquer.

– Je ne te dérange pas ?

– Si tu me dérangeais, je ne t'aurais pas rappelée. Sois tranquille, je t'ai dit que tu pouvais me joindre quand tu le souhaitais. Je suis simplement surprise de ta rapidité. Je ne pensais pas que tu serais si réactive.

– Oui, c'est vrai. Je dois avouer que j'avais peur que tu ne changes d'avis. Une petite voix en moi m'a dit qu'il fallait que je saute sur l'occasion, confessé-je.

– Tu as eu raison. C'est cette même petite voix intérieure qui m'a poussée aujourd'hui à te répondre. Jusqu'ici, c'était hors de question. J'avais peur de me replonger dans cette histoire.

– Je peux savoir pourquoi cela te fait peur ?

– Eh bien… Disons que j'ai mis du temps à m'en remettre. Pour commencer, j'ai eu du mal à comprendre ce qui s'était passé. Je ne pensais pas que les choses prendraient de telles proportions. C'est fou ce qu'on peut être naïf lorsqu'on est jeune…

– J'imagine que ça a dû être dur, oui, murmuré-je, ne sachant pas réellement quoi lui dire étant donné qu'elle était, finalement, tout aussi fautive que Jamie.

– Pendant des semaines, ça a été difficile. Je me demandais où j'avais bien pu merder, pourquoi est-ce que ça m'arrivait à moi… J'avais beau tourner et retourner la situation dans tous les sens, revivre les événements mentalement pour essayer de voir d'où venait le problème, je ne comprenais pas. Je m'entendais à merveille avec les jumeaux. On était sur la même longueur d'onde. Mais subitement, aucun des deux ne voulait plus m'adresser la parole. J'avais l'impression d'être devenue une pestiférée. J'ai ressenti un sentiment de colère si profond…

– Jamie ne t'a plus parlé après ça ? m'étonné-je.

Matt me l'avait dit en effet, mais je n'avais pas pu me résoudre à le croire. Dans ma tête, ça ne faisait pas sens.

S'il avait réellement été amoureux de Victoria, il aurait dû s'accrocher à elle contre vents et marées une fois l'irréparable commis… à moins que la culpabilité, la conscience de ses actes ne l'aient rattrapé… Sinon, pourquoi disparaître une fois le couple de son frère brisé ? Pourquoi disparaître alors que la voie était finalement « libre » pour essayer de conquérir Victoria, qui visiblement était elle aussi attirée par lui, sinon pour cette raison ?

– Non, répond-elle. Tout comme Matt, il a voulu couper les ponts. Subitement, je me suis retrouvée seule. Ç'a été très difficile à accepter. Et puis, finalement, les choses se sont adoucies quand j'ai commencé à comprendre que le problème ne venait pas de moi. Ou du moins pas que… Ce que j'ai réellement compris, c'est que peu importe ce que j'aurais pu faire, mes relations avec les jumeaux étaient vouées à mal se terminer.

– Comment en es-tu arrivée à cette conclusion ?

– Ça m'a pris du temps, avant de prendre conscience de cela. Je ne voulais sûrement pas voir la réalité en face, au départ. Mais j'ai compris qu'il n'était pas possible d'avoir et Matt et Jamie dans ma vie. Ils sont toxiques l'un pour l'autre et toxiques pour les autres. Ils sont à la fois trop similaires et trop différents. Les personnes qui se retrouvent entre eux sont condamnées à en faire les frais. J'ai été un de leurs dommages collatéraux.

– Comment ça, on ne peut pas avoir les deux dans notre vie ? interrogé-je, voulant obtenir un maximum de détails.

– Eh bien, personnellement, j'aimais les deux. De manière très différente, bien entendu. J'étais amoureuse de Matt, mais ça ne m'empêchait pas d'avoir une relation particulière avec Jamie. On était très proches aussi. Et donc, faire un choix entre les deux, c'était impossible pour moi. Pourtant, c'est ce que j'aurais dû faire. J'aurais dû m'y résoudre. Mais je me suis laissé séduire par la douceur de Jamie, et j'ai commis l'irréparable avec lui.

– Pourquoi aurait-il fallu que tu fasses un choix absolument, si ce n'est pas ce que tu voulais ?

– C'est précisément ce que je veux essayer de te faire comprendre : il n'est pas possible d'avoir les deux dans sa vie, au même moment, même en tant qu'amis. Sinon, c'est condamné à se terminer de manière dramatique. C'est une évidence. Ils veulent tous les deux constamment prendre l'ascendant sur l'autre. Être le plus aimé, celui qui réussit le mieux ce qu'il entreprend. Si tu te trouves au milieu, tu vas inévitablement devenir l'objet de leur lutte.

Tandis que les phrases de Victoria prennent sens dans mon esprit et que je réalise ce que cela suppose, je vois mon monde se désagréger. J'ai l'impression que tout se consume, d'être entourée par un brouillard de cendres épais, opaque, où l'air est irrespirable. Un nuage gris où se mêlent tous les souvenirs que j'ai avec Jamie, avec Matt. Victoria vient tout juste de me confirmer ce que je redoutais le plus : la nécessité de devoir faire un choix. La nécessité de faire une croix sur l'un d'eux.

– Après, je ne peux pas te confirmer que j'ai raison, reprend Victoria. Peut-être que pour toi, ça sera différent.

Mais très honnêtement, je doute que la cohabitation soit possible. Le fait que tu me contactes confirme déjà mes craintes. Tu les connais depuis combien de temps ?

– Depuis un peu plus d'un an.

– Tant que ça ? s'étonne-t-elle. Et tu as réussi à garder les deux dans ta vie pendant tout ce temps ?

– Pas vraiment, non, nuancé-je. Disons qu'ils ont fait en sorte de me tenir à l'écart de l'un et de l'autre tour à tour, et de ce fait, je n'ai jamais réellement côtoyé les deux au même moment.

– Je comprends mieux. C'est très probablement pour cela que ça a tenu aussi longtemps.

– Sûrement oui… Mais comment suis-je censée choisir ?

– Alors là, je ne peux pas t'aider. J'ai été moi-même incapable de faire un choix à l'époque. Ils sont les deux faces d'une même médaille. Ils se complètent merveilleusement. Malheureusement, leurs parts d'ombre respectives se complètent également. Et réunies, elles deviennent complètement ingérables.

Le vent froid du début de soirée glisse sur mes joues humides et rougies. Le choix s'impose donc à moi. Au fond, je savais déjà que c'était ce qu'il me fallait faire. J'étais d'ores et déjà capable de sentir que garder Jamie et Matt dans ma vie, au même moment, était tout ce qu'il y a de plus malsain. Chaque fois qu'ils le peuvent, les jumeaux m'utilisent pour se faire du mal. Sauf que moi aussi, je pâtis de la situation. Moi aussi, je souffre. Et les choses ne peuvent plus continuer comme ça, car un jour ou l'autre je finirai par me retrouver dans la même situation que Victoria.

– J'aurais une autre question à te poser, si tu es d'accord, demandé-je avec une petite voix.

– Je t'écoute.

– As-tu compris pourquoi Jamie, lui aussi, a décidé de couper les ponts avec toi suite à cette histoire ?

– Je t'avoue que c'est l'aspect le plus tordu. Celui que j'ai eu le plus de mal à comprendre. Je pensais que son acte résultait de sa volonté de m'avoir, auquel cas, il aurait dû essayer de me conquérir une fois Matt et moi séparés.

– Oui, c'est ce que je me dis aussi, intervins-je.

– C'est ce qui semble le plus cohérent, au premier abord. Mais j'ai compris que Jamie n'avait pas agi par amour pour moi. Enfin, ce que je veux dire, c'est qu'il pensait m'aimer. Mais ce n'était pas réellement le cas. Il me voulait simplement parce que son frère m'avait et qu'il souhaitait me garder. Mais au moment même où Matt s'est détourné de moi, Jamie a fait de même. Je ne l'intéressais plus, tout simplement… Ou alors il s'en est voulu d'avoir détruit sa relation fraternelle et n'a pas voulu envenimer plus encore les choses en continuant à me tourner autour. Mais je t'avoue que je ne suis pas certaine que ce soit le cas. Si Jamie avait eu peur d'être en froid avec son frère, il ne se serait pas rapproché de moi en premier lieu.

– J'ai du mal à comprendre ça, avoué-je. Si Jamie agissait réellement avec cette volonté d'être comme

Matt, pourquoi ne s'est-il pas détourné de moi au moment où je me suis mise avec lui ?

– Jamie est ton copain ?

– Oui. Même si je ne sais pas vraiment où j'en suis actuellement, oui.

– Et tu sais pourquoi il a commencé à te porter de l'intérêt ?

Avec cette question, je sais exactement ce qu'elle veut me faire toucher du doigt. Et la réponse que je vais lui fournir va confirmer tout ce que Victoria tente de m'expliquer depuis le début de cette conversation.

– Il a commencé à s'intéresser à moi car Matt avait pour projet de me parler.

– Alors tu as ta réponse, soupire Victoria.

– Mais pourquoi est-il resté avec moi tout ce temps, une fois qu'il m'a eue ? Je n'arrive pas à comprendre.

– Je pense que Matt a continué à s'intéresser à toi, même durant le temps où tu étais en couple avec son frère. Tant que tu as l'intérêt de Matt, tu as celui de Jamie. L'un ne va pas sans l'autre… Après, il n'est pas exclu qu'il soit réellement amoureux de toi. Je ne peux pas le savoir, je ne connais pas votre relation.

– Je pense qu'il m'aime vraiment, mais à présent, je remets tout en doute… Tu veux donc dire qu'il est possible que, si un jour Matt se lasse de moi, Jamie disparaisse aussi ?

– Peut-être, je ne sais pas. C'est une possibilité… Mais je ne veux pas influencer ton choix. Après tout, en trois ans de temps, les choses ont pu changer. Les garçons ont pu évoluer, surtout après ce qui s'est passé…

– Et pourtant, comme il y a trois ans, ils s'intéressent tous les deux à la même fille, constaté-je.

– C'est vrai. Peut-être que ça les poursuivra toute leur vie… Je crois que Jamie a un problème de personnalité. Il ne sait pas qui il est sans son frère. Il n'arrive plus à se dissocier de lui. Matt, lui, a compris qu'il fallait couper le cordon. Qu'ils ne pouvaient pas continuer à être une seule et unique personne. Mais pour autant le gère-t-il mieux ?

– Jamie est sensible.

– Bien plus que Matt, oui. Lui, il n'a besoin de personne. Du moins, c'est ce qu'il laisse paraître. En réalité, je pense qu'il continue à se battre pour trouver sa propre identité, car il a compris que c'était essentiel de se dissocier de son frère. Mais Jamie continue de vivre dans l'ombre de Matt… Tous mes autres souvenirs d'eux, je les ai enfouis il y a bien longtemps maintenant. J'espère en tout cas avoir pu t'aider, même si je ne peux pas en faire plus.

– Attends ! m'exclamé-je pour la retenir. Donc… la seule chose que tu puisses me conseiller, vu la situation, c'est de faire un choix ? Il n'y a pas d'autre solution ?

– Je crains qu'il n'y en ait pas d'autre, non. Soit tu fais le choix d'en garder un dans ta vie, dans l'espoir que tu puisses entretenir une relation saine avec lui, sans que l'ombre de son frère ne plane trop sur vous, soit… Soit tu t'éloignes des deux. Le problème étant qu'ils sont aussi attachants et troublants que leur rivalité est flippante. C'est pour ça que le choix est cornélien. Car, malgré tout ce qu'ils ont pu faire, ils ont tous deux un bon fond, et l'idée de ne plus les avoir à nos côtés est insupportable.

– Mais…

– Le problème, c'est qu'ensemble, ils sont explosifs. Il faut que tu en prennes conscience. Essaie de les voir comme deux éléments chimiques réactifs l'un à l'autre. Peu importe la manière, mais il faut que tu restes éloignée de cette bombe, sinon tu finiras comme moi… Seule et torturée pendant des mois. Au revoir, Alyssa. Bonne chance.

Et avant que je ne puisse ajouter un mot, elle a raccroché. Ses derniers mots retentissent dans ma tête quelques instants. « Il faut que tu restes éloignée de cette bombe. »

– 31 –

J'ai appelé Louis, reparti de l'autre côté de l'Atlantique, pour le remercier de son idée. Parce que oui, la discussion que j'ai eue avec Victoria a eu sur moi l'effet d'un électrochoc. Cela faisait des semaines que je me sentais bloquée, que je n'arrivais pas à avancer. Sincèrement, aussi inattendu que cela puisse être, ce petit appel a changé la donne. J'ai donc voulu rendre la pareille à Louis. À mon échelle, bien sûr, car donner des conseils, ce n'est pas vraiment mon domaine. Mais j'ai tout de même tenté. Je lui ai dit qu'il devait recontacter son Alice. Qu'au vu de ce qu'il m'a dit de leur relation et des raisons de la fin de leur couple, c'était trop bête de ne pas lui redonner une chance. Étonnamment, Louis a eu l'air de m'écouter, et je suis pratiquement certaine qu'il va la revoir. C'est une première. Habituellement, je suis parfaitement incapable de fournir des solutions aux problèmes d'autrui, ni même de les réconforter.

Cela fait donc quelques jours que je réfléchis, que je pèse le pour et le contre pour essayer de trancher. Je n'aurais jamais pensé que ce serait aussi compliqué.

Il y a quelques mois pourtant, si cet ultimatum m'avait été posé, je n'aurais pas hésité une seconde. J'aurais choisi Jamie sans le moindre regret. Mais aujourd'hui, ce que m'a dit Victoria concernant l'intérêt que Jamie témoigne aux gens m'effraie. Si mon choix se porte finalement sur lui, rien ne me garantit qu'il ne partira pas quelques semaines après, car Matt se sera détourné de moi. Et je les aurai perdus tous les deux.

Après plus d'un mois de silence, je leur ai envoyé à chacun un message pour convenir d'un rendez-vous. Je leur ai proposé de nous voir à l'hôpital, mais les jumeaux m'ont appris que Jamie était sorti en début de semaine. Matt a proposé que je vienne directement chez eux, car Jamie n'a pas l'autorisation de quitter la maison pour l'instant. J'ai donc accepté, non sans appréhension et le regret de n'y être invitée pour la première fois que dans ces conditions.

Je n'ai pratiquement pas dormi de la nuit. Submergée par une vague d'angoisse dont j'ai été incapable de me dégager. Mon cerveau se repassait en boucle les mots de Victoria. J'ai fait exactement l'inverse de ce qu'elle m'a recommandé. En un sens, j'ai l'impression de me jeter dans la gueule du loup, que je vais être écartelée entre deux prédateurs à la gueule d'ange. Mais c'est ce que je veux. Il faut que je les affronte tous les deux, que je reprenne du poil de la bête et affiche mon assurance. Il faut que je leur montre que je n'ai pas peur d'eux ni des conséquences. Et qu'ils prennent conscience qu'il faut mettre un terme à tout cela. De toute façon, il est trop tard pour reculer, je viens d'arriver devant la maison des Cassel. Un petit parterre de gazon précède le perron de la maison. Cette dernière est bien plus grande que je l'avais imaginé : elle est à la fois imposante et élégante, avec ses trois étages, sa façade jaune et ses jolis bacs à fleurs suspendus aux nombreuses fenêtres. Elle m'impressionne. Le perron de bois brut est habillé d'une multitude d'arbustes. Malgré l'aspect doux et serein qui émane de cet extérieur fleuri, il me faut un certain temps pour trouver le courage de sonner à la porte. J'ai la sensation que mon propre piège va se refermer sur moi et qu'une fois le seuil de la maison franchi, il me sera impossible de m'en extirper. Mais je finis par rassembler mon courage. Mon doigt presse la sonnette, et immédiatement, mon sang se met à bouillir dans mes veines. Cette fois, il est trop tard pour revenir en arrière. Il va falloir que je sois forte. Il faut que je me montre ferme, déterminée, intransi... La porte s'ouvre. Matt apparaît devant moi, le visage froid, fermé. Il a probablement compris que ce rendez-vous ne voulait pas dire que j'étais passée à autre chose.

– Entre, Alyssa.

– Pour commencer, bonjour, dis-je d'un ton ferme.

Dès à présent, je dois montrer que je ne suis pas là pour m'amuser. Et Matt doit comprendre que, cette fois-ci, il n'aura pas l'ascendant sur moi.

– Pardon, oui, bonjour. Entre, s'il te plaît, se corrige Matt, radouci.

Sans le quitter des yeux, je me glisse par l'entrebâillement de la porte. L'odeur qui flotte dans la maison, je la connais. Les vêtements des jumeaux ont la même. Matt pose sa main sur mon dos et me glisse un « Suis-moi » à l'oreille. Il me guide vers une pièce au fond de la maison : un petit salon aux allures douillettes, dans lequel trône un immense canapé au bout duquel Jamie est assis, tête baissée. À ses pieds, une paire de béquilles. Immanquablement elles me rappellent la mienne et un drôle de sentiment s'empare de moi en repensant à tout ce par quoi nous sommes passés ces derniers mois. Jamie, en sentant ma présence, relève la tête. Ses yeux n'ont pas leur éclat habituel. Des cernes violacés marquent durement son visage blême.

– Tu peux t'asseoir là, propose Matt en me désignant le milieu du canapé.

– En fait, je préférerais être face à vous.

Là encore, mon ton est sans appel. Une fois n'est pas coutume, Matt s'exécute sans un mot et va chercher un siège qu'il positionne face au canapé. Je prends place, les regarde tour à tour, et je sens la tension se propager dans la pièce. Voilà, je représente véritablement ce dont Victoria me parlait : l'objet de leur convoitise, le trophée de leur lutte fratricide…

Ils restent tous les deux silencieux, attendant probablement que je prenne la parole. Mais les mots brutalement se sont taris. J'ai peur de leur réaction. Parce que pour la première fois, véritablement, je me sens en danger. En danger de les perdre. Les mots que je vais prononcer pourraient renverser la situation. Ils pourraient les faire fuir. Une tension électrique est palpable, elle traverse mon corps à chaque fois que les regards de Jamie et de Matt se croisent.

– Bon… commencé-je en éclaircissant ma voix. J'ai tenu à vous voir, et ensemble, car on ne peut pas continuer comme ça, la situation actuelle ne convient – je pense – à personne. Moi, en tout cas, elle ne me convient pas.

D'un geste synchronisé, ils acquiescent. J'ai l'impression d'être un miroir placé entre eux, tant leur air, leur visage et leurs réactions sont semblables.

– Cela fait un mois que j'essaie de prendre du recul, d'y voir plus clair. Vous m'avez tous les deux, chacun à votre manière, manipulée. Vous avez joué avec mes sentiments, vous m'avez brisé le cœur et surtout vous m'avez déçue. Terriblement déçue. Toi en particulier, Jamie. Je ne sais même pas si je pourrai te pardonner d'avoir tout foutu en l'air.

Je peux voir à ses mâchoires contractées qu'il se retient de se lancer dans un plaidoyer pour sa défense, mais il se contient. Je lis dans son regard éteint, coupable, qu'il a fini par prendre conscience de la gravité de ses actes, de ses mensonges sur son frère envers moi, mais aussi du sale coup qu'il lui a fait avec Victoria.

– J'ai mis du temps à comprendre pourquoi vous agissiez de manière si irrationnelle l'un envers l'autre. De manière si agressive, parfois même… Mais là, pour être honnête, cela fait un moment que j'ai compris ce qu'il me fallait faire. Il me manquait juste quelqu'un qui m'aide à me l'avouer à moi-même. Et j'ai finalement trouvé cette personne.

– Qui ça ? intervient Matt.

– Victoria.

Au moment même où je prononce son nom, c'est comme si tout l'air de la pièce était aspiré d'un coup. Face à moi, je vois les jumeaux s'agiter, se débattre avec une force impalpable, invisible. Leur respiration s'accélère, devient erratique. À leur réaction physique, je vois que la page n'est toujours pas tournée. Et qu'elle ne le sera probablement jamais. Elle a laissé trop de séquelles.

– J'ai contacté Victoria, repris-je. Car je ne voyais pas d'autres solutions pour avancer. Je savais que toutes les réponses étaient enfouies en moi, mais j'avais besoin de quelqu'un pour les faire émerger. Je l'ai donc cherchée, je l'ai trouvée et je lui ai téléphoné. Elle a tenté de m'éclairer sur pas mal de points. Ça m'a été très bénéfique, je dois avouer. Elle est encore très touchée par toute cette histoire, mais elle a tout de même fait en sorte de m'aider.

– Elle est encore touchée ? demande Jamie.

– À ton avis ? Évidemment qu'elle l'est, répond son frère d'un ton rogue. Elle m'aimait.

– Elle m'aimait aussi.

– Tu dis n'importe quoi.

Matt exsude la haine qu'il porte à son frère de tous ses pores. La plaie apparue suite à cette histoire n'a pas commencé sa cicatrisation. Elle est toujours à vif, béante. Sa rancœur même après trois ans est toujours aussi forte, vibrante…

– Elle m'a parlé de vous, de la perception qu'elle a de chacun de vous. Avec le temps et le recul, elle a eu le temps de comprendre réellement la situation. Et en l'écoutant, cela m'a paru évident… Ce n'est pas sain pour nous trois que nous restions liés.

– Pardon ? dit Jamie.

– Qu'est-ce que tu veux dire par là ? renchérit Matt.

Visiblement ni l'un ni l'autre ne s'attendaient à cela.

– C'est pourtant clair. Ce que je veux dire par là, c'est qu'il est hors de question que je continue à vous voir tous les deux. Et vous le savez très bien, sinon vous n'auriez pas mis autant d'énergie à vous démolir l'un l'autre auprès de moi… Réglez votre problème de rivalité, je ne veux plus être l'objet de votre guéguerre malsaine. À chaque fois, vous m'avez utilisée pour vous faire du mal mutuellement, m'en faisant au passage. C'est terminé. Je ne veux plus en faire les frais. Jamie, tu as commencé ce jeu pour faire chier Matt. Pour qu'il ne m'ait pas. Après, vous avez tous les deux fait en sorte que je prenne l'autre pour une ordure. Il n'y en a pas un qui soit mieux que l'autre. Et toi Matt, Jamie t'a peut-être monté contre moi, mais qu'as-tu fait d'autre quand j'étais à l'hôpital ? Dois-je te rappeler que tu t'es même fait passer pour lui ? Après ça, te crois-tu vraiment si différent du portrait de sale type que Jamie m'avait fait de toi ?

– Il s'est fait passer pour moi ? s'exclame Jamie, dont les yeux exorbités semblent vouloir lui sortir de la tête.

– Peu importe, soupiré-je en secouant la tête, signe de mon épuisement. Qu'est-ce que ça change au final ?

J'ai répondu du tac au tac, avec plus de force que je l'aurais voulu. Je le défie à présent du regard.

– Non, je veux savoir !

– On s'en fout complètement, grogne Matt. Ce que j'ai fait est sans commune mesure avec le jeu dégueulasse que tu as mis en place pour qu'Alyssa me déteste.

Ça y est, l'orage gronde. Les jumeaux se foudroient du regard. Le nageur verrouille son regard dans le mien avant de me relancer, visiblement troublé :

– Donc, ça veut dire quoi ton charabia en termes clairs ? Va droit au but. Est-ce que t'es en train de dire que tu ne veux plus nous voir ?

– Je… Je ne sais pas. Enfin si, en réalité, je sais. Ce que j'essaie de vous faire comprendre, c'est que je ne peux pas vous garder tous les deux dans ma vie. Et donc, il faut que je coupe les ponts avec l'un de vous.

– Et alors ? Où est le problème ? interroge Jamie. Jusqu'ici, tu n'avais que moi dans ta vie et tout se passait très bien. Tu avais besoin de nous voir tous les deux ici pour nous le dire ?

– Fini de jouer, fini les écrans interposés, je suis venue vous le dire en face, et parce que moi, contrairement à vous, je voulais être honnête avec vous. Je suis aussi venue car je voulais vous dire que je n'ai pas encore choisi celui avec lequel je vais couper les ponts, Jamie.

– Quoi ?

Il semble s'étrangler. À cet instant, je voudrais disparaître. Admettre tout ça à voix haute me déchire le cœur. Je vois Jamie se décomposer, je voudrais m'élancer vers lui, mais j'essaie de rester stoïque. Tenir bon. Me rappeler qu'il m'a menti. Qu'il s'est fait passer pour quelqu'un qu'il n'est pas réellement. Je n'ai été pour lui qu'un moyen de faire du mal à son frère. Rien d'autre.

– Comment… Comment peux-tu hésiter entre nous deux ? Je… je ne comprends pas. Aly, nous sommes ensemble depuis un an, je suis ton copain. O.K. j'ai merdé, prends le temps qu'il te faudra, je me ferai pardonner. Sache que je n'ai jamais joué avec tes sentiments. J'étais sincère sur ce que je ressens pour toi. Que vient faire Matt là-dedans ? Il n'est rien pour toi.

– Nous nous sommes tout de même embrassés, lance Matt d'un air détaché.

– Vous… Vous vous êtes embrassés ? répète Jamie.

Il reste un instant bouche bée, nous regardant tour à tour, comme s'il essayait de s'imaginer la scène. Au fond de ses prunelles, je peux voir qu'il n'y croit pas.

– Et puis, même si ça s'est véritablement produit, c'était forcément un moment d'égarement, reprend-il pour se rassurer. J'en suis sûr. Pas vrai, Aly ?

Je ne réponds pas, honteuse. Je ne veux pas lui mentir. J'ai embrassé Matt en mon âme et conscience. J'en avais envie et je ne l'ai pas regretté une seconde. Alors, je secoue négativement la tête. Jamie tombe des nues, assommé.

– Tu as changé à mes yeux, Jamie.

– Alors, tu ne m'aimes plus ?

– Non. Non, ce n'est pas ça. Enfin… je ne sais pas… Je ne sais plus où j'en suis, elle est là, la vérité.

– Vas-y, explique-toi. Tu ne dois pas être si perdue et tu dois bien éprouver quelque chose pour Matt si tu en es arrivée à l'embrasser de toi-même et sans éprouver le moindre remords.

Son ton est devenu dur, implacable. Un mur semble se construire brique à brique entre nous.

– Laisse-la tranquille, intervient Matt.

– Non, toi, tais-toi. Je parle à ma copine, là. Réponds-moi, Alyssa.

Je prends une grande inspiration, pour retrouver ma contenance. Il ne faut pas que j'oublie que je dois me montrer forte, sûre de moi. Mais il faut aussi que j'assume mes actes. Je ne veux ni ne peux faire ce que je reproche précisément aux jumeaux. Je me lance alors d'une voix qui se veut calme et sûre.

– Lorsque c'est arrivé, j'avais peur, j'étais totalement désarmée, totalement perdue au beau milieu d'une tempête d'émotions contradictoires. Je ne savais plus où j'en étais. Mon mal-être grandissait à chaque instant. Je me sentais délestée de toutes mes certitudes, j'avais besoin de me raccrocher à quelque chose, à quelqu'un pour ne pas sombrer… Parallèlement à ce besoin, j'ai redécouvert ou plutôt j'ai fait la connaissance de celui qui me semblait être le vrai Matt. Une personne beaucoup plus douce et posée que je ne l'imaginais. Empathique, ouverte au dialogue, sensible… Et qui te ressemblait trait pour trait… j'ai découvert ses qualités, en même temps que tes défauts… Alors, oui, c'est arrivé. On s'est embrassé.

– Ah oui ? « C'est arrivé »… C'est tout ? Non, mais j'hallucine !

– Cet accident a tout détruit…

Ma voix n'est qu'un murmure. Les images de l'accident m'assaillent par flashes, me donnent le vertige. Jamie énervé, derrière le volant. Les éclats de voix dans l'habitacle. J'ai la sensation d'y être à nouveau, d'y avoir été replongée. Le camion se déporte sur notre voie, et Jamie, qui n'a pas vu son clignotant, lui fonce dessus. Je crie pour l'alerter. Il donne un coup de volant pour éviter le poids lourd, mais les roues dérapent sur le verglas. Et il ne reste que le noir. Ce noir opaque synonyme de ruine, de fin, de mort. Un frisson me traverse, ces images ne me quitteront sûrement jamais.

Je reprends la parole pour m'obliger à revenir au moment présent, dans ce salon où deux paires d'yeux sont braquées sur moi.

– Nous avons tous fait des erreurs, ici. Tous. Ce qui est fait est fait, mais cela doit cesser, c'est tout. Quand je me retrouve entre vous deux, vous me faites souffrir et vous vous faites du mal. Et je refuse que cela continue.

– Et donc, concrètement, qu'est-ce que tu attends de nous ? demande Matt.

– Je veux savoir si vous, vous voulez continuer à me voir.

– Évidemment.

Les jumeaux ont répondu d'une même voix. Aujourd'hui, comme jamais auparavant, je me rends compte de leur ressemblance. C'est la première fois que je les vois côte à côte. Je n'avais jamais pu être le témoin direct de leur similitude. Victoria avait raison, ils se complètent. Ils sont les deux faces d'une même pièce.

Moi qui les voyais si différents, si opposés. Ils se ressemblent pourtant par tant d'aspects.

– Bien, alors j'ai maintenant deux demandes à formuler, sans lesquelles on ne pourra pas continuer à se voir.

– Formule-les tout de suite, exige Jamie.

– Premièrement, je veux que votre petite guerre cesse, dis-je d'un ton assuré. Ça ne peut plus durer. Vous avez grandi, mûri, vous ne pouvez pas continuer à vous comporter comme des gamins odieux l'un envers l'autre. Surtout vu les dégâts collatéraux que votre aversion engendre. Vous vous êtes causé mutuellement beaucoup de tort, alors je pense qu'il est temps que vous enterriez la hache de guerre. Vous ne pouvez pas vous haïr éternellement et continuer cette escalade de la vengeance. C'est destructeur.

– Les plaies sont trop profondes, murmure Matt.

– Vous avez tous les deux été blessés. Dans les guerres, c'est inévitable. Mais vous pouvez décider de mettre un terme aux combats. Maintenant.

– Elle a raison, intervient Jamie. Les plaies sont profondes, mais je n'ai jamais voulu te perdre, Matt. Tu sais bien que je m'en suis toujours voulu de ce que j'avais fait.

– Je ne sais pas si je suis capable de faire définitivement l'impasse sur cette histoire, Alyssa, assure Matt en ignorant les propos de son frère. Je peux essayer, mais…

Pour la première fois depuis que je le connais, Matt a les yeux qui brillent de larmes. J'ai l'impression que ma demande relève du fantasme, qu'il ne sera jamais capable de pardonner à son frère. Mais pourtant, il le faut.

– Matt, ce n'est pas sain pour vous de continuer à vous détester comme cela. En pardonnant à Jamie, tu vas retrouver la paix. Considère que tu le fais pour toi, pour vivre plus sereinement. Tu as besoin de sérénité, de laisser le passé là où il est.

– Je sais, oui…

Matt se pince l'arête du nez, comme en proie à une grande réflexion. Et puis, au bout de quelques instants de silence, il hoche la tête.

– Je vais essayer. Je promets que je vais essayer de lui pardonner.

– Et moi aussi, enchaîne Jamie dans un murmure à peine audible.

Les jumeaux échangent un regard dans lequel l'animosité se lit toujours, mais où l'on peut néanmoins voir briller un peu d'espoir. L'espoir du renouveau de leur relation.

– Quelle est ta deuxième demande ? interroge Matt pour mettre un terme à ce moment de connexion intense avec Jamie.

– Eh bien… Je veux savoir si vous êtes d'accord avec l'idée du choix. Un choix entre vous deux. Je veux dire… Je sais qu'il y a un aspect horrible là-dedans, et que c'est extrême de vous demander ça. Si vous étiez contre… je le comprendrais et je disparaîtrais. Et je ne verrais plus aucun de vous deux.

– Je suis d'accord, tranche Matt, sûr de lui.

Jamie lui, reste interdit, ébranlé. Son regard est perdu dans le vide. Cette situation me rend malade, mais il n'y a pas d'autre solution.

– Je vais dire que je suis d'accord aussi, soupire finalement Jamie. Si c'est le moyen d'avoir une chance de te garder dans ma vie…

Il m'attrape la main et en embrasse le dos tendrement. Je ferme les yeux douloureusement, assaillie par la mélancolie de nos douces caresses d'antan. Puis il attrape ses béquilles et s'extrait tant bien que mal du canapé. Avant de quitter le salon, il plonge son regard dans le mien et me dit de sa voix chaude :

– Fais le bon choix, chérie.

– 32 –

Le gazouillis des oiseaux m'accompagne dans ma lecture. Le soleil entame progressivement sa montée vers le zénith. Il doit être environ 9 h 30 maintenant, et je sirote tranquillement mon café. Cela faisait longtemps que je n'avais pas connu un moment si paisible, où rien ne me semble source de problème. Je me sens légère, délestée de ce poids qui me pesait depuis tant de jours. J'ai l'impression que le monde s'ouvre à moi maintenant, que je serais capable d'affronter n'importe quoi...

La porte du mobile home s'ouvre sur mes amies qui débarquent sur la terrasse en pyjama, les yeux à peine ouverts, encore à moitié plongées dans le monde des rêves.

– Déjà debout ? dit Holly en bâillant.

– On dirait bien, réponds-je en leur adressant un sourire. Il y a du café si vous voulez.

– Oh oui, tu gères, Aly.

Gabriella attrape sur la table une des tasses que j'ai préparées et se laisse tomber sur une chaise.

– Oh, mais tu as tout sorti, merci, dit Holly sur un ton reconnaissant en voyant les bols, les cuillères, le sucre et le paquet de céréales sur la table.

– Il n'y a pas de quoi me remercier, j'ai juste sorti de quoi manger.

– Peu importe, c'est tout ce qu'il nous faut. C'est fou ce qu'on est bien ici, s'exclame Gabriella. Il est super le mobile home de ta grand-mère, Holly. Pourquoi n'y sommes-nous jamais venues avant ?

– Peut-être parce qu'on était mineures et qu'on n'aurait pas eu l'autorisation ? Ça complique deux trois choses en général.

Je lève les yeux de mon livre et balaie du regard le paysage alentour. C'est vrai que ce camping est plutôt paisible. Des dizaines de platanes nous offrent un toit de verdure qui filtre les doux rayons du soleil du Sud-Ouest. Nous sommes arrivées hier soir, après trois longues heures de route. Le trajet a été une véritable épreuve pour moi puisque c'était la première fois que je reprenais la voiture sur un aussi long trajet depuis l'accident. L'idée de me retrouver enfermée pendant trois heures dans la voiture d'Holly qui vient tout juste d'avoir son permis m'angoissait tellement que j'ai failli ne pas venir. Mais après réflexion, je me suis dit que j'avais réellement besoin de partir et qu'il me faudrait bien un jour surmonter mon appréhension. Ne faut-il pas remonter tout de suite à cheval après une chute ?

– Vous voulez faire quoi pendant ces trois jours ? demande Holly en se servant généreusement un bol de céréales.

– J'ai vu qu'ils proposaient des cours d'initiation au surf sur une plage pas très loin d'ici, propose Gabriella. Ça serait sympa d'essayer, vous ne pensez pas ?

– Tu vas pouvoir, toi, avec ton bassin ?

Holly me lance ce regard inquiet propre aux mères poules. Je ne peux m'empêcher de sourire devant cette sollicitude angoissée qu'elle me porte depuis mon accident.

– Oui, ne t'inquiète pas. Lors de ma dernière séance de rééducation, la semaine dernière, ma kiné m'a dit que je pouvais tranquillement commencer à reprendre les activités physiques. Si on prend un cours d'une heure ou deux, il ne devrait pas y avoir de problème, la rassuré-je.

– Bon, eh bien dans ce cas, je suis partante ! sourit Holly. J'ai toujours voulu voir si j'étais effectivement aussi nulle dans ce sport que je l'imagine.

– Vu ta maladresse, je peux d'emblée t'affirmer que ton pressentiment va se confirmer, annonce Gabriella d'un air moqueur.

– Hé ! Je ne te permets pas.

– Je ne t'ai pas demandé l'autorisation.

Gabriella défie Holly, lui lançant ce regard espiègle qui la rend irrésistible. Je secoue la tête en souriant et tente de me replonger dans ma lecture. Mais mes amies, après leur café, semblent à présent pleines d'énergie, et partent dans des conversations effrénées pour savoir comment nous occuper.

– Il faudra qu'on prenne le bateau pour aller découvrir l'île Brune. Il y a des animaux étonnants là-bas.

Je l'ai fait il y a plusieurs années avec ma famille, et j'en garde de bons souvenirs.

– Moi je veux voir des animaux aquatiques, objecte Gabriella.

– Il y a un aquarium à une demi-heure d'ici, on peut aussi aller le visiter, propose Holly.

– C'est vrai ? Je suis totalement partante !

– En tout cas, ce soir – et ce n'est pas négociable – on va boire un verre sur le front de mer ! C'est à une dizaine de minutes à pied, on va fêter dignement mes dix-huit ans. Vous allez voir, les couchers de soleil sur cette plage sont sensationnels.

– L'aurore y est magnifique en tout cas.

J'ai ajouté cela machinalement sans lever les yeux de mon livre.

– Comment le sais-tu ? me demande Holly.

Je tourne ma page et lève la tête vers mon amie. Elle semble étonnée par mon intervention. Gaby me regarde elle aussi d'un drôle d'air en piochant dans le paquet de céréales posé sur la table.

– Parce que je l'ai vue ce matin, réponds-je en haussant les épaules. Je n'arrivais plus à dormir et donc, au lieu de me retourner dans mon lit sans but, j'ai décidé d'aller me promener. J'ai suivi les panneaux qui indiquent le front de mer et je suis arrivée sur la plage au moment où le soleil se levait. Vous avez raté un véritable spectacle. Je comprends mieux maintenant pourquoi on dit que la vie appartient à ceux qui se lèvent tôt.

– Mais à quelle heure t'es-tu levée ? interroge Gaby.

– Environ 5 h 30, je crois.

Un silence s'installe quelques secondes, le temps que mes amies échangent un regard plein d'interrogations.

– Le lit n'est pas confortable, c'est ça ? s'enquiert Holly.

– Non, non ça n'a rien à voir, ne t'inquiète pas. J'avais simplement trop de choses dans la tête. Ça a dû me réveiller, et après, impossible de me rendormir. Rien de bien grave.

– À quoi pensais-tu ?

– Tu le sais très bien, soupiré-je. Toujours la même chose. Mais changeons de sujet, je vous ai suffisamment embêtées avec ça.

– Ne dis pas n'importe quoi, tu sais bien que tu peux parler de tout avec nous, m'encourage Gaby.

– Je crois qu'il n'y a plus rien à dire, en fait. Ça y est, je suis parvenue au bout de ma réflexion. J'ai fait mon choix. Ça a été une révélation pendant ma promenade de ce matin.

– Et du coup, ta décision est la même que celle que tu envisageais hier dans la voiture ? questionne Holly.

Les filles semblent suspendues à mes lèvres. Elles ont arrêté de bouger, prêtes à boire mes paroles. Depuis quelques jours, mon choix commençait à se préciser. Doucement, mon cœur commençait à me guider vers l'un d'eux. J'ai tout analysé, j'ai repensé au déroulement du jeu, aux moments que j'ai partagés avec Jamie, avec Matt. Peu à peu j'ai réalisé qu'un choix se dessinait, ou qu'il était déjà fait, mais que je ne voulais, ne pouvais pas forcément l'admettre. Mon cœur – je le sens – me guide irrésistiblement vers l'un des deux. À présent, je sais ce que j'ai à faire. Il n'y a que *lui* que je peux garder dans ma vie. Hier, quand j'en ai parlé aux filles, rien n'était encore sûr, je commençais tout juste à voir ce choix s'esquisser. Hier encore, à la même heure, j'étais incertaine. Hantée par la peur du regret. Mais ce matin, l'évidence m'a frappée. Cette certitude est arrivée alors que le soleil se levait. En même temps qu'il chassait les ténèbres de la Terre, il a éclairé mes pensées. Et subitement, j'ai su qui je devais garder dans ma vie. J'ai su que mon cœur avait fait son choix.

– Oui. Oui, je reste sur ce que je vous ai dit hier. Je ne pourrais pas vous expliquer pourquoi ni comment, mais ce matin, cela m'a paru évident que ça devait être lui. Sur le chemin du retour jusqu'ici, je me suis même demandé comment j'avais pu douter pendant tout ce temps.

– Tu as raison, dit Gabriella. Je pense aussi que c'est mieux comme ça.

– Oui. Son frère a trop longtemps joué avec toi. Tu ne peux pas pardonner cela, renchérit Holly.

– Il ne s'est pas rendu compte que ça allait te faire souffrir. Le mensonge, ce n'est pas acceptable.

– Et puis, *lui*, il t'a aidé dans les épreuves. Il t'a soutenue. Il n'a jamais véritablement voulu te faire de mal.

– Oui, c'est ce que je me suis dit, affirmé-je. Et puis, je ne peux pas continuer avec quelqu'un d'aussi lunatique et instable. J'ai besoin de quelqu'un qui m'aime vraiment, qui ne me voie pas comme un moyen de faire du mal à son frère.

– En plus de cela, tu as traversé cette épreuve de l'accident avec lui, ce n'est pas rien. Ça a forcément consolidé les liens entre vous, fait remarquer Holly.

– Il vaut mieux fuir les manipulateurs de toute façon, dit Gabriella. Tu as vu le mal que ça m'a fait à moi ?

– Oui… Même si c'est difficile de couper les ponts avec lui, de me rendre à l'évidence qu'après ça je n'aurai plus de contact avec lui, c'est ce que je dois faire. Ce que je vis avec son frère est si fort. Je me sens si spéciale lorsqu'il me regarde…

Holly prend ma main et m'offre un sourire de soutien. Gaby se joint à notre étreinte, posant sa main sur les nôtres. Leur chaleur se répand doucement dans mon bras. Elles m'ont tellement aidée, ces deux-là. Nos liens, en l'espace de quelques semaines, se sont renforcés d'une manière assez exceptionnelle. L'année dernière, je m'étais plutôt éloignée d'elles, complètement happée par le jeu avec Jamie. Je n'aurais jamais pensé me rapprocher autant d'elles. Maintenant, je suis capable d'affirmer que je ferais n'importe quoi pour les garder dans ma vie.

– Le plus important, c'est de suivre ce que te dit ton cœur, dit Holly. Même si ton choix pourra sembler irrationnel à certains, tu dois t'en moquer.

– Ton histoire est avec lui. Son frère n'a été qu'un frein, un obstacle depuis le début.

– Oui, et puis maintenant, je suis sûre de moi. Rien ni personne ne pourra me faire changer d'avis. Il a su réveiller tant de sentiments en moi. Quand je le regarde, je me sens faiblir. Il est évident qu'il fait partie de ma vie et qu'il ne peut pas en sortir. À présent, il va falloir que je leur annonce la nouvelle à tous les deux. Et ça, ça ne va pas être facile.

– On sera là pour te soutenir. Comme toujours, m'assure Holly.

– Oui, ne t'en fais pas.

– En tout cas, je suis heureuse pour toi que tu aies réussi à faire un choix.

– Oui, c'est vrai, affirmé-je. Ça a été une sacrée lutte avec moi-même.

– Tu vas pouvoir aller de l'avant, maintenant, renchérit Gabriella. Mais en attendant, profitons à fond de nos trois jours entre filles !

– Tu as raison, Gaby. Vous pouvez compter sur moi, affirmé-je en me levant d'un bond. Maintenant, assez parlé, allons nous préparer. On a un maximum d'activités qui nous attendent !

– 33 –

Mon cœur bat fort, il fait trembler l'entièreté de mon corps. Je suis en train de réaliser que le moment est presque venu. Le moment de *le* retrouver. Hier, enfin, j'ai sauté le pas. J'ai appelé les garçons l'un après l'autre pour leur faire part de ma décision. Comme je l'imaginais, ça a été douloureux et difficile d'annoncer à l'un d'eux que nous ne nous reverrions pas. Que je pensais qu'il valait mieux que nous en restions là. Malgré ma certitude de faire le bon choix, cela m'a brisé le cœur. Car nous avons vécu beaucoup de choses tous les deux, il m'a beaucoup aidée un temps. Ma décision a été un choc pour lui. Il ne s'y attendait pas. Il pensait que je le choisirais pour le garder auprès de moi. Moi-même, je l'ai cru… au début… Mais j'ai pris peur. Je le sens instable, imprévisible et j'avais peur de ne pas être capable de gérer ça.

Au téléphone, sa voix était différente, comme étouffée. Je crois qu'il retenait un cri, ou des larmes. Ou peut-être les deux. J'aurais voulu que les choses soient plus douces. Mais lorsqu'il y a tant d'attachement, tant d'amour, c'est toujours délicat. Il aurait été plus simple de le laisser partir si nous n'avions pas partagé autant. Malgré sa déception – et même sa douleur – il a respecté le *deal*. Il a dit qu'il disparaîtrait, qu'il respecterait ma décision. Même si c'est très difficile à accepter pour lui, il m'a avoué qu'il comprenait. J'ai été touchée par sa réaction. Ça m'a prouvé que ses sentiments pour moi étaient tout de même sincères et pas uniquement nourris par le désir de vengeance. Il a aussi ajouté qu'il serait toujours là pour moi. Que je pouvais décider de revenir vers lui à n'importe quel moment et qu'il m'accueillerait à bras ouverts. En un mot, il m'a fait comprendre que, malgré tout, il ne m'en voulait pas.

Après ce premier appel, j'ai laissé mes larmes couler. J'avais besoin de purger mon corps, d'accepter ce départ, de réaliser les changements que celui-ci allait impliquer dans ma vie. Les départs des êtres aimés, même quand nous en sommes à l'origine, sont toujours douloureux, un peu comme si l'on nous arrachait une partie de nous. J'ai donc pleuré, et même crié pour libérer cette vague de douleur puisqu'à présent je ne peux plus reculer. Lorsque je suis parvenue à me calmer, j'ai appelé l'autre jumeau pour lui dire que je voulais le voir, que je devais lui parler. Je lui ai dit que je tenais à lui annoncer ma décision en face. Je suis pratiquement certaine qu'il pense que c'est mauvais signe.

Je prends une grande inspiration en regardant mon reflet dans le miroir. La Alyssa que je connaissais est en train de refaire surface. À présent, les derniers stigmates de l'accident ont disparu de mon visage. J'ai retrouvé des couleurs et la petite étincelle de vie qui avait déserté mon regard a réapparu. Je me suis apprêtée, car ce soir je tourne la page de l'accident. Et même plus. Aujourd'hui, je tourne la page du jeu. Parce qu'en réalité, il perdurait depuis tout ce temps. Je pensais qu'il s'était achevé au moment où Jamie m'avait dévoilé son identité, où je m'étais mise avec lui et où Matt avait disparu. J'avais tort. Il continuait bel et bien. Et je pense sincèrement que ce jeu n'aurait jamais pu se terminer si je n'avais pas fait le choix de couper les ponts avec *lui.* Cela aurait été impossible. Il n'aurait jamais lâché l'affaire. Il aurait encore et toujours continué à se battre pour être celui des deux qui a « la chance de m'avoir ».

Je secoue la tête pour me forcer à rester hors de ces pensées néfastes. Je me connais, la situation deviendra ingérable si je commence à ressasser. Il faut que j'aille de l'avant, que je pardonne les erreurs qui ont été faites et que je débute ma nouvelle vie. Il faut que j'arrête tout simplement d'essayer de tout comprendre, car il est clair que la plupart des événements dans cette histoire sont irrationnels.

Il est l'heure d'y aller, de le retrouver. Il faut que je lui explique pourquoi je l'ai choisi. J'imagine déjà son beau visage s'illuminer, son sourire m'irradier de ses doux feux. Si je ne lui ai pas annoncé la nouvelle au téléphone, c'est parce que je veux voir sa réaction. Mais aussi parce qu'il faut que nous ayons une véritable conversation pour faire en sorte que notre relation à venir soit la plus saine possible. J'en ai fini avec ce Wicked Game, je veux de la stabilité…

Au téléphone, je lui ai donné rendez-vous à la piscine olympique du lycée. C'est un lieu où j'ai tant de souvenirs avec les jumeaux. C'est l'endroit où j'ai vu Matt pour la première fois, mais aussi le lieu de mon véritable premier rendez-vous avec Jamie, peu de temps après qu'il m'a dévoilé son identité. C'est un lieu symboliquement fort et je veux qu'il soit le théâtre du début de cette nouvelle page de ma vie. Je sais que je risque d'être submergée par les émotions, mais je tiens à ce que cela se fasse là-bas.

Je vérifie une dernière fois mon apparence avant de sortir de la maison. Je prends mon vélo dans le garage, car le dernier bus est déjà passé. La nuit tombe, recouvrant le pays de son manteau noir. Je monte avec une adresse enfin retrouvée sur mon bolide et quitte la résidence pour me rendre au lycée…

*
* *

Après une bonne demi-heure à pédaler, j'arrive aux abords de l'établissement. J'ai le sentiment d'avoir fait un bond dans le temps, d'être revenue un an en arrière.

Jamie et moi nous étions donné rendez-vous là un soir, nous nous étions embrassés sous la lumière de la lune, les pieds dans l'eau du bassin olympique. C'était un moment hors du temps. Et j'ignorais encore presque tout de lui. Évidemment, j'étais à dix mille lieues de me l'imaginer. Je pensais tout connaître de lui au terme de ces quelques mois passés à discuter constamment avec lui par SMS. Mais je me trompais. J'étais encore immergée dans cette douce naïveté. Celle qui nous laisse croire que tout est possible, que tous nos rêves sont réalisables. L'ignorance a quelque chose d'apaisant, elle n'a jamais fait souffrir personne.

L'air est frais ce soir. Plus que d'habitude. Le vent se lève, mais je reste solidement enracinée dans le sol, car plus rien ne pourra me faire vaciller. Je suis sûre de moi, à présent. Je sais que le choisir *lui* était ce que je devais faire. Je laisse mon vélo contre un mur, le sécurise avec un antivol et me dirige d'un pas déterminé vers la piscine où j'ai vu Matt faire son relais la dernière fois. Cela va me faire bizarre de voir cet endroit vide, dans un cadre beaucoup plus intimiste. Mais, malgré l'aspect désertique, je sais que mes émotions résonneront dans les gradins aussi fort que les cris des supporters.

À chaque pas vers la piscine, je repense à tout ce que j'ai vécu avec *lui*. À cette première fois où j'ai entendu sa voix perturbante, où nos regards se sont croisés comme deux paires d'étoiles brillantes au milieu de la nuit noire, où nos bouches se sont trouvées. En marchant, tout me revient et une sensation apaisante se propage dans mes membres, me réchauffant de l'intérieur. Je vois finalement l'étendue d'eau se profiler à l'horizon. Le bassin semble être un tapis scintillant posé au milieu de la pelouse verte. La lune s'y reflète, merveilleusement belle. Les réverbères autour de la piscine sont éteints, si bien que j'ai l'impression de foncer dans un brouillard noir où tout se ressemble. Mais je n'ai pas peur, je sais où je vais. Et malgré l'obscurité, je continue à avancer, gardant le bassin dans ma ligne de mire.

En m'approchant, je distingue ce qui semble être une silhouette. Cette dernière, familière, est assise au bord de l'eau, dos à moi. Instinctivement, mes pas se font plus rapides, presque fiévreux. *Il est là.* Ses boucles brunes sont étonnamment discernables dans la nuit. Ses larges épaules sont légèrement affaissées vers l'avant, comme s'il attendait son jugement, résigné.

Pour lui annoncer mon arrivée, je fais mine de tousser. Immédiatement, il se tourne vers moi. Ses iris émeraude brillent un instant dans le noir. Je parviens à distinguer ses lèvres serrées, ses sourcils froncés. J'imagine son cœur battant à tout rompre, au bord de la rupture. Il a besoin de savoir. Il ne peut plus attendre. Sur les quelques mètres qui me séparent de lui, je lui offre un large sourire. J'essaie d'y faire passer toutes mes émotions pour qu'à travers ce sourire il comprenne que tout va bien, qu'il n'y a plus lieu de s'inquiéter.

Pendant quelques secondes son visage reste figé, incrédule. Mais à mesure que je m'approche, et puisque mon sourire ne disparaît pas, je vois un éclair de soulagement traverser son visage. *Ça y est, il a compris.* Ses lèvres s'étirent brusquement, me dévoilant deux rangées de dents blanches parfaitement alignées. Il se lève précipitamment et m'ouvre les bras. Sans attendre, je m'y réfugie et il referme une étreinte protectrice autour de moi. Son odeur familière m'enivre tandis que, de mes doigts, j'agrippe fermement sa veste, comme si j'avais peur qu'il ne disparaisse.

– Tu m'as choisi, alors.

Sa voix grave est un doux murmure de miel au creux de mon oreille. Nos deux corps enlacés se détendent l'un contre l'autre, réalisant que la fin du jeu vient de sonner. Nous allons pouvoir vivre sereinement à présent, sans l'ombre de ces rivalités fraternelles planant au-dessus de nos têtes…

– Oui, cette fois, plus rien ne viendra se glisser entre toi et moi. Je te le promets.

Du même auteur

Phoneplay, Michel Lafon, 2016.
Ne t'attache pas, Michel Lafon, 2017.

Retrouvez **Morgane Bicail**

Sur **Instagram**
dshootingstars

Sur **Twitter**
MorganeBicail

Composition PCA
44400 – Rezé

IMPRIM'VERT® PEFC™ 10-31-1510

Imprimé en France
par Corlet Imprimeur
14110 Condé-en-Normandie
Dépôt légal : novembre 2019
N° d'impression : 19080012
ISBN 13 : 978-2-7499-3745-8
LAF 2629